传世名著典藏丛书
中华传统经典解读

诠解

忠经

马融 著〔东汉〕
吴守义 译

开明出版社

图书在版编目（CIP）数据

忠经诠解 /（东汉）马融著；吴守义注译 . —北京：开明出版社，2017.7
（传世名著典藏丛书 / 蔡瑶主编 . 第一辑）
ISBN 978-7-5131-3384-5

Ⅰ . ①忠… Ⅱ . ①马… ②吴… Ⅲ . ①家庭道德—中国—古代②《忠经》—注释③《忠经》—译文
Ⅳ . ① B823.1

中国版本图书馆 CIP 数据核字（2017）第 177019 号

责任编辑：魏红岩
装帧设计：格林文化

出　版：开明出版社（北京市海淀区西三环北路 25 号青政大厦 6 层）
印　制：三河市冀华印务有限公司
开　本：170mm×230mm　1/16
印　张：13.75
字　数：267.5 千
版　次：2017 年 9 月第 1 版
印　次：2017 年 9 月第 1 次印刷
定　价：36.00 元

印刷、装订质量问题，出版社负责调换货。联系电话：（010）88817647

序　言

　　上下五千年悠久而漫长的历史，积淀了中华民族独具魅力且博大精深的文化。中华文化是中华民族无数古圣先贤、风流人物、仁人志士对自然、人生、社会的思索、探求与总结，而且一路下来，薪火相传，因时损益。它不仅是中华民族智慧的凝结，更是我们道德规范、价值取向、行为准则的集中再现。千百年来，中华文化已经融入每一位中华儿女的血液，铸成了我们民族的品格，书写了辉煌灿烂的历史。中华文化与西方世界的文明并峙鼎立，成为人类文明的一个不可或缺的组成部分。凡此，我们称之曰"国学"，其目的在于与非中华文化相区分。中华民族之所以历经磨难而不衰，其重要一点是，源于由国学而产生的民族向心力和人文精神。可以说，中华民族之所以是中华民族，主要原因之一乃是其有异于其他民族的传统文化！

　　概而言之，国学包括经史子集、十家九流。它以先秦经典及诸子之学为根基，涵盖两汉经学、魏晋玄学、隋唐佛学、宋明理学和同时期的汉赋、六朝骈文、唐宋诗词、元曲与明清小说并历代史学等一套特有而完整的文化、学术体系。观其构成，足见国学之广博与深厚。可以这么说，国学是华夏文明之根，中华儿女之魂。

　　从大的方面来讲，一个没有自己文化的国家，可能会成为一个大国甚至富国，但绝对不会成为一个强国；也许它会强盛一时，但绝不能永远屹立于世界强国之林！而一个国家若想健康持续发展，则必然有其凝聚民众的国民精神，且这种国民精神也必然是在自身漫长的历史发展中由本国人民创造形成的。中华民族的伟大复兴，中华巨龙的跃起腾飞，离不开国学的滋养。从小处而言，继承与发扬国学对每一个中华儿女来说同样举足轻重，迫在眉睫。国学之用，在于"无用"之"大用"。一个人的成功很大程度上取决于他的思维方式，而一个人思维能力的成熟亦决非先天注定，它是在一定的文化氛围中形成的。国学作为涵盖经、史、子、集的庞大知识思想体系，恰好能为我们提供一种氛围、一个平台。潜心于国学的学习，人们就会发现其蕴含的无法穷尽的智慧，并从中领略到恒久的治世之道与管理之智，也可以体悟到超脱的人生哲学与立身之术。在现今社会，崇尚国学，学习国学，更是提高个人道德水准和建构正确价值观念的重要途径。

近年来，国学热正在我们身边悄然兴起，令人欣慰。更可喜的是，很多家长开始对孩子进行国学启蒙教育，希望孩子奠定扎实的国学根基，以此帮助他们树立正确的道德观和价值观。欣喜之余，我们同时也对中国现今的文化断层现象充满了担忧。从"国学热"这个词汇本身也能看出，正是因为一定时期国学教育的缺失，才会有国学热潮的再现。我们注意到，现今的青少年对好莱坞大片趋之若鹜时却不知道屈原、司马迁为何许人；新世纪的大学生能考出令人咋舌的托福高分，但却看不懂简单的文言文。这些现象一再折射出一个信号：我们社会人群的国学知识十分匮乏。在西方大搞强势文化和学术壁垒的同时，国人偏离自己的民族文化越来越远。弘扬经典国学教育，重拾中华传统文化，已迫在眉睫。

本套"传世名著典藏"丛书的问世，也正是为弘扬国学传统文化而添砖加瓦并略尽绵薄之力。本人作为一名大学教师，从事中国文化史籍的教学与研究工作多年，对国学文化及国学教育亦可谓体悟深刻。为了完成此丛书，我们从搜集整理到评点注译，历时数载，花费了很多的心血。这套丛书集传统文化于一体，涵盖了读者应知必知的国学经典。更重要的是，丛书尽量把晦涩的传统文化知识予以通俗化、现实化的演绎，并以大量精彩案例解析深刻的文化内核，力图使国学的现实意义更易彰显，使读者阅读起来能轻松愉悦、饶有趣味。虽然整套书尚存瑕疵，但仍可以负责任地说，我们是怀着对祖国传统文化的深厚感情和治学者应有的严谨态度来完成该丛书的。希望读者能感受到我们的良苦用心。

王琪

2017年7月

目录

序言	1
『忠经』原序	1
天地神明章第一	11
圣君章第二	22
冢臣章第三	34
百工章第四	45
守宰章第五	54
兆人章第六	63
政理章第七	74
武备章第八	83
观风章第九	94
保孝行章第十	104
广为国章第十一	116
广至理章第十二	127
扬圣章第十三	136
辨忠章第十四	144
忠谏章第十五	154
证应章第十六	161
报国章第十七	172
尽忠章第十八	185
附录 二十四忠	

《忠经》原序

(东汉)马融

【原文】

《忠经》者，盖出于《孝经》也①。仲尼说孝者所以事君之义②，则知孝者，俟忠而成之，所以答君亲之恩，明臣子之分③。忠不可废于国，孝不可弛于家。孝既有经④，忠则犹阙⑤。故述仲尼之说，作《忠经》焉⑥。

今皇上含庖、轩之姿⑦，韫勋、华之德⑧，弼贤俾能⑨，无远不举。忠之与孝，天下攸同⑩。臣融岩野之臣⑪，性则愚朴。沐浴德泽，其可默乎！作为此经，庶少裨补⑫。замет则辞理薄陋，不足以称焉。忠之所存，存于劝善。劝善之大，何以加于忠孝者哉！夫定高卑以章目，引《诗》、《书》以明纲。吾师于古，曷敢徒然⑬。其或异同者，变易之宜也。或对之以象其意，或迁之以就其类，或损之以简其文，或益之以备其事，以忠应孝，亦著为十有八章，所以洪其至公⑭，勉其至诚。信本为政之大体，陈事君之要道，始于立德，终于成功，此《忠经》之义也⑮。谨序。

【译文】

《忠经》这部书，是受《孝经》的启发而写出来的。孔子说，孝是一个人侍奉君王的重要原则。由此可知，要行孝道，首先必须要有忠道观念，它是用来报答君王对臣属的恩德，表明臣属所应尽的义务。忠道，对于一个国家来说是不可废弃的；孝道，对于一个家庭来说是不能放松的。关于孝道已经有了《孝经》这部经典，而有关忠道的阐述仍然没有出现，所以我依据孔子的学说，撰写成这部《忠经》。

当今皇上具有伏羲、黄帝那样的英姿，蕴藏着唐尧、虞舜那样的品德，使天下贤明能干的人都受到重用，即使在偏僻边远的地方也能被发现和举用。忠与孝这两大人伦之常，天下都是相通的。我马融是山野岩居的小臣，本性十分愚钝，但受到了圣上的恩德，怎么可以沉默不语呢？因此特地写下了这部著作，或许对治世、明道多少有点帮助。虽然这部书言辞、道理都十分浅薄俗陋，不值得称道，但忠道是无所不在的，宣扬它可以劝世人向善,而向世人劝善,又有什么比宣传忠、孝更为重要的呢?本书按照职位高低不同,对"忠"的要求各异来安排内容,并引用《诗经》、《尚书》来作为论述要纲。我这样做,完会是师法古人,怎么敢自己任意虚造呢?其中与古人或许有不同的地方,也仅是做了一点点改易。有的是取其比喻意思作为引证,有的拿过来正好是同一类的事理,有的比《孝经》相应章数的内容有所减省,有的又比《孝经》更为充实详备。《忠经》模仿《孝经》的章节,同样写成十八章,主要是用它来弘扬至公之理,劝勉至诚之心。诚信本来是治理国家的主要内容,陈述侍奉君王的主要原则,从建立德行开始,到创立功业结束,这就是《忠经》所要讲述的大义。谨序。

【注释】

①《孝经》:宣传封建孝道和孝治思想的儒家经典。有今文、古文两本,今文本称为郑玄注,分十八章;古文本称孔安国注,分二十二章。孔注本亡于梁,隋刘炫伪作孔注传世。②仲尼:即孔子,名丘,字仲尼,春秋末期思想家、政治家、教育家,儒家的创始者。义:合理的主张和思想。③分:职分。④既:已经。⑤阙:欠缺。⑥焉:语气词。⑦庖、轩:传说中远古英明的君主。庖,即伏羲,也作庖牺,神话中人类的始祖,传说人类由他和女娲相婚而产生。轩,即黄帝,姬姓,号轩辕氏,传说中为中原各族共同的祖先。⑧勋、华:传说中远古英明的君主。勋,即唐尧,名放勋,传说中父系氏族社会后期部落联盟领袖。华,即虞舜,姚姓,名重华,号有虞氏,传说中父系氏族社会后期部落联盟领袖。⑨弼贤俾能:使天下贤明能干的人都受到重用。弼,辅佐。俾,使。⑩攸:于是,乃。⑪融:即作者马融,东汉经学家、文学家。⑫庶少裨补:多少有些增益补阙。⑬曷敢徒然:怎么敢任意虚造呢?⑭洪:弘扬,扩大。⑮义:意义,意思。

天地神明章第一

【原文】

昔在至理①，上下一德，以徼天休，忠之道也。天之所覆，地之所载，人之所覆，莫大乎忠。忠者，中也，至公无私。天无私，四时行；地无私，万物生；人无私，大亨贞②。忠也者，一其心之谓矣。为国之本，何莫由忠。忠能固君臣，安社稷，感天地，动神明，而况于人乎？夫忠，兴于身，著于家，成于国，其行一焉。是故一于其身，忠之始也；一于其家，忠之中也；一于其国，忠之终也。身一，则百禄至；家一，则六亲各；国一，则万人理。《书》云："惟精惟一，允执厥中③。"

【译文】

古时最好的治理之道，是全国上下同心同德，以报答神灵的降福，这就是一种忠道。上天所覆盖的，大地所承载的，人类所能感知的、触及的，没有一样比忠道更重要的了。所谓忠，就是中，意思是极公正无私心。上天没有私心，所以一年四季按规律地轮换；大地没有私心，所以万事万物得以茁壮生长；人类没有私心，一切都会大吉大利。所谓忠道，就是指一心一意。立国治国的根本，为什么要在于忠呢？忠道能使君臣关系牢固不破，能使国家长治久安，能感动天地、感化神明，更何况是人呢？一个人自身懂得忠道，能使家庭兴旺发达，能使国家走向胜利，这都是一心一意、诚信可靠的自然结果。所以说，人们的言行必须专一，这是忠道的起点；对家庭忠诚不二，这是忠道的进一步发展；对国家忠诚不二，才是忠道的最高境界。一个人自身懂得忠道，可以任官得俸禄，各种福禄就会自然而来；只要全家忠诚相待，家庭就会亲密和睦；只要全国人都懂得忠道，国家就会治理得十分繁荣富强。《尚书》上说："要精研要专一，又要诚实保持着中道。"

【注释】

①至理：天理。②大亨贞：称心顺利、吉祥如意。③"惟精惟一"二句：要精研要专一，又要诚实保持着中道。精，精研。一，专一。

【解析】

古人说得好："人无忠信，不可立于世""不信不立，不诚不行"。拥有忠诚品质的人，不论在何时何地，都会受到人们的赞美；拥有志诚品质的人，其人格会得到升华。如果不慎丢失了它，那么就可能一文不值。因为，忠诚是立身之本。

典例阐幽

忠诚与失信的约会

汉朝年间，有一个叫陈实的人。陈实，字仲弓，曾官太丘长。陈实为人正直，为官清廉，深受百姓的爱戴和好评。后来，陈实返回了故里，无官一身轻，当地远近的官员、乡邻村民们却都愿意尊称其为"陈太丘"。

有一天上午，陈太丘从街市返回的路上，恰好与曾一起供职的朋友意外碰面，毕竟两人也是多年未曾谋面，两人相拥一起，真道是友人相见，格外亲热。寒暄一阵后，陈太丘执意要请友人到自家去好好叙上一番，友人家在邻镇，再加上陈太丘的再三邀请，盛情难却，两人边走边聊，很快就来到了陈太丘的家门口。

一进家门，但见偌大的庭院，已被主人收拾得干干净净，各种物件，摆放得井然有序。陈太丘便去里屋叫来夫人孩子，热情地给他们介绍了一番。孩子们鞠躬施礼后，便知趣地到庭院玩去了；夫人呢，与那友人客套几句后，就忙着要准备酒菜。友人见陈太丘一家礼仪分明，热情待客，打心底佩服陈太丘的为人处世。

这时，陈太丘先把友人领进了书房，欣赏了几幅名人字画，各自赞叹和发表评论后，又双双坐在茶几旁，开始品茗。品茗是一种学问，在不紧不慢的举止间，有淡淡而悠然的茗香从杯际腾起，人们可以回忆往事，咀嚼人生，细细思量很多很多。茗香飘逸，话兴正浓。就在谈笑间，夫人进屋，告诉他们，饭菜已齐了。

两位友人相拥而出，来到厅堂，只见八仙桌上已经摆好了足足八个香喷喷的热菜。于是主人取出了一罐陈年老酒，摆上了两个精致的酒盅，那酒香很快飘散，满院飘香，扑鼻而来，两人对视一笑，端杯而尽，酒逢知己，越饮越欢。酒过数巡之后，友人开口说话了："不能接着再喝了，我差点忘了，明天我还得去郡府会一好友，还得早点回去准备行装呢。"话音未落，陈太丘呵呵一笑："如此之巧，明天我们刚好与你顺路，也得去郡府办点事。"于是两人相视而笑。

酒足饭饱之后，两位友人约定，次日午时一块上路，地点就在陈太丘家门前的大槐树下。两位友人为了表达各自的忠诚，还在槐树前立了个高高的树干。如此之后，两人才揖手辞别。

次日，陈太丘提前来到了树干前，等了一段时间，眼看着树干底端的黑影渐渐东斜，午时已过。这时，陈太丘猜想着友人是别有他事而不能同行，或者是他已经提前出发了，于是就先上路了。

然而，就在陈太丘走之后，他的朋友终于到了，左看右看，却不见陈太丘的影子，当即就气不打一处来，非要到他家去看个究竟问个明白。一到陈太丘的家门口，就看见他的长子正在家门口尽兴地玩耍。于是他便指桑骂槐，又像是自言自语地说道："真不是人哪！跟人约好一块出门的，却又不等人。"

当时，陈太丘的长子刚刚年满7岁，名陈纪，字元方，是一个人见人爱、非常懂事的孩子。等他父亲的友人数落完后，小陈纪说："您与我父亲约定在午时，午时不来，则表示不讲信用；对孩子骂他的父亲，则表示没有礼貌。"

铿锵数语，掷地有声。那刻，刚才还歇斯底里欢叫的知了已经戛然而止，死一般寂静。那友人当即羞愧万分，恨不得找个地洞钻了进去，并又想下车解释。抬眼处，但见小陈纪头也不回就进屋去了。

直言不讳，不怕失宠

范雎见昭王时，径直闯进宫闱禁地"永巷"。见秦昭王从对面被人簇拥而来，他故意不趋不避。一个宦官见状，快步趋前，怒斥道："大王已到，为何还不回避！"范雎并不惧怕，反而反唇相讥道："秦国何时有大王，独有太后和穰侯！"说罢，继续前行不顾。范雎这一句表面上颇似冒犯的话，恰恰击中了昭王的要害，收到了出奇制胜的效果。昭王听出弦外之音，非但不怒，反而将他引入内宫密室，屏退左右，待之以上宾之礼，单独倾谈。

但范雎看出秦昭王还心有疑虑，甚至对他们的谈话有些心不在焉，于是一再避实就虚，"唯唯"连声，避而不答。如此者三次，最后，秦昭王深施大礼，苦苦祈求道："先生难道终不愿赐教吗？"

范雎见昭王求教心切，态度诚恳，这才婉言作答。讲了一番使秦国富强称霸的大道理，并且说道："臣为羁旅之臣，交疏于王，而所陈之词皆匡君之事。处人骨肉之间，虽然愿效愚忠，却未见大王之心，所以大王三问不敢作答。臣非畏死而不进言，即使今日言之于前，明日伏诛于后，也在所不辞。然而，大王信臣，用臣之言，可以有补于秦国，臣死不足以为患，亡不足以为忧，漆身为癞、披发为狂不足以为耻。臣独怕天下人见臣尽忠身死，从此杜口不语，裹足不前，莫肯心向秦国。"这番慷慨悲壮之词更进一层，先是披肝沥胆，以情来感召昭王，接着说以利害，以杀贤误国震慑昭王，给自己的人身、地位争取了更大的安全系数。

经过充分的铺垫，范雎最后才接触到实质问题，点出了秦国的弊端隐患："大王上畏太后之严，下惑奸臣之谄，居深宫之中，终身迷惑，难以明断善恶。长此以往，大者宗庙倾覆，小者自身孤危，这是臣最恐惧的。"其实，上述之弊端虽确有之，但并非治理秦国的当务之急。范雎所以要大论此事，意在用"强干弱枝"来迎合昭王。与此同时，也借以推翻范雎将来立足秦廷的政敌，从而确立自己在秦廷的地位。只要地位确立了，其他一切都可以顺理成章。谋略家们的良苦用心，由此可见一斑。

正因如此，才使范雎言必有中，让秦昭王对他推心置腹，信任有加，并将他封为相国。

范雎是个聪明人，他知道在面对合适说话对象的同时也要把握讲话的时机，不该说的时候坚决不说，如果他不懂得这个，而是在前两次见面的时候就阐述自己的计划，那么因为秦昭王没有专心听他讲，他说的话很可能根本不会被昭王听进去，说了也白说。在这里，范雎体现了他既不失人又不失言的明智，这是他成功的关键。

东方朔巧劝汉武帝

汉武帝非常喜欢道士，并让这些人去寻找长生不老的神仙药。

东方朔对方术之士特别反感，但又不便直接向皇帝进谏。于是，他就用另一种方式向汉武帝进言说："陛下让人找的都是地上产的药，这些药是不能使人长生不老的，只有天上的药才能使人长生不老。"

汉武帝问："谁能上天呢？你能上天取来药吗？若能取来，我重赏你。"

东方朔说："我可以上天取药。"

汉武帝知道东方朔是在说假话，就一再追问，并让东方朔立即上天取药。东方朔马上告辞，走出殿堂大门后又很快返回来说："我现在一人上天，好像是在跟您说假话，希望陛下能派一人与我同行，以证实我的真假。"汉武帝于是就派遣一名方士与东方朔同行。并约定三十天后返回。

东方朔出了朝廷大门后，每天都到各王侯家轮流饮酒，期限快到了，他还没有上天的意思，随行的方士不断地催促他。东方朔说："神仙鬼怪的事很难预言，不久就会有神仙来接我了。"

有一天，方士白天一直在睡觉，东方朔突然弄醒他，对他说："我喊你好半天你都不答应,我刚从天上下来。"方士大吃一惊,把这一切详细地报告给汉武帝。汉武帝认为东方朔竟敢当面欺骗他,遂下令把东方朔投入监狱。东方朔一边哭一边说:"我在顷刻之间几乎要死两次!"汉武帝很奇怪,就问东方朔,到底是怎么回事?

东方朔回答说:"玉皇大帝问我天底下的老百姓靠什么穿衣服?我说:'靠虫子。'玉皇大帝又问:'虫子像什么?'我回答说:'虫子嘴毛乎乎的像马,颜色黄乎乎的像虎。'天神大怒,认为我说假话。便派使臣到人间探问,使臣回来报告天神:'有这种虫子,名字叫蚕。'于是,天神放了我,如今您如果认为我是在欺骗你,希望能派人上天查问。"

汉武帝听后大为吃惊,说:"好,齐人狡诈,你原来是想让我不再重用方术之士呀!"

东方朔对汉武帝的委婉进言,从此,汉武帝罢掉诸方士,不再重用他们。

公孙鞅信守诺言增威信

商鞅姓公孙,名鞅,原是卫国的一个没落贵族,所以大家管他叫卫鞅。他认为卫国弱小,不足以施展他的才能,就跑到魏国,在魏国当了一段时间的门客,但是一直没受重用。商鞅正在郁郁不得志的时候,忽然听到秦孝公招聘人才,他决心离开魏国到秦国去。

商鞅到了秦国,托人介绍。见到了孝公。商鞅把他的一套富国强兵的道理和办法给孝公讲了一遍,他说一个国家要富强起来,就必须重视农业生产,这样,百姓有吃有穿,军队才有充足的粮草;要训练好军队,做到兵强马壮;还要赏罚分明,种地收成多的农民,英勇善战的将士,都要鼓励和奖赏,对那些不好好生产、打仗怕死的人,要加以惩罚。真能做到这些,国家没有不富强的。孝公听得津津有味,连饭都忘了吃。两个人议论国家大事,谈了好几天,十分投机。最后,孝公决定变法,改革旧制度,推行商鞅提出的新法令。

商鞅很快就把变法方案制订出来了。孝公完全同意,商鞅怕新法令没有威信,老百姓不相信,推行不开,就想了个办法,他叫人在都城的南门竖了一根三丈来长的木头，旁边贴了张告示说："谁能把这根木头扛到北门去，赏他十两金子。"不多会儿，木头周围就围满了人。大伙心里直犯嘀咕：这根木头顶多百把斤，扛几里地不是什么难事，怎么给这么多的金子呢？或许设了什么圈套吧？结果谁也不敢去扛。商鞅听说没人扛，又把奖赏提高到五十两金子。这么一来，人们更疑惑了。都猜不出这新上任的左庶长葫芦里到底卖的什么药。这时候只见一个粗壮汉子分开人群上前去，说："我来试试。"扛起木头就走。许多看热闹的人，好奇地跟着，一直跟到北门。只见新上任的左庶长正在那儿等着呢，他夸奖那个大汉说："好，你能够相信和执行我的命令，真是一个良民。"随后就把准备好的五十两金子奖给了他。这事很快就传开了，大家都说："左庶长说话算数，说到做到，他的命令可不是随便说说的啊。"接着，商鞅便开始实施新法令，新法令如下：

第一，加强社会治安。实行连坐法，把老百姓组织起来，五家编为"一伍"，十家编为"一什"，互相担保，互相监观。一家犯了罪，九家都要检举，否则十家一起判罪。检举坏人和杀敌一样有赏，窝藏坏人和投降敌人一样受处罚。外出必须携带凭证。没有证件各地不准留宿。

第二，奖励发展生产。鼓励百姓努力生产，粮食布帛贡献多的，可以免除一家劳役；懒惰和弃农经商的，连同妻子、儿女一起充当官奴。一家有两个以上儿子、待成人以后就要分家，各自交税，否则一人要交两份税。

第三，奖励杀敌立功。官爵大小以军事上立功多少为标准。功劳大的封官爵就高，车辆、衣服、田地、住宅、奴婢的赏赐，也都以功劳大小而定；军事上没有功劳的，即便有钱也不能过奢华的生活，就是贵族也只能享受平民的待遇。

新的法令刚刚开始推行，就遇到很大阻力。那些贵族宗室不去打仗立功，就不能做官受爵，只能享受平民待遇，失去了过去的许多特权；实行连坐法以后，他们也不能为所欲为了。因此，都疯狂地攻击新的法令，更不要说保守势力的代表甘龙他们了。在他们的唆使下，就连太子也出来反对。商鞅把甘龙罢了官，可是，太子是国君的继承人，不便处分，商鞅去找秦孝公，对他说："新法令之所以推行不开，主要是上头有人反对。"孝公说："不管谁反对，都依法惩办！"商鞅把太子反对、故意犯法的事一说，孝公既生气又为难，没有言语。商鞅说："太子当

然不能治罪,但是新法令如果可以随便违犯,今后就更不能推行了。"孝公问:"那怎么办呢?"商鞅说:"太子犯法,都是他的老师唆使的,应该惩治他们。"

孝公表示同意。这样,太子的老师公子虔就被割了鼻子,公孙贾被刺了面,大伙看到孝公和商鞅这样坚决,都不敢反对新法令了。

几年以后,秦国变得强盛起来。

甘夫人借机进谏

三国时期,刘备虽然出身贫寒,但却心怀大志,一心想复兴汉室,灭曹吞吴,进而统一天下。经过他的努力进取,终于在蜀汉之地建立了属于自己的政权。

一开始,他还能克制自己贪图享受的心理,但是越到后来他就越安于现状,没有了以前的斗志。谄媚之徒也都围绕在他身边。这一切都被他的妻子甘夫人看在眼里。

甘夫人是刘备驻守徐州时纳的小妾。刘备对她十分宠爱,一方面因为她貌美异常,身姿优美,肌肤如玉;另一方面,甘夫人知书达理,通晓人情世故。刘备的原配糜夫人去世后,刘备就把甘夫人带在身边,舍不得和她分开。

刘备盘踞在巴蜀之后,把里里外外的事务交由丞相掌管,也不再考虑复兴汉室基业的目标。那些小人见刘备丧失了往日的斗志,便想出各种花招讨他欢心。

一次,一位地方官吏给刘备送来一个用玉雕琢而成的人像。人像有4尺高,质地精良,熠熠生辉,精雕细琢,栩栩如生。刘备一见欣喜不已,拥着甘夫人,指着玉人说:"你的肌肤可以和这个玉人相提并论啊!"

从此,他把玉人安放在自己的卧室里,一边欣赏冰清玉洁的甘夫人,一边把玩玉人,两相对照,爱不释手。

甘夫人见刘备玩物丧志,还为自己寻找冠冕堂皇的理由,心中甚是着急。如果长此以往,刘备就会沉溺于安逸之中,不思进取,最终英雄沦为平庸之辈。可自己如果向他直言进谏,似有参与政务之嫌;如果摔碎玉人,恐怕刘备会怨恨自己,破坏夫妻关系。这天,她在房中看着玉人,心中一个激灵,想起了"子罕不以玉为宝"的故事。

等到晚上,刘备回来,甘夫人柔声说:"你这样喜欢玉,我来给你讲个有关玉的故事吧!"

刘备也很有兴致,于是催促道:"好啊!快讲!"

"春秋时期,宋国的正卿子罕收到了别人送来的一块宝玉,那玉浑然天成,和你的玉一样,也是人的形状。但是子罕断然拒绝了,说:'你送来的宝物委实罕见。

你以玉为宝，而我以廉为宝。如果我接受了，你和我都丢失了各自心爱的东西，你还是拿回去吧！'那个人对子罕敬佩不已，逢人就说'子罕不以玉为宝'，这个故事一直流传到今天。"

刘备听后若有所思。甘夫人接着说："同样是玉石，子罕不以为宝，而你却爱不释手，抚玩不止。玩物必丧志，居安要思危，现在还有两大对手尚未消除，你任重而道远啊！"

刘备惭愧不已，当着夫人的面就把那玉人摔碎了。他从此远离那些奸佞之徒，开始勤于政务，励精图治。

詹姆斯一世和首席大法官

这是四百多年前的事情了。1608年的某一天，英国国王詹姆斯一世在宫中闲坐无聊，忽然想起，有一段时间没有到皇家法院去亲自审理几件案子了。于是想着何不去一趟，审一桩小民案件，解解闷儿，也顺便体察一下民情。

国王一行来到法院，遇到普通诉讼法院首席大法官柯克爵士。令国王颇感意外的是，他要审理案件的要求在柯克这儿碰上钉子了。

"普天之下，莫非王土，这国家都在我的统治之下，区区一桩案件，我竟然无权御驾亲审，这是什么道理？"国王满脸不快，质问柯克大法官。

"陛下息怒，容臣禀告。陛下当然是国家的最高首脑，内政大事，外交方略，都由吾王总揽。但是，陛下要亲审案件这事，却是万万不可。"柯克显得很恭顺，但眼神中却透出一份坚定不屈。

"哈哈，国王不能审案，这倒是一桩新鲜事。我的大法官阁下，你别给我来这套抽象肯定、具体否定的花样。我知道，吾国法律以理性为依归。你不让我审案，显然是认为我天生愚笨，不及你和你的同僚们有理性喽。"国王语中带刺儿。

柯克并不退让，一板一眼地回答道："不错，上帝的确赋予陛下极其丰富的知识与无与伦比的天赋；但是，陛下对于英格兰王国的法律并不精通。法官要处理的案件动辄涉及臣民的生命、继承、动产或不动产，只有自然理性是不可能处理好的，更需要人工理性。法律是一门艺术，在一个人能够获得对它的认识之前，需要长期的学习和实践。"

这次冲突是英国法律专业化历史上的一座里程碑。此后，英国的司法便成了职业法律家的垄断领域。不只是英国，在当今各国，从事法律职业都要以正规的大学法律教育为前提。

"不忠诚"的代价

有一位才华横溢、拥有双博士学位的高材生，他先在牛津大学修完了法学课程，又在哈佛大学修完了工商管理课程。而且，他文笔很好，在多家报纸上发表过文章，不定期到一些大学里讲授写作知识，他的口才也很出众，他的演讲富有激情，能够把数千人的热情点燃。

这样的人才，在就业方面应该不会有什么问题的。

可是，他确实在为找工作的事而发愁。

原来，他的名声不太好，几乎没有哪家企业愿意录用他。而他的名声之所以不太好，是因为缺乏对企业的忠诚。

1993年，他修完了全部博士课程，先是在一家IT公司担任市场总监，工作没有几个月，他向公司的竞争对手出售商业机密。他拿到卖商业机密的钱财以后，就跳槽到一家制药公司担任策划总监。工作两三个月，他听说另一家制药公司待遇比这家更好，便以自己掌握更多的新药开发资料为诱饵，让那家公司聘用了他做更高的位置。新东家看重的是新药开发资料，而不是他这个不忠诚的双料博士，资料到手后，新东家辞退了他，并将他列入永不聘用人员名单中。

好在当时他的名声还没有臭名远播，找工作并不难，他很快进入了一家电器公司，新公司老板聘他做总裁。遗憾的是，这个双料博士更加不珍惜工作机会，他再一次出卖了自己的老板，还把公司的一批骨干人员带走。到哪里去呢？自己当老板去了，开了一家电器公司。由于自己不善于经营，公司开了不到半年就关门倒闭了，他只好又去打工。

到头来他才发现：最受打击的还是自己。因为他被多家企业贴上了"不忠诚"的标签，成了一个不受欢迎的人，还被多个行业的老板列入永不聘用的人员名单，几乎每家企业老板了解他的情况以后都表示绝对不会聘用他。

态度决定一切

某公司要裁员了，王师傅和杨师傅，还有公司里其他一些员工被提前一个月通知离职。王师傅和杨师傅他们两人都在公司工作了近十年。

眼看一个月后就要离开相伴近十年的公司，王师傅和杨师傅心里特别难受。他俩下班回家后，一整夜没有睡着。王师傅一夜没睡着的原因，主要是思考今后怎样做好自己的工作，给同事留下好的印象。而杨师傅睡不着的原因，就是他想不明白自己辛辛苦苦为公司工作这么长时间，现在却被裁员了，他心里越想越生气。第二天杨师傅更是怨气十足，逢人就大说："我们在公司工作了这么多年，平时兢兢业业，没有违反公司的规定，凭什么辞退我呢？"杨师傅还把怨气带到工作中来："反正我在这儿只有一个月，干好干坏一个样，不如干坏一点，让公司付出代价。"结果，杨师傅的工作业绩越来越差。所不同的是，王师傅不像杨师傅那样破罐子破摔，上班越来越无组织无纪律，甚至故意浪费或损坏公司里的财物和设备，而是依然那么勤勤恳恳，对工作一丝不苟，每天坚守岗位。在最后的一个月里，工作成绩不仅没有下滑，反而还有所提高。

　　一个月很快就过去了，杨师傅如期离职了，而王师傅却被留下了。公司的动员大会上，总经理慷慨激昂地说，工厂不缺工人，但缺王师傅这样忠诚负责的员工，公司效益不好，容不下那么多的员工，但像王师傅那样的员工再多都能容得下。一个月后王师傅不但没有离开公司，还升职当了车间主任。

圣君章第二

【原文】

惟君以圣德，监于万邦。自下至上，各有尊也。故王者，上事于天，下事于地，中事于宗庙。以临于人，则人化之，天下尽忠，以奉上也。是以兢兢戒慎①，日增其明，禄贤官能，式敷大化②，惠泽长久，万民咸怀。故得皇猷丕丕③，行于四方，扬于后代，以保社稷，以光祖考，尽圣君之忠也。《诗》云："昭事上帝，聿怀多福④。"

【译文】

只要君主帝王能够用至圣至善的品行道德统治着全国，为各个属国做出榜样，那么自下层百姓到上层官僚，对君主帝王就要各行其尊。因此，身为君王的人，应当对上侍奉天地众神，对下敬奉神灵，同时也要祭奉自己的祖宗先辈。君主帝王能够用至圣至善的品行道德为平民百姓做出榜样，百姓就会效法他，普天之下都会尽忠侍奉君主帝王。所以，君王应当小心谨慎从事，使英明之才更加贤明。只要君主给贤良之士以俸禄，起用那些有才能的人当官，施行仁政教化，长期广布恩惠德泽，他的臣民以及百姓就一定会感念他。因此君主最大的计划谋略，在于如何使仁政行于四方，并建立起辉煌的功业，宣扬于后代，以保国家基业长久不衰，同时也能使他光宗耀祖。以上就是圣贤君主的忠道呀！《诗经》上说："明白怎样侍奉上帝，招来幸福无限量。"

【注释】

①兢兢戒慎：小心谨慎。兢兢，小心谨慎的样子，也作恐惧的样子。②式敷大化：将教化铺开幕扩大。式，榜样，标准。敷，铺升、铺展。大化，深广的道德教化。③丕丕：极大的样子。④"昭事上帝"二句：明白怎样侍奉上帝，招来幸福无限量。昭，明白。聿，语助词。怀，来、招来。

【解析】

有句谚语说得好："好人的榜样是看得见的哲理。"榜样好比大海中用来照明的灯塔，为夜航人们指明了前进的方向，不至于迷失在茫茫大海中。忠诚文化需要领导者树立榜样。领导者树立榜样，能够给人们以启发，振奋精神，增添力量和信心。领导者的一项最重要的行动就是树立榜样，策略是树立一个你期望其他人学习的好榜样。榜样非常重要，因为人们更多地通过他们的眼睛来获取信息，他们看到你做的比听到你说的效果要大得多。

典例阐幽

汉昭帝自幼聪颖善辩忠奸

汉武帝去世的时候，他所立的太子即后来的汉昭帝，年龄才8岁。汉武帝并不放心，就把他托付给霍光、金日磾、上官桀、桑弘羊四位大臣，让四人辅佐昭帝。四人之中，霍光是大司马、大将军，掌握着朝廷军政大权，地位最高。

霍光为人正直，又忠心耿耿辅佐汉昭帝，把国家大事处理得有条有理，因此，威望日益增高。但是霍光为人耿直，做事不讲情面，得罪了不少人，其中就有上官桀、桑弘羊、盖长公主等人。

当时燕王刘旦（汉昭帝的哥哥）因为自己没有做成皇帝，一心想废掉昭帝，但又畏惧霍光，于是他便和上官桀勾结起来，想设计除掉霍光。

于是，在汉昭帝14岁那年，上官桀趁朝廷让霍光休假的机会，伪造了一封刘旦的亲笔书信，又派人冒充刘旦的使者，把这封信送给了汉昭帝。

汉昭帝打开信一看，只见上面写道："霍光外出检阅御林军时，擅自使用皇上专用的仪仗。而且他经常不守法度，不经皇上批准，擅自向大将军府增调武官，这都有据可查。他简直是独断专行，根本不把皇上放在眼里！我担心他有阴谋，对皇上不利，因此我愿意辞去王位，到宫里保护皇上，以提防奸臣作乱。"

送完信后，上官桀等人做好一切准备，只等汉昭帝发布命令，就把霍光捉拿起来，谁知汉昭帝看完信后毫无动静。

第二天，霍光前去上朝，听说了这件事，就坐在偏殿中等候发落。

汉昭帝在朝堂上没有看见霍光，便问道："大将军在哪里？"

上官桀回答道："大将军因为被燕王告发，所以不敢进来。"

于是，汉昭帝派人请霍光上殿。霍光来到殿前，摘掉帽子，磕头请罪。

汉昭帝说："大将军只管戴上帽子。我知道那封信是假的，你没有罪。"

霍光既高兴又迷惑不解，问："皇上是怎么知道的啊？"

汉昭帝说："大将军检阅御

林军只是最近几天的事情，增调武官校尉到现在也不过十天，燕王远在北方，他怎么知道得如此之快啊？如果将军要作乱，也不必依靠校尉。"

上官桀等人和文武百官听了都大吃一惊。

汉昭帝又说："这件事只需问问送信人就可以弄明白！不过，我想他肯定早已逃跑了。"

左右下属连忙命人去找送信人，送信人果然逃跑了。

一计不成，上官桀等人又生一计，他们经常在汉昭帝面前说霍光的坏话。最后，汉昭帝大怒，对他们说："大将军是忠臣，先帝嘱托他辅佐我，以后谁敢再诬蔑大将军，我就治谁的罪！"

上官桀等人看到这个方法也不行，就密谋让盖长公主出面请霍光喝酒，然后借机杀掉他，废掉汉昭帝，立燕王刘旦为帝。但他们的阴谋还没来得及施行，就被汉昭帝和霍光发觉，全部被杀。

霍光如果碰上一个昏庸的皇上，恐怕早已被斩首了。而昭帝从信中的时间准确地推算出燕王不可能知道近期发生的事，而且又令人去追查送信之人，他这样做的目的只是想给诬陷霍光的人一个威吓，上官桀果然吓得半死。

更为可悲的是，上官桀等人仍不死心，意图谋反，最终落得身首异处的下场。

汲黯进谏汉武帝

汉武帝常常不拘小节，有时连最基本的礼仪都不管不顾。但他唯独对主爵都尉汲黯毕恭毕敬，不敢有丝毫的怠慢，如果没有穿戴整齐，是绝不会接见他的。有时，汲黯有要事启奏，由于来得太突然，皇上还没有梳洗完毕，无奈之中，汉武帝宁肯隐坐帐中也绝不随随便便出来相见。

皇上之所以如此尊重他，是因为汲黯不畏高权尊位，不顾自己的得失，敢于直言进谏。并且汲黯向来很自重，从来没有做过瞒上欺下、有贬自己人格的事。

原来，汉武帝一世英名，常常招纳各个方面的人才，可谓求贤若渴。但他生性脾气暴躁，如果有人偶尔犯个小错，或者他自己觉得不合心意，即便是那些素来宠信的大臣，他也不讲任何情面，一律问斩。对此，汲黯早就觉得皇上做得过火了，只是苦于没有机会说出来。

一天，武帝正打算退朝，汲黯上前一步说："臣还有话要说！"皇上只好耐着性子听他说，汲黯借机一吐为快。

"陛下求贤可谓不厌其烦，可是您毁才可谓不计其数，那些未尽其用的贤才实在是可惜。人才毕竟有限，这样长此以往，臣恐怕会有人才穷尽的那一天。臣恳请陛下以后要三思而后行，拥有贤能之士才有助于治国啊！"汲黯一番话语重心长，但可能他确实惋惜那些死去的人才，因此语气并不冷静，并且面带怒容。在场的大臣都为他捏着一把汗，心想，如果汉武帝觉得下不了台阶，说不定一怒之下会把自己素来尊重的汲黯也给杀了。

只见汉武帝强忍着心中的怒火，反而笑着说："我堂堂大汉朝人才济济，还怕没有人才吗？只怕是没人能识别人才！我要的人才就要能为我所用，如果他们不能发挥作用，或者派不上用场，那就形同废器。要我白白养活着，还不如杀了，留着又有何用？"

汲黯觉得皇上这套理论简直不可理喻，心中不服，于是梗着脖子继续说："虽然我不能说服陛下，但还是以为陛下说得不对。臣恳请陛下从今以后能爱惜人才，不要滥杀无辜！不要以为臣不懂道理，胡搅蛮缠！"

汉武帝很是恼怒汲黯咬住不放，和自己针锋相对，不过他也认为汲黯说得很有道理，于是竭力忍住心头旺盛的怒火，避开这个话题，冷笑一声说："要说汲黯喜好揭短，我看倒也不是，不过他说自己糊涂，倒还真是这样。"

皇上"王顾左右而言他"，居然没有龙颜大怒，也没有给汲黯任何惩罚。

樊姬进贤

春秋时期，在中原大地上，各路诸侯群雄逐鹿，纷纷争霸。其中楚国庄王的夫人樊姬，是一位深明大义、贤良聪颖的女子，对楚国最终称霸起到不可忽视的作用。

在楚国称霸以前，楚庄王十分喜欢打猎。樊姬看在眼里，急在心上。她深知作为一国之君，常常喜欢打猎，就会因玩物丧志而荒于国事。于是樊姬就多次去劝阻他，而楚庄王始终不听。没有办法，樊姬就断绝肉食了。她的意志和行动终于感化了楚庄王，使他觉悟过来，并改过自新。

楚庄王从此不再惦记着打猎这类的事情，而把更多的时间和精力用在国家政事上，而且处理国事也变得越来越勤奋和谨慎。

那时候，作为一个君王拥有许多嫔妃也是平常之事，楚庄王当然也不例外。这件事在眼光深远的樊姬看来，却不是一桩小事，因为她明白，一个君王若是沉迷于女色之中，那是十分危险的事情，甚至很容易因此而导致亡国。

为了避免楚庄王误入歧途，樊姬就亲自负责从各地寻访美女。当然，能被樊姬所选中的美女，都是品行容貌俱佳的女子，而不是那种只重外表不重品德修养之人。樊姬的这番举动，不仅从根本上杜绝了楚国国君身边的隐患，同时也深深感动了楚庄王,使他对夫人樊姬更加尊敬。

后来,樊姬得知楚庄王十分宠信一个叫虞邱子的大臣,而且经常废寝忘食地听他讲话,心中感到是又喜又忧。于是,她就在一次下朝后,特意走出来恭迎楚庄王,并问:"是什么重要的事情,竟然让您经常这样废寝忘食?"楚庄王高兴地说:"和贤能的忠臣说话,真是不知道什么是饥饿和疲倦。"樊姬接着又问:"您说的贤能忠臣是哪一位呢?"楚庄王不假思索地说:"当然是虞邱子了。"

听了楚庄王的回答,樊姬心中一惊,却又立马镇静下来,并且禁不住捂住嘴巴,开始大笑起来。楚庄王见状,就不解地问:"夫人为什么如此大笑?"樊姬就非常认真地说:"如果说虞邱子是聪明之人倒还勉强,然而他未必算是一个忠臣。"楚庄王听后感到十分疑惑,就追问道:"为什么这样说呢?"

樊姬看着满脸疑惑的楚庄王,温和地娓娓道来:"我服侍君王,算起来也有十一年了。我曾经访求品貌俱佳的女子,献给君王。现在比我好的有两个人,和我同等的也有七个人。我为什么不千方百计想办法,排除她们,一个人独自霸占您的宠爱呢?"

樊姬稍微停顿了一下,一边观察着楚庄王的神情,一边又接着说:"因为我知道,您是一国之君,身边需要有更多的贤德女子来照顾您的生活,我不能只考虑个人的得失,而耽误了选用贤德之人辅助您和国家。"

见楚庄王听得心悦诚服,樊姬就进一步说道:"现在虞邱子做楚国的丞令尹,也有十多年了。除了他自己的子弟宗族亲戚以外,他从来没有保举过好人进来,也没有听说他罢免哪个不贤之人,难道贤能的忠臣就是这样的吗?挡住了真正贤德之人为国尽忠的道路就等于蒙蔽君王。知道别人贤德也不举荐,就是不忠;不知道别人的贤德,就是没有智慧。我刚才所笑的,难道不对吗?"

听了樊姬的一番话,楚庄王觉得十分有道理,仔细思量,确实如此。第二天上朝,他就将樊姬所说的话告诉了虞邱子。

虞邱子听完楚庄王的话,吓得赶紧离开坐席,站在那里不知如何是好。心中也感到万分的惭愧。于是,他下朝以后,回去躲在家里再也不敢出来,直到派人把一个贤能的忠臣——孙叔敖迎请过来,并亲自举荐给楚庄王。

楚庄王经过考察后,重用了孙叔敖,让他帮助治理楚国。三年之后,孙叔敖果然以其贤能辅佐楚庄王在诸侯国中称霸。

包拯为官清廉

开封府是皇亲国戚、豪门权贵集中的地方。以前，不管哪个当这差使，免不了跟权贵通关节，接受贿赂。包拯上任以后，决心把这种腐败的风气整顿一下。

按照宋朝的规矩，谁要到衙门告状，先得托人写状子，还得通过衙门小吏传递给知府。一些讼师恶棍，就趁机敲诈勒索。包拯破了这条规矩，老百姓要诉冤告状，可以到府衙门前击鼓。鼓声一响，府衙门就大开正门，让百姓直接上堂控告。这样一来，衙门的小吏要想做手脚也不敢了。

有一年，开封发大水，那里一条惠民河河道阻塞，水排泄不出去。包拯一调查，河道阻塞的原因是有些宦官、权贵侵占了河道，在河道上修筑花园、亭台。包拯立刻下命令，要这些园主把河道上的建筑全部拆掉。有个权贵不肯拆除。开封府派人去催促，那人还强词夺理，拿出一张地契，硬说那块地是他的产业。包拯详细一检查，发现地契是那个权贵自己伪造的。包拯十分生气，勒令那人拆掉花园，还写了一份奏章向宋仁宗揭发。那人一看事情闹大，要是仁宗真的追究起来，也没有他的好处，只好乖乖地把花园拆了。

一些权贵听到包拯执法严明，都吓得不敢为非作歹。有个权贵想通关节，打算送点礼物给包拯，旁人提醒他，别白操心了，包拯的廉洁奉公是出了名的。他原来在端州做过官。端州出产的砚台，是当地的特产。皇宫规定，端州官员每年要进贡一批端砚到内廷去。在端州做官的人往往借进贡的机会，向百姓大肆搜刮，私下贪污一批，去讨好那些权贵大臣。搜刮去的端砚比进贡的要多出几十倍。后来，包拯到了端州，向民间征收端砚，除了进贡朝廷的以外，连一块都不增加。直到他离开端州，从没有私自要过一块端砚。

那些权贵知道没有空子可钻，也就只好罢休。后来开封府的男女老少，没有人不知道包拯是个大清官。民间流传着两句歌谣："关节不到，有阎罗、包老。"

包拯对亲戚朋友也十分严格。有的亲戚想利用他做靠山，他一点也不照顾。日子一久，亲戚朋友知道他的脾气，也不敢再为私人的事情去找他了。

宋仁宗很器重包拯，提升他为枢密副使。他做了大官，家里的生活照样十分朴素，跟普通百姓一样。过了五年，他得重病死了，留下了一份遗嘱说：后代子孙做官，如果犯了贪污罪，不许回老家；死了以后，也不许葬在咱包家的坟地上。

诚信诗人的汪伦

唐朝的汪伦性格爽朗，饱读诗书，特别喜欢结交意气相投的朋友。他对李白仰慕已久，一直希望跟他切磋诗文，学习写诗填词的本事。

一日，他得知李白将要路过安徽，便费尽心思，想要挽留李白。但他知道李白向来狂放不羁，一般的邀请他肯定不屑于赴约。他绞尽脑汁思索了半天，想起人们曾说过李白的四个爱好："一爱桃花二爱酒，三爱作诗四爱走。"如果自己投其所好，说不定可以让他停下脚步。不一会儿，他就想出了一个好主意。

很快李白收到了汪伦写来的一封信，信中热情洋溢地邀请李白在泾川驻留几日。信中写道："敬闻你喜欢桃花和美酒，我们泾川风景优美，十里桃花，远近闻名。美酒飘香，万家酒店一定让你流连忘返。欣闻你将经过此地，诚请你不辞辛劳，前来游赏，你将不枉此行。"

李白看到信后，非常高兴。十里桃花将是怎样一副迷人的景致呢？若可以卧醉于一万家酒店，那岂不是人间天堂？这个诱惑实在是太大了。李白当即改变既定的行程，到了泾川就径直寻汪伦去了，只是疑惑一路上并没有见到信中描述的景象。

一见面，汪伦深深地作揖，向李白道歉说："请原谅我对你的欺骗。信中所说的十里桃花，并不是真有桃花，而是距离此处十里远的地方有一个深潭，叫做桃花潭；所谓的万家酒店，也不是真有一万家酒店，只是店主姓万，俗称万家酒店。"

李白大失所望，不禁问道："那你为何邀请我到这个地方来呢？"

汪伦诚恳地说："久闻大名如雷贯耳，我早就想一睹你这位豪侠之士的风采，想和你交朋友。想来想去，只有投其所好，编出这段话引诱你。"

李白听后爽朗地大笑起来，为汪伦的一片诚心感动不已，心中郁积的不快和失望很快就一扫而空了。再看看面前的汪伦，风流倜傥，透出一丝儒雅之气，也非庸俗之辈，更备感欣慰。

两个人一起谈诗论剑，饮酒对歌，汪伦把李白照顾得无微不至。不知不觉半个月过去了，分别的时候到了，汪伦送给李白十匹锦缎和大量物品，依依不舍地为李白送行。李白对他的热情款待心怀感激，写了一首诗来答谢他，这就是流传千古的

《赠汪伦》：

> 李白乘舟将欲行，
> 忽闻岸上踏歌声。
> 桃花潭水深千尺，
> 不及汪伦送我情。

海瑞以俭治家

海瑞，字汝贤、国开，自号刚峰，海南琼山人。嘉靖二十八年（1540）以《治黎策》中举人，嘉靖三十二年到福建延平府任南平县儒学教谕。嘉靖四十五年世宗皇帝迷信道教，讲究长生之术，不理朝纲，海瑞以死上疏，条奏《直言天下第一事疏》，触怒皇帝，被罢官入狱。世宗皇帝死，穆宗即位，恢复海瑞原职，改任兵部武库司主事。隆庆三年（1569）升金部御史巡按应天。此期间，他黜贪墨、搏豪强、整治宿弊，使权豪势宦敛手屏息，同时也触怒权贵，遭到打击。隆庆四年因抑制豪强，被劾离职，返回原籍。万历十二年（1585）朝廷又召回起用，任通政司左通政，万历十三年任南京右佥都御史，未到任就改任南京吏部右侍郎，后升南京都御史。万历十五年因病卒于任上。

海瑞不仅秉公执法，而且为政清廉，就是在生活上也十分俭朴。海瑞原籍海南琼山，他调淳安任县令时他的母亲也随同他到了淳安。尽管儿子当了县太爷，老太太却仍然节俭如一，洁身自好，不忘劳动人民的根本。在海瑞的提议主持下，老太太也和家人一起挖地种蔬菜，以供全家日常食用。平日海瑞穿的是布袍，吃的是粗粮；全家老少也同他一样过的是一般平民的清淡生活，当地的百姓都称他是"布袍淡饭"的父母官。

海瑞持家俭朴，执政就更是清廉。有一次他的顶头上司胡宗宪的儿子，经过淳安，仗势横行，搜刮民财，对驿站的官吏还大耍淫威。海瑞得知是胡宗宪的儿子，故意佯装不知，并命令部属把他拦截，经过搜查他的行囊，发现箱笼里有几千两银子。海瑞当即下令：全部将其没收充入国库。同时他又巧妙地将情况写成报告派人飞报胡宗宪。报告大意是："胡公以往巡察部属时，总是一再吩咐各地要廉洁，所以我们都是照您的指示执行的。现在拦截的这个家伙竟敢冒充是您的公子，我们只好把他搜刮到的钱财全部没收，充入国库了。"胡宗宪看了这份报告，真像吃了一颗又粗又塞喉的苦果，哭笑不得。

率先垂范的李嘉诚

李嘉诚的成功之处，就在于不论何时何地都以身作则，给员工树立一个很好的榜样。他常常告诉自己的员工："自己没有做好，怎么可能要求别人做到呢？"在公司里，李嘉诚虽然贵为公司的最高管理者，但也跟普通员工一样遵守公司的各项规定，从来不敢违反公司的各项规定。为了节省时间，提高开会效率，李嘉诚要求高级主管开会时一定要注意时间，每次会议不能超过45分钟，如果超过45分钟就要终止会议，没有说完的事情就要自己找时间处理。很多人一开始都无法适应，会议的时间常常超过限制。

有一次，李嘉诚和公司的几名董事开会，大家都忘记了节省时间的要求，一眨眼就过了一个小时。李嘉诚发现后，马上决定散会，但几名董事就提醒李嘉诚事情非常紧急，希望破例一次。只见李嘉诚语重心长地告诉这些董事："大家都是公司的高层人员，公司上下数千双眼睛都盯着我们看，我们要给员工做出一个好的榜样。"

李嘉诚不仅在开会时遵守公司节省时间的规定，而且他工作非常勤奋。李嘉诚总是第一个到公司上班的人，也是最后一个离开公司下班的人。当所有人下班离开公司时，他还要重新检查一下公司的各个地方，以防员工因疏忽而忘记了关紧门窗。李嘉诚的敬业精神让员工非常感佩，很多年轻员工都说，"李先生是一个年过半百的老人，还如此勤奋，我们年轻人有什么理由不努力奋进呢？"

如果在李嘉诚公司打听一下，"在高级主管中，哪个经理的工资是最低的？" 10个人至少有8个人会告诉你，李嘉诚的工资是比较低的。他每个月只从公司领取几千元港币的工资，从不多拿一分。每次当有人问起李嘉诚为什么拿比较少的薪水时，他总是摆摆手说："没有什么大不了的，公司的员工有钱赚才是最重要的。"

以身作则最具说服力

"身为一名主管，要比员工付出更多的努力和心血，以身示范，激励士气。"前日本经联会会长土光敏夫先生如是说。

土光敏夫是一位地位高、受人尊敬的企业家。他在1965年曾出任东芝电器社长。当时的东芝人才济济，但由于组织太庞大，层次过多，管理不善，员工松散，导致公司业绩滑落。

土光敏夫接掌之后，立刻提出了"一般员工要比以前多用三倍的脑，董事则要十倍，我本人则有过之而无不及"的口号，来重建东芝。

他的口头禅是"以身作则最具说服力"。他每天提前半小时上班，并空出上午七点半至八点半的一小时，欢迎员工与他一起动脑，共同来商讨公司出现的问题。

土光敏夫为了杜绝浪费，还借着一次参观的油轮机会，给东芝的董事上了一课。

一次，东芝的一名董事想参观一艘名叫"出光丸"的巨型油轮。由于土光敏夫已看过好几次了，所以事先说好由他带路。

有一天休息日，他们约好在"樱木町"车站的门口会合。土光敏夫准时到达，董事乘公司的车随后才赶到。董事说："社长先生，抱歉让您久等了。我看我们就搭您的车前往参观吧！"董事以为土光敏夫也是乘公司的专车过来的。

土光敏夫面无表情地说："我并没乘公司的轿车，我们去搭电车吧！"董事当场愣住了，羞愧得无地自容。原来土光敏夫为了杜绝浪费，节约公司成本，于是就以身示范搭乘电车，给那位董事生动地上了一课。

这件事过后立刻传遍了整个公司，上上下下立刻小心警惕，不敢再随意浪费公司的物品。由于土光敏夫以身作则点点滴滴的努力，东芝的经营情况逐渐好转。土光敏夫说："要督促政府达成革新，再也没有比国民一齐监督更有效的方法了。"

新力的创始人盛田昭夫是世界知名的大企业家，他能带领几十人的小公司发展成为当今世界五百强企业，就得益于他对年轻人才的重视，经常提拔一些年轻有为的人担当重要的职位。

有一次，盛田昭夫到新力的子公司视察工作，顺便听取财务部门主管的工作汇报。在宽敞的办公室里，盛田昭夫仔细地倾听每个人的工作汇报，并频频地点头表示认同，也显示他对这家公司的业绩表现很满意。

正当大家沉浸在一片欢声笑语时，坐在圆桌后面的一个年轻人突然站起来说："董事长先生，我认为你可能太过于乐观了，公司的财务状况并没有您所期望的那样好。为了达到预定的目标，我们公司付出了比其他公司更高的成本。"这句话无疑对盛田昭夫泼了一盆冷水，刚刚好转的心情顿时全无，整个办公室的气氛立刻紧张起来。盛田昭夫转身问这个年轻人："这样说你心中已有解决办法了，我倒很有兴趣听一下你的看法。"这个年轻人没有丝毫的畏首畏尾，把自己的想法详细说出来，并提出了自己的方案。

盛田昭夫顿时被年轻人提出的新方案所吸引，更对年轻人的勇气啧啧称赞："年轻人就应该这样，大胆地提出自己的想法，并坚持自己的主张。"盛田昭夫当时就决定撤销这家公司的财务主管，任命这个年轻人担任此职务。很多人劝盛田昭夫是不是要重新再考虑一下，因为这个年轻人刚到公司没有多久，缺乏经验。他立即拒绝了他们的请求，"让时间来检验一下他是否是一个合格的财务主管吧。"

　　这个年轻人果然不负众望，三年后因为工作业绩突出，被提拔到新力总公司担任财务主管，成为新力历史上最年轻的财务主管之一。

　　知人善任是管理人才的一种途径。善于发现年轻有为的人，敢于让他们担当重任，只要运用得当就会收到期待的效果。公司的领导者更需要胆量和气魄，因为很多人会为之感到不公平，会产生抵触的情绪，还有会受到来自各方的阻力。妥协退缩，还是坚持到底，任何一个成功的领导者都会毫不犹豫地选择后者，执着地做下去。

冢臣章第三

【原文】

为臣事君,忠之本也,本立而化成①。冢臣于君②,可谓一体,下行而上信,故能成其忠。夫忠者,岂惟奉君忘身,徇国忘家,正色直辞,临难死节而已矣! 在乎沉谋潜运③,正国④安人,任贤以为理,端委⑤而自化。尊其君,有天地之大,日明之明,阴阳之和,四时之信,圣德洋溢,颂声作焉。《书》云:"元首明哉,股肱良哉,庶事康哉⑥!"

【译文】

作为臣子为君主办事,最根本的是恪守忠道。只有以忠道为本,然后才能收到教化、治理的功效。大臣和君主的关系,可以说是一个不可分割的整体,对于臣子的所作所为,君主能够予以信任,臣子才能够做到对君主恪尽忠心。所谓忠道,不唯独是为君主而舍生忘身、为国家而弃亲忘家、遇事敢于直言进谏、君主如果遭难而以死明节等。其实,真正意义上的忠道应该是:深谋远虑,运筹帷幄,匡正国家的失误,任用贤明的人来治理国家,端正自身姿态,使民众自然而然地受到教化,使国家兴旺发达。尊信君主,可使皇恩广布天地之间,有如日月一般光明,有如阴阳那般相互调和,有如四季那样依序运转。一旦君主的圣明之德广泛传播,全国上下就会出现一片欢乐、歌颂之声。《尚书》上讲:"君主英明,大臣贤良,才能诸事安康。"

【注释】

①化成:教化形成。②冢臣:大臣。③沉谋潜运:运筹帷幄。④正国:匡正国家的失误。正,匡正。⑤端委:穿着礼服,意为端正自身姿态。⑥"元首明哉"三句:君主英明啊! 大臣贤良啊! 诸事安康啊! 庶事,万事。

【解析】

本篇讲的是大臣的忠。先点出"事君"为大臣"忠之本",接着指出真正意义上的大臣之忠不在于舍生忘死,即"奉君忘身,徇国忘家,正色直辞,临难死节",而在于为国谋利,即"沉谋潜运,正国安人,任贤以为理,端委而自化"。唯其如此,才能使全国上下洋溢在一种神圣的气氛中,国家才会出现欢乐与歌颂之声。

大臣同君主的关系,实际上应该把自己和君主看作是一个不可分割的整体，只有这样，臣属们做了什么，君主才能信任、理解他们，因此能够使他们克尽忠心。忠道这东西，难道仅仅是侍奉君主，忘记自己，为国殉难，舍弃家庭，敢于直言进谏，毫不畏惧，为守信义，誓死不屈这样一些做法吗？其实，这并不是至关要道。真正有意义的忠道应该是去深刻地思谋、筹划，默默地实施安排，匡正国家的失误，安抚人民的不满，任用贤明之士治理一切。

典例阐幽

高风亮节忠诚有义的朱梅

朱梅，号海峰。生卒年不详。辽东广宁前屯卫（今辽宁省绥中县前卫）人。为人忠厚朴实，办事精明干练，初任副将。崇祯三年（1630）升任山海关总兵。

明天启六年（1626），朱梅在宁远（今辽宁省兴城）保卫战中，与名将袁崇焕一起，抗击后金军，他在战斗中突出地表现了英勇顽强的大无畏精神，以少胜多击退了努尔哈赤的攻城铁骑。

当时，迅速崛起的后金政权，以广袤的白山黑水为基地，向明王朝挑战。后金大汗努尔哈赤，在明将孙承宗被罢后，辽东空虚这一时机，于正月率20万大军浩浩荡荡兵指辽西走廊。当时在辽督师军务的将军高第，接到边报，非常害怕，自乱阵脚，下令将辽西兵全部撤进山海关，放弃锦宁诸城。一时间辽西大地难民无数，哭声震野，合家带口，死亡载途。这种浪潮也席卷了战略地位极其重要的宁远城。

当时任副将的朱梅第一个站出来，强烈反对这一错误的政策，严正指出不战自逃的命令是误军失国之下策。

朱梅一身白甲，手持宝剑，高踞于城楼之上，大声说道：吾辈所据，京师屏障，官此，当死此，我必不去。

此声呐喊，掷地有声，长空回响。

朱梅的主张获得守城诸将和宁远民众的大力支持，决心团结一心，共同对敌。守城士兵和将领在朱梅为国尽忠、守土有责精神的感召下，士气昂扬，坚定信心与城共存亡。

努尔哈赤的后金兵很快将宁远城铁桶般围困起来，发起多次强攻。朱梅身先士卒，沉着稳重，指挥得当，一次次地击退后金的进攻，造成敌人大量的伤亡。努尔哈赤恼羞成怒，推出红衣大炮，集中炮火很快将城墙打开一个缺口，后金兵蜂拥而至，宁远危亡。只见朱梅带领士兵，冒着密集的炮火填石堵口，毫不畏惧。主帅袁崇焕看得真切，将炮口瞄准嚣张的努尔哈赤大汗的坐骑。一炮下去，应声而倒。后金的八旗兵六神无主，溃退而去。宁远城保住了，努尔哈赤中弹重伤，后来在败退的路上于沈阳城西的瑷集堡不治身亡。

此役，朱梅始为人知。

天启七年（1627）也就是崇祯元年，努尔哈赤的第八子皇太极继位。不久，为报父仇，发兵30万进攻锦宁防线。朱梅被任命为先锋，多次冲锋敌阵，以致后金兵一见白甲的人出现，魂飞魄散，不战即逃。袁崇焕施用诱敌夹击之计，一举击溃了后金主力，使之首尾不能相顾，大败而逃。再一次保卫了大明的土地，显示了崇高的品格。这就是历史上的宁锦大捷。

世人再次认识朱梅。

皇太极施用反间计，崇祯皇帝凌迟处死抗金英雄袁崇焕，辽西防线空虚。崇祯朝廷为了应付李自成逼北京，宣布裁撤宁远军队进京勤王，朱梅与诸将撤入山海关内，辽地尽失。

明崇祯二年（1629）朱梅升任山海关总兵。上任后，恪尽职守，做了一系列举措，巩固城防，时刻准备更大的战斗。这年十二月，因为袁崇焕部下含冤畏惧，辽将祖大寿率辽西勤王的兵马，散向东逃，形势极其危机。如果任其下去，明军内部将自相残杀，亲者痛仇者快，那是皇太极盼望的最大成果。如果处理不好，整个辽兵连同祖大寿等抗金名将都将陷入抗君叛变的深渊，遗臭万年。这也是皇太极愿意看到的。

朱梅来不及细想，闻知祖大寿已快接近山海关了。朱梅换了一身素衣，手中没拿一件武器，策马独自来到五里台西，高踞张果老河桥头，等待祖大寿的到来。

祖大寿远看见朱梅，正不知如何是好，却听见朱梅喊：是祖大将军吗？接着又看见朱梅翻身下马，跪在桥头。祖大寿急忙命令辽兵停止前进。自己也翻身下马，急步逐前，丢下武器，与朱梅相抱痛哭。接着朱梅将祖大寿扶到河边大柳树下，语重心长地指出当前的危机，商量万全之策。首先指出的是大明朝廷的危机，国家利益超越一切利益之上。祖大寿是何等人物，立即猛醒。立刻请朱梅来到军前，喝令全体下跪，感谢不杀救命之恩，宣誓效忠大明王朝。朱梅此刻还不能放心，又建议祖大寿带领全体辽兵回身，面朝北京再次磕头，向朝廷谢恩。

过了两天，崇祯方知杀了袁崇焕是上了后金的当，后悔莫及。听了朱梅的急报，便命孙承宗急赴山海关，处理

辽兵问题。终于保住了能战的辽兵，解放了一大批将领。

朱梅的言行终于被天下人看清楚了，高风亮节、大将风范。

为此，朝廷因其功加秩后军都督府左都督。

朱梅成为大明朝唯有的五挂将军任的独胆常胜将军，名垂史册。

朱梅病逝后，朝廷为表彰这一有功之臣，于崇祯十年（1637）在山海关北十八里朱梅曾战斗过的青山绿水之间建墓，于崇祯十二年正月廿四日下葬。

钱若水真诚进谏说服宋太宗

在宋太宗年间，招讨使李继隆与转运使卢之翰有仇，总想置他于死地，以解心头之恨，于是想了个主意陷害他。

李继隆先向转运司发了个公文说："朝廷准备八月出兵打仗，让转运司筹备粮草，以待军需。"转运司是专门负责给军队供给粮草等物品的部门。接到公文以后急忙派人四处调集粮草，刚刚筹集齐备，李继隆又来文说："据会占卜的人说，八月出师对国家不利，恐怕不能取胜，十月比较合适，于是改在十月出师。"这样转运司就把筹集到的粮草散发了出去。李继隆知道转运司手中已经没有粮草了，就又发文说："现在得到侦察人员的报告，贼寇已经入侵，我军得马上迎战，粮草等军需物品即刻装车运送。"转运司刚刚把筹集来的粮草散掉，一时间征集不上来。李继隆一看，时机已到，当即向朝廷奏本，说："转运司卢之翰等失职，军需物资供应不上，耽误了战机。"

太宗看了奏折以后大怒，当即命人带着他的命令，骑快马取卢之翰等三个转运使的人头来。宰相吕端，枢密使柴禹锡见太宗如此大怒，吓得都不敢说话。只有枢密副使钱若水，对太宗说："陛下，您先别生那么大气，这件事还是先查一查看看是怎么回事，弄清事情的原委再做处理也不晚呀。"太宗正在气头上，听不进大臣的进谏，一甩袖子到后宫去了。吕端和柴禹锡见此情景也都各自回府了，只有钱若水留在殿上没有走。

太宗吃过饭，气稍微消了点，一想刚才自己一气之下甩手走了，几位大臣现在不知道怎样了。于是派内侍到殿上看看还有谁在，内侍回来禀报说："有个细瘦的长者还在那里站着没走。"太宗知道是钱若水，就出来责问他说："我之所以把你从同州的推官，提升为枢密副使，是因为看你为人贤德，办事得力。现在你不能为我办事，还留在这干什么？"

钱若水回答说："陛下，假如我遵照您的旨意办事，诛杀了这三个人，吕、柴二府因为我不查清事情原委就处置人，而拿我问罪，就是问了死罪，我也在所不惜，因为我应当以此报达您对我的重用之恩。李继隆作为皇亲虽然尊贵无比，如今陛下您根据他的一本奏折，就要同时诛杀三个转运使，您以什么理由向天下人解释呢？作为明君首先应该是把事实查清楚，如果他们罪当不赦，那时您再下令杀他们，也好昭告天下。"

这时，太宗已经冷静下来，认为钱若水说的确实有道理，同时，又怕此事处理不当影响名誉，于是，又召吕端等人上殿商议此事，最后同意了钱若水的做法。调查以后发现三人确实没能及时供应军需，但是其中也另有原因，于是免除三人死罪，只贬为行军副使。后来又了解到所谓贼寇入侵之事根本没有，全是李继隆为了陷害他人编造的。于是罢黜了李继隆招讨使的职务，改做秦州知州。

正因为钱若水善于进谏，勇于进谏，最后，宋太宗被真诚所动，才得以免除三人的死罪，避免了一场误杀事件。

范式一诺千金感动张劭

东汉时期，范式和张劭都在洛阳求学，两人三年同窗，最终成为无话不谈的好朋友。学业结束后，两人都要回到各自的家乡。张劭远在汝南郡，范式却住在山阳郡，两地相隔甚远，仔细算来，竟有千里。

离校的日子终于到了，不知道以后还能不能见面，两人都非常不舍。

张劭站在路口，望着长空的大雁，伤感地说："今日一别，不知何日再相见？"说完就再也说不出话来。

范式忍着心中的伤感，劝慰张劭说："仁兄，不要过于悲伤！两年后的秋天，我一定去你家拜访，看望你的父母和家人，到那个时候我们就能见面了！"

张劭听后，赞同地说："到时候你一定要来，我们一言为定！"

时间转瞬即逝，转眼已是两年后的秋天。张劭这天心事重重，老母亲问他是不是有什么事情。他向母亲讲述了他和好友的约定。突然天空中传来一声熟悉的雁叫，张劭触景生情，不由说道："范式就要来了！"然后，转身对母亲说："范式就要来了，我们准备准备吧。"

母亲关切地看着儿子，温和地说："孩子，你别傻了！他和我们相距这么远，怎么能说来就来呢？"

"您不知道，"张劭打断母亲的话，"范式为人正直，他向来信守诺言！他只要答应过就会来的，我相信他一定会来的！"

母亲看着儿子认真的表情，不忍心再说些让儿子灰心丧气的话，于是宽慰儿子说："好吧，那我就赶快去煮些热酒！"老人哪会相信呢，时隔两年，说不定别人早就忘得一干二净了。只有自己的儿子还眼巴巴地望着远处，从早上一直等到傍晚，却连范式的影子都没看见。

夜色渐临，远处出现一个黑影，范式风尘仆仆地出现在门口。故友重逢，两人欣喜无比。

老母亲终于相信了儿子的坚持，也在一旁跟着儿子激动地抹眼泪，说："你能结识这么一个讲信用的朋友，是你三生有幸啊！"

张劭说："范式从来都不会违背诺言，也不会言过其实。他是一言既出驷马难追的君子，这就是我如此相信他的原因！"

范式恪守诺言的故事被人们久久传颂。

蒙哥马利将军的忠诚

在那一刹那，他被她吸引住了。用中国话说是一见钟情。

但是，几乎所有的人都困惑：他怎么会爱上她？她是个军人的遗孀，长相更是普普通通，还带着两个孩子。而他是一位威名远扬的将军，英俊潇洒。他的副官感慨地说："世界上最美丽的少女才配得上将军啊！怎么一个色衰妇人就能把他迷住？"连她自己都不相信，大名鼎鼎的将军会爱上她。她说："如果你是同情我，那请你走开，我不需要同情。"将军很郑重地向她行了一个军礼，然后拔出腰间的佩枪，让枪口对着自己的脑袋说："如果我背叛了你，就让我死在自己的枪口下。"

不久，两人结婚了。因为战争，两个人聚少离多。将军对她说："等我赢得这场战争，我就会每时每刻陪在你身边，守护我们的爱情。"然而，爱情与战争一样残酷。

一天，她在海边散步时，不知道是什么虫子咬了她的脚，她的脚先是钻心般的痛，很快就肿了起来。将军闻讯后，赶到她身边。这时，病毒早已在她全身蔓延，败血症使她病入膏肓。将军变得沉默，紧紧地抱着她。

在她的葬礼上，将军没有眼泪，只是久久地行了一个军礼。这个时候，更多的人怀疑他对妻子的感情。如果他真的爱她，为什么没有一滴眼泪，甚至脸上都没有一丝悲伤的神情呢？

战争结束，他用自己不朽的功勋赢得了一切，荣誉、地位、金钱和世人的敬仰，当然还有无数女性的爱慕之情，但是，将军不为所动。许多关心他的人纷纷为他介绍对象，他都婉言谢绝了。

连英国首相想做他的月下老人都未能如愿。首相劝他："蒙哥马利将军，你为整个英吉利贡献了一切，整个英吉利都不希望你的后半生是孤独的。"

他严肃地说："作为一个军人，我永远忠于自己的祖国；作为一个男人，我永远不会背叛爱情。"这一次，首相向他郑重地敬了个军礼。

多年以后，蒙哥马利在自传中提到自己生命中那一段唯一又短暂的爱情，在谈起妻子的去世时，将军写道："眼泪不是表达爱情的唯一方式，而忠诚是爱情最好的证明。爱上一个女人就不能再爱上另一个女人，就像我手中的枪，只能有一个准星。"

柳元公不畏权势秉公办案

唐宪宗李纯继承了自唐高祖以来的纳谏之风，大臣们只要进谏的有道理，意见就会被采纳，这是唐朝兴旺繁荣的主要原因。

有一次，唐宪宗非常生气地召来京兆尹柳元公，大声质问柳元公为什么要杀掉皇宫里的神策军小将。

事情是这样的，柳元公刚被任为京兆尹，在赴任的途中，有一个神策军小将骑马飞奔，无视刚接皇命上任的柳元公，不按当时的规矩及时躲避，反而迎头冲过去，他自以为是皇帝身边的人，谁也不敢拿他怎么样。

柳元公根本不惧怕这种势利小人，于是喝令手下人拦住小将，当街杖打至死。有人将此事告诉了宪宗，宪宗很是生气，所以就招来柳元公问罪。

柳元公看唐宪宗动怒，并不害怕，他回答说："京兆尹作为京城的一官小长，应该使自己的行为成为天下的楷模，京城的管理应当成为天下学习的准则。陛下亲令授臣为京兆尹，但宫中神策小将无礼，骑马当街冲过，这是没把陛下制定的典法放在眼里，不仅仅是瞧不起我一个人的问题。臣只知道杖打无礼之人，并不知道打的是神策小将。"

唐宪宗沉思了一会说："既然后来你知道打死的是神策小将，你为什么不向朕禀报？"

柳元公说："臣只负责判决裁定有罪之人，没有向陛下报告的责任！"

唐宪宗已经被柳元公的辩词说服了，便不再追究杖杀小将的事了，又问道："既然打死人，应由什么人向我报告？"柳元公回答说："在街上打死人，应由本街使金吉将军向陛下报告；如在房中打死人，则应由左右巡使向陛下禀奏。"

唐宪宗听了之后，认为柳元公打死神策小将是有法律依据的，柳元公不畏权势不应有罪，于是便不再追究他的行为，命他继续任京兆尹。

忠肝义胆，千古留名

东汉时代臧洪，字子源，广陵射阳人。举孝廉，朴得即丘长。袁绍佩服他为奇才，因此和他结成好友，并让他做东郡太守。当时曹操围困雍丘，情况急迫，臧洪向袁绍请兵来解围，袁绍没有答应。又请求带着自己的部队去，袁绍也不准。于是雍丘陷落了。臧洪从此也痛恨起袁绍，再不和他来往。袁绍领兵围困臧洪，经历了一年左右时间。最后弹尽粮绝破了城，臧洪被捉。袁绍对他说："现在服了吧？"臧洪用手撑着地面，瞪着眼愤恨地说："你袁家在汉朝做官，四代有五公，可以说受足了恩泽。现在皇室衰弱，你不但不怀扶助之意，还要多杀忠良贤臣，而表露自己的奸威。可惜我臧洪的力量太小了，不能为天下人报仇。"袁绍就杀了臧洪。臧洪的同乡陈容当时也在那里，就对袁绍说："将军的责任是做天下的大事，要为天下除暴安良，而现在你杀忠义之臣，这怎能合乎天意？"袁绍感到羞惭，叫人把他拉出去。陈容回过头说："仁义哪里有常规？你服从就是君子，违背就是小人。今天我宁可与臧洪同死，也不愿和你同生了。"于是陈容也被杀了。在场的人都叹息道："怎能一天杀二位烈士！"

南朝梁武帝时代，北魏徐州刺史元法僧背叛魏国跑到梁朝来了。魏国安东长史元显和领兵与元法僧作战，元显和被元法僧捉住了。元法僧拉着他的手，要他一起共坐。元显和说："我和你都出自皇恩，你把你的封地送给别人，就不怕历史上把你的罪过记下吗？"元法僧还想安慰他。元显和又说："我宁可死为忠鬼，也不愿生做叛臣。"元法僧就杀了他。

东汉马援对孟翼说："大丈夫应死在疆场上，用马革裹尸，怎能死在女人的手里！"孟翼说："真正的烈士，就是这样的。"

赵宋的杨由义和胡叻出使金国，不肯下拜，并说："如果死在这地方，做得个忠孝之鬼，千年以后，还会凛然而有生气。"

如臧洪、元显和这样忠烈的人，都已载入史册，使百代以后的人们都知道他们。他们虽然死了，但是他们的英雄气概，忠义精神将永远留存在世间。

能与公司共命运的人

在洛杉矶，有一个年轻人，名叫杰克，他在一家有名的广告公司工作，他的老板叫迈克·约翰逊,年龄比杰克稍微大上几岁,为人亲和,管理精明,杰克的工作就是帮老板签单拉客户,谈判过程中,杰克的谈吐令许多客户由衷地敬佩。

杰克刚进入公司,公司运转正常,杰克工作得很顺利。这时,公司承担了一个大项目的策划——在城市的每条街道做广告。公司全体员工对此万分惊喜,全身心地投入到工作中去。全市的每个街道都要做十多个广告,全市至少也有几千个,这给公司带来的经济利益和社会效应是十分可观的。

约翰逊在发工资那天召集全体员工开会:"公司承担的这个项目很大,光是准备工作就要花费几百万元,公司资金暂时紧张。所以,这个月工资就放到下月一起发放,请你们谅解公司一下。工资一分也不会少你们的,只要我们把项目做好,大家一起分享利润。"所有的员工都对老板的话表示赞同。

可是,半年以后全套审批手续批下来的时候,公司却因资金缺乏,完全陷入停滞不前的状态。别说给员工发工资,就连日常的开支也要向银行借贷。公司发展越来越不景气,欠款越积越多,银行也不再借钱给他们了。

然而,就在这个艰难的时期,杰克说出了心里的想法:全体员工集资。约翰逊笑了笑,无奈地拍拍他的肩膀:"能集多少钱?公司又不是几十万就能摆脱目前的困境,集资几十万元就连一个缺口也堵不住啊。"

当约翰逊召集全体员工陈述公司的现状时,一下子人心涣散,员工纷纷离开公司,另找出路,最后人员所剩无几。没有拿到工资的员工将约翰逊的办公室围得水泄不通,见约翰逊实在无钱支付工资,他们就将公司的值钱的东西要去充抵。杰克并没有离开公司,这么好的机会,难道就这样放弃吗?他产生了一种莫名的感觉:沙漠里的人也能生存。不到一个星期,公司只剩下几个人时,有人来高薪聘请他,但他只说:"公司前景好的时候,给了我许多,现在公司有困难,我应和公司共渡难关,我不会做那样的无道德之事。只要约翰逊没有宣布公司破产,我始终不会离开公司,哪怕只剩下我一个人。"

事情总在人的意料之中,不久公司只剩下他一个人了,约翰逊问他为什么要留下来,杰克微笑地回答说:"既然上了船,船遇到惊涛骇浪,就应该同舟共济。"

街道广告属于城市规划的重点项目,他们停顿下来以后,在政府的催促下,公司只得将这个大项目转给另一家大公司。但是在签订合同的时候,约翰逊提出了一个条件:杰克必须在你公司里出任项目开发部经理。约翰逊握着杰克的手向那家公司老板推荐:

"这是一个难得的人才,只要他上了你的船,就一定会和你风雨同舟。"一个公司需要许多精英人才,但更需要与公司共命运的人才。

加入新公司后,杰克出任了项目开发部经理。原公司拖欠的工资,新公司帮着补发了。新公司的老板握着他的手高兴地说:"这个世界,能与公司共命运的人才非常难得。或许以后我的公司也会遇到种种困难，我希望有人能与我同舟共济。"

杰克在以后的几十年的时间里一直没有离开过这家公司，在他的努力下，公司得到了更为快速的发展，如今他已成为了这家公司的副总裁。

忠诚换来了丰厚的回报

戴维到某计算机配件制造公司时，公司还很小，只有十几个人，老板叫韦德，只比戴维大三岁。

就在当年的5月，公司接到一笔加工60万个硬盘的订单，这笔订单能否取得成功，对公司的发展影响极大。公司将全部资金都投入进去了还不够，又向银行贷了一部分钱。没想到天有不测风云，一方面由于技术不过关，所生产的硬盘出现了严重的质量缺陷。第二年4月，60万个硬盘被全部退货。对于一个小公司来说，这样的打击无疑是太沉重了，不仅没有赚到钱，反而还欠了银行一大笔钱，银行在得知硬盘被退回来后，天天上门讨债。到月底，公司连十几个人的工资都发不出来了。韦德只好向他的朋友求助，借钱来发工资。发工资那天，他召开了员工大会，向员工讲述了公司面临的困境，并希望员工和公司共渡难关。在了解公司的困难后，员工们纷纷提交了辞呈，不等韦德批准就收拾起东西走人了。

当那些员工纷纷离开公司的时候，韦德以为整个公司就只剩下自己了。但当他走出自己的办公室时，却发现一个人正在忙着工作，这个人就是戴维。他走到戴维面前，不解地问："你为什么没有走呢？"

"我为什么要走呢？"戴维说："难道你觉得这家公司已经破产了吗？"

"说实话，我对我的公司没有多大的信心了。"韦德难过地说道。

"不，我认为公司还大有希望，你是公司的老板，你在公司就在；我是公司的员工，公司在我就该留下来。"戴维满怀信心地说。

韦德当时感动得几乎掉下眼泪："有你这样的员工，我没有理由不振作起来。可是，我不忍心你和我一起吃苦，你知道，我已经破产了，你还是快去找新工作吧！"

"老板，我愿意和你一起吃苦。在公司辉煌的时候，我来到了公司，如今公司有困难，我怎能离开呢？只要你没有宣布公司关门，我就有义务留下来。如果你愿意，我很乐意和你一起打拼，我可以不要工资。"

戴维留了下来，并把积攒的五万多美元全部借给了韦德。

韦德为了偿还银行债务，卖掉了仅有的汽车和房子。

接下来的日子里，韦德和戴维转变了公司的经营方向，开始给一些软件公司寄销软件，因为是寄销，他们几乎不需要投入多少资金。公司很快就有了转机，一年以后，公司迎来了快速发展期，迅速发展成为一家中型软件企业，资产也由原来的负数变成了几千万美元。

有一天，韦德和戴维在一家咖啡厅聊天。想起他们共同走过的艰难日子，再想想现在公司的发展，他们两人都会心地笑了。

"在公司最困难的时候，是你给了我最大的帮助。在当时，我就想把公司的一半股权给你，可当时公司都快要破产了，我怕拖累你。现在，公司发生了翻天覆地的变化，我觉得应该把它交给你。同时，我诚挚地请你出任公司的总经理。"韦德说着，拿出了聘书和股权证明书，证明书上表明50%的股权归戴维。

戴维对他服务的公司表现出了高度的忠诚。在公司处于危难之际，他没有离开公司，不仅如此，他还将自己的积蓄借给了韦德，与韦德一同挽救了公司，他的忠诚也为他赢得了丰厚的回报，真可谓与公司同呼吸共命运。

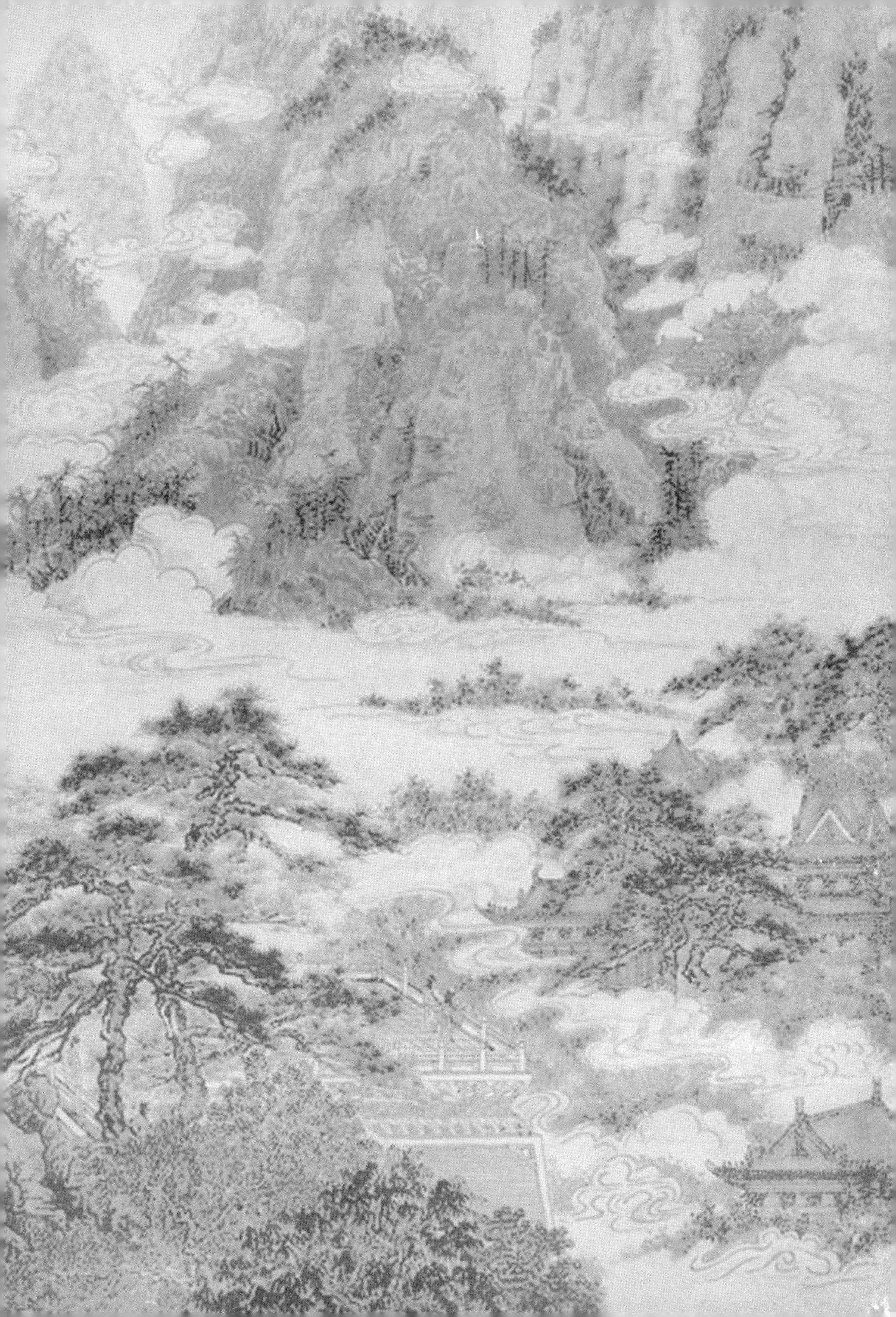

百工章第四

【原文】

有国①之建，百工②惟才，守位谨常，非忠之道。故君子之事上也，入则献其谋，出则行其政，居则思其道，动则有仪。秉职不回③，言事无惮，苟利社稷，则不顾其身。上下用成④，故昭君德，盖百工之忠也。《诗》云："靖共尔位，好是正直⑤。"

【译文】

国家的建设与发展，需要大量有才干的官吏，但是这些官吏如果只是身居高位而谨守常规，不知变通，并不能算是坚守忠道。所以君子侍奉上级的一般做法是：上朝晋见君主时则献计献策；执行公务时则施行上级的仁政；在家休息时，就反复思考治国之道；出门活动时，一举一动符合各种礼仪。执掌职权办事，一点也不徇情枉法；向君主进谏言事时毫不畏惧。凡是有利于国家的事情，就会勇于执行，连自己的安危都不会顾惜。上下级能够互相配合，顺利完成各项任务。这样，就能使君主的恩德更加广泛。以上所说的就是官吏的忠道。《诗经》上说："认真办好本职事，亲近正直靠贤良。"

【注释】

①有国：国家。有，助词，放在名词前，无实义。②百工：各种官吏，即百官。③秉职不回：执掌职权办事，没有偏私。秉职，掌管职权。秉，操持，执掌。回，偏私，惑乱。④上下用成：一往直前。⑤"靖共尔位"二句：认真办好本职事，亲近正直靠贤良。好，爱好。

【解析】

国家的建设与发展，需要很多有能力、有才干的官吏，然而如果这些官吏，只知道亦步亦趋、小心翼翼，前怕狼后怕虎，不知变通，并不能算是坚守忠道。所以君子侍奉上级的一般做法是，在内出谋划策，到具体的事情上，则一律按照上级的规定与安排实行。平时休息都反复琢磨治国之道，一举一动，都要有法可循。执行事务，一点也不违背所规定的范围，讲述事情，也没什么畏惧之态。凡是有利于国家的事情，连自己身体都不会顾惜，一往无前。当政者与从政者都能互相配合，干好事情。这样，就能使君王的美德得到昭明，这才是官吏的忠道之行。

人们常说"人心齐，泰山移"，就拿现在的团队来说，忠诚是一个团队持续发展的动力。中国人自古以来便信奉"德才兼备，以德为先"的道理，而最大的德则莫过于"忠诚"。忠诚是我们的立身之本，忠诚而不媚俗，每个员工都能忠诚于自己的团队，这样才能发挥团队的力量。可以说，团队力量来自于每个员工忠贞不渝的付出。发扬团队合作精神，就是提升每个员工的忠诚度，也只有每个员工的忠诚度提升了，团队的力量才可以发挥出最大的效用。

典例阐幽

一身正气，万古流芳

文天祥（1236—1283），吉州庐陵（今江西吉安）人，原名云孙，字履善，又字宋瑞，自号文山。文天祥19岁时获庐陵乡校考第一名，翌年（宝佑四年）入吉州白鹭洲书院读书，同年中选吉州贡士，并随父前往南宋首都临安应试。在殿试中，他作《御试策》切中时弊，提出改革方案，表述政治抱负，宋理宗亲拔为第一，也成为权相贾似道门生。后历任签书宁海军节度判官厅公事、刑部郎官、江西提刑、尚书左司郎官、湖南提刑、知赣州等职。咸淳六年（1270）因得罪权相贾似道而遭罢斥。

宋恭帝德佑元年（1275）正月，因元军大举进攻，南宋军的长江防线全线崩溃，朝廷下诏让各地组织兵马抵抗外敌入侵。文天祥立即捐献家资充当军费，招募当地豪杰人士，组建了一支万余人的义军，赶赴临安。南宋朝廷委任文天祥知平江府，命令他发兵援救常州，旋即又命令他驰援独松关。由于元军攻势猛烈，江西义军虽英勇作战，但最终也未能挡住元兵的猛烈攻击。

次年正月，元军兵临南宋首都临安，文武官员都纷纷逃出城外。谢太后任命文天祥为右丞相兼枢密使，派他出城与伯颜谈判，企图与元军议和。文天祥到了元军大营，却被伯颜扣留。谢太后见大势已去，只好献城向元军投降。

元军占领了临安，但两淮、江南、闽广等地还未被元军完全控制和占领。于是，伯颜企图诱降文天祥，利用他的声望来尽快收拾残局。文天祥宁死不屈，伯颜只好将他押解北方。行至镇江，文天祥冒险逃出，经过许多艰难险阻，于景炎元年（1276）五月二十六日辗转到达福州，被小皇帝宋端宗赵昰任命为右丞相。

七月，文天祥对张世杰把持朝政极为不满，又与陈宜中意见不合，于是离开福州，以同都督的身份在南剑州（今福建南平）开府聚兵，指挥抗击元兵。

冬十月，文天祥转移到汀州、莲城等地，派使参赞吴浚取雩都联络各地的抗元义军，坚持抗击元军。

景炎二年（1277）元兵入汀关，文天祥想要依莲城拒敌。二月，文天祥率兵攻复

梅州，四月斩杀跋扈大将二人后至夏，由梅州出兵，进攻江西，此时各地豪杰响应抗元，号令通于江淮。在雩都（今江西于都）获得大捷后，又转战到赣州，以偏师进攻吉州，陆续收复了许多州县。原江西宣慰使李恒在兴国县发动反攻，文天祥兵败，妻妾子女都失散，收拾残兵，奉老母之命再入莲城，以图再举，后来转战到循州。

祥兴元年（1278）夏，文天祥得知端宗已死，继位的皇弟——赵昺移驻崖山，并任命文天祥为少保，信国公。为摆脱艰难的处境，便要求率兵前往，与南宋行朝会合。由于张世杰坚决反对，文天祥只好放弃，率兵退往潮阳县。同年冬，元军大举来攻，文天祥在率兵向海丰撤退的途中遭到元将张弘范的攻击，兵败被俘。

文天祥服毒自杀未遂，被张弘范押往崖山，让他写信招降张世杰。文天祥说："我不能保护父母，难道还能教别人背叛父母吗？"张弘范看文天祥不愿意，一再强迫他写信。于是文天祥将自己前些日子所写的《过零丁洋》一诗抄录给张弘范。张弘范读到"人生自古谁无死，留取丹心照汗青"两句时，不禁也受到感动，不再强逼文天祥了。

写《过零丁洋》20天后，南宋在崖山海战大败后，陆秀夫背着八岁幼帝赵昺跳海自尽，南宋灭亡。张弘范向元世祖请示如何处置文天祥，元世祖说："谁家无忠臣？"命令张弘范对文天祥以礼相待，将文天祥送到大都（今北京），软禁起来，决心劝降文天祥。

元世祖首先派降元的原南宋左丞相留梦炎对文天祥进行劝降。文天祥一见留梦炎便怒不可遏，留梦炎只好悻悻而去。元世祖又让降元的宋恭帝赵㬎来劝降。文天祥北跪于地，痛哭流涕，对赵㬎说："圣驾请回。"宋恭帝无话可说，怏怏而去。元世祖勃然大怒，于是下令将文天祥的双手捆绑，戴上木枷，关进兵马司的牢房。文天祥入狱十几天后，狱卒才给他松了手缚，又过了半月，才给他取下木枷。

元朝丞相孛罗亲自开堂审问文天祥。文天祥被押到枢密院大堂，昂然而立，只是对孛罗行了一个拱手礼。孛罗喝令左右士兵强制文天祥下跪。文天祥竭力抗争，坐在地上，始终不肯下跪。孛罗问文天祥："你现在还有什么话可说？"文天祥回答：

"天下事有兴有衰。国亡受戮，历代皆有。我为宋尽忠，只愿早死！"孛罗大发雷霆，说："你要死？我偏不让你死。我要关押你！"文天祥毫不畏惧，说："我愿为正义而死，关押我也不怕！"

从此，文天祥在监狱中度过了三年。在狱中，他曾收到女儿柳娘的来信，得知妻子和两个女儿都在宫中为奴，过着囚徒般的生活。文天祥深知女儿的来信是元廷的暗示：只要归降，家人即可团聚。然而，文天祥尽管心如刀割，却不愿因妻子和女儿而丧失气节。他在写给自己妹妹的信中说："收柳女信，痛割肠胃。人谁无妻儿骨肉之情？但今日事到这里，于义当死，乃是命也。奈何？奈何！……可令柳女、环女做好人，爹爹管不得。泪下哽咽哽咽。"

狱中的生活很苦，可是文天祥强忍痛苦，写出了不少诗篇。《指南后录》第三卷、《正气歌》等气壮山河的不朽名作都是在狱中写出的。

元世祖至元十九年（1282）三月，权臣阿合马被刺，元世祖下令没收阿合马的家财，追查阿合马的罪恶，并任命和礼霍孙为右丞相。和礼霍孙提出以儒家思想治国，颇得元世祖赞同。八月，元世祖问议事大臣："南方、北方宰相，谁是渠能？"群臣回答："北人无如耶律楚材，南人无如文天祥。"于是，元世祖下了一道命令，打算授予文天祥官职。文天祥的一些降元旧友立即向文天祥通报了此事，并劝说文天祥归降，但遭到文天祥的拒绝。十二月八日，元世祖召见文天祥，亲自劝降。文天祥对元世祖仍然是长揖不跪。元世祖也没有强迫他下跪，只是说："你在这里的日子久了，如能改心易虑，用效忠宋朝的忠心对朕，那朕可以在中书省给你一个位置。"文天祥回答："我是大宋的宰相。国家灭亡了，我只求速死。不当久生。"元世祖又问："那你愿意怎么样？"文天祥回答："但愿一死足矣！"元世祖十分恼火，于是下令立即处死文天祥。

次日，文天祥被押解到刑场。监斩官问："你还有什么话要说？回奏还能免死。"文天祥喝道："死就死，还有什么可说的？"他问监斩官："哪边是南方？"有人给他指了方向，文天祥向南方跪拜，说："我的事情完结了，心中无愧了！"于是引颈就刑，从容就义。死后在他的带中发现一首诗："孔曰成仁，孟曰取义，唯其义尽，所以仁至。读圣贤书，所学何事？而今而后，庶几无愧。"文天祥死时年仅47岁。文天祥杀身以成仁，其浩然正气万古流芳。

对皇帝"无礼"的周亚夫

汉文帝即位之后，继续采取和亲的政策，跟匈奴贵族没有发生大规模的战争。

但是后来匈奴的单于听信了奸臣的挑拨,跟汉朝绝了交。公元前158年,匈奴的军臣单于起兵六万,侵犯上郡(治所在今西榆林东南)和云中(治所在今内蒙古托克托东北),杀了不少老百姓,抢掠了不少财物。边境的烽火台都放起烽火来报警,远远近近的火光,在长安都望得见。

汉文帝连忙派三位将军带领三路人马去抵抗;为了保卫长安,另外派了三位将军带兵驻扎在长安附近:将军刘礼驻扎在灞上,徐厉驻扎在棘门(今陕西咸阳市东北),周亚夫驻扎在细柳(今咸阳市西南)。

有一次,汉文帝亲自到这些地方去慰劳军队,顺便也去视察一下。

他先到灞上,刘礼和他部下将士一见皇帝驾到,都纷纷骑着马来迎接。汉文帝的车驾闯进军营,一点没有受到什么阻拦。

汉文帝慰劳了一阵走了,将士们忙不迭欢送。

接着,他又来到棘门,受到的迎送仪式也是一样隆重。

最后,汉文帝来到细柳。周亚夫军营的前哨一见远远有一彪人马过来,立刻报告周亚夫。将士们披盔戴甲,弓上弦,刀出鞘,完全是准备战斗的样子。

汉文帝的先遣队到达了营门。守营的岗哨立刻拦住,不让进去。

先遣的官员威严地吆喝了一声,说:"皇上马上驾到!"

营门的守将毫不慌张地回答说:"军中只听将军的军令。将军没有下令,不能放你们进去。"

官员正要同守将争执,文帝的车驾已经到了。守营的将士照样挡住。

汉文帝只好命令侍从拿出皇帝的符节,派人给周亚夫传话说:"我要进营来劳军。"

周亚夫下命令打开营门,让汉文帝的车驾进来。

护送文帝的人马一进营门,守营的官员又郑重地告诉他们:"军中有规定,军营内不许车马奔驰。"

侍从的官员都很生气。汉文帝却吩咐大家放松缰绳,缓缓地前进。

到了中营,只见周亚夫披戴着全身盔甲,拿着兵器,威风凛凛地站在汉文帝面前,拱拱手作个揖,说:"臣盔甲在身,请允许按照军礼朝见。"

汉文帝听了,大为震动,也扶着车前的横木欠了欠身,向周亚夫表示答礼。接着,又派人向全军将士传达他的慰问。

慰问结束后,汉文帝离开细柳,在回长安的路上,汉文帝的侍从人员都愤愤不平,认为周亚夫对皇帝太无礼了。

但是,汉文帝却赞不绝口,说:"这才是真正的将军啊!灞上和棘门两个地方的军队,松松垮垮,就跟孩子们闹着玩儿一样。如果敌人来偷袭,不做俘虏才怪呢。"

像周亚夫这样治军，敌人怎敢侵犯他啊！"

过了一个多月，前锋汉军开到北方，匈奴退了兵。防卫长安的三路军队也撤了。

汉文帝在这一次视察中，认定周亚夫是个军事人才，就把他提升为中尉（负责京城治安的军事长官）。

忠孝兼备的孟常谦

孟常谦是唐王朝中期的一个普通将军，他具备比较突出的军事才能，符合封建社会忠孝兼备的标准，属于传统的儒将之一。孟常谦的才能没有得到充分发挥，遭到冤枉被贬官，他的一生算得上壮志未酬。

建中三年（782）十二月，淮西节镇李希烈起兵反唐，与北方军阀共同对抗唐朝廷。建中四年十月，北方军阀与唐军队大战，唐朝军队战败，长安危急，唐朝统治出现危机，唐德宗被迫逃跑到奉天（今陕西省乾县）避难。兴元元年（784），李希烈即帝位，国号为大楚。

孟常谦辅佐魏国公贾耽，和其他唐朝将帅一起，平定了襄阳的李希烈之乱，解除了唐德宗的危难，立下了大功。接着，他又为唐朝廷建立了强大的警卫军队，取名为义成军。

魏国公贾耽谋略深远，往往出奇制胜，卫将军孟常谦是贾耽的重要助手，贾耽作战时取得的胜利离不开孟常谦的帮助。

孟常谦办事极其认真，对人十分恭敬，为官非常清廉，所有的行为都符合朝廷的规章制度。

贞元九年（793），在讨伐叛军王武俊的战斗中，孟常谦冲锋陷阵在最前线，站立在敌人的城堡下，誓死保卫唐朝皇帝，愿为唐王朝鞠躬尽瘁。撤退时他指挥的部队毫无紊乱之势，阵势稳定。平时他对部队讲究纪律，严格约束部下，使部队遵纪守法，毫不违法乱纪及扰乱民众。

孟常谦管理的安州地区，在湖北省安陆县一带，与淮西军阀李希烈管辖的地盘接壤，李希烈的部下常常扰乱安州，因此战争不断，人民不得安宁。唐朝元和年间（806—821）朝廷腐败，太监专权，政出多门，管理紊乱。一般情况下，上级错误的决策导致了指挥的失误，而责任往往由下级

官吏承担。孟常谦由于这方面的原因承担了上级的责任，被贬为柳州司马。

元和十年（815），朝廷决定向盘踞在蔡州的淮西军阀吴元济开战。在前线作战的士兵和将领都认为孟常谦有军事才能，推荐他率军平定淮西军阀。朝廷由此下了旨意，安排孟常谦为平定蔡州的指挥官。

孟常谦接到圣旨后，临危受命，做上阵杀敌的准备，为国家深谋远虑。此时他已经有病在身，但他以国家的大局为重，办事极其认真，没有一丝一毫的马虎，为国忠心耿耿。由于有病不治，直至病情加重，后来，突然之间生了其他重病，全身水肿，不幸病死，享年六十。

孟常谦是一个无畏的将军，真正做到了为国尽忠，为国献身，但他出师未捷身先死，也常常令人非常惋惜。

孟常谦不仅对朝廷忠诚，对家中的亲人也十分爱护，特别是长辈，备尽孝敬之心。

在唐德宗（780—805）、唐顺宗（805—806）、唐宪宗（806—821）执政的时期，孟常谦做了九年地方官员后，被封为朝议大夫。孟常谦在魏国公、宰相贾耽部下任职，贾耽才华过人，多次平定藩镇作乱，左领军卫将军孟常谦在战场上作战勇敢，计谋出众，二人配合默契。后来，孟常谦因家中的长辈逝世，只好辞职回家守丧。

孟常谦常年在战场上劳累奔波，非常辛苦，这次为给亲人守丧，也算过上了安逸的家庭生活。古人守丧要三年，但孟常谦同家人时，国内又出现动乱，河北一带的军阀又造反了，唐朝廷任命孟常谦为左神策行营先锋兵马使知牙。孟常谦以国家的利益为重，义无反顾地奔赴战场。

在战场上，孟常谦等将帅同河北军阀进行了殊死作战，最后镇压了河北一带造反的军阀。战争结束后，孟常谦放弃了朝廷给予的重奖，脱下了战衣战袍，回到家乡继续为亲人守丧。三年服丧期满后，孟常谦又被朝廷任命为安州刺史，同时还加任侍御史安州防遏兵马使。不久，孟常谦被贬官为柳州司马。

孟常谦生前担任了左赞善大夫、桓王司马、太常少卿、义成军中军节度使等职务。

君子取财有道

战国时期，齐国国君派人给孟子送来了一个箱子，孟子打开一看，里面竟然全都是金子。孟子立刻叫住来人，坚持让他们抬走。然而第二天，薛国国王又派人送来五十镒金，孟子却接受了。

孟子的弟子陈臻觉得奇怪，忍不住问道："为什么你昨天不接受齐国的金子，今天却接受薛国的金子呢？如果说你今天的做法是对的，那么你昨天的做法就是错的；如果今天的做法是错的，那么昨天的做法就是对的。可到底哪个是正确的呢？"

"我自然有我的道理！薛国周边曾经发生过战争，薛国国王请求我为他的设防之事出谋划策，今天他送来的这些金子是我应该得到的；至于齐国，我从来都没有为他做什么事情，这一箱赠金到底有何含义，我不清楚。但有一点是可以肯定的，那就是齐国想收买我。可是，你何曾见过真正的君子有被收买的？"孟子解释说。

陈臻似有所悟："原来辞而不受，或者接受都是根据道义来决定的啊！"

君子与小人所同的是好利恶害。但不同的是，小人见利忘义，得利忘害；君子则趋义避利。

东汉时乐羊子拾金的美谈就是这样的典范。

乐羊子在回家的路上，看到前面有一块闪闪发光的东西，走近一看，竟然是一块金子。他喜滋滋地捡起来，回到家交给妻子。

他的妻子听说了金子的来历后，正色道："古语说，'有志者不饮盗泉之水'，因为那是名声不好的表现；'廉者不受嗟来之食'，因为那是一种人格的侮辱。可是你却为了一块路边的金子而不顾自己的名誉。"

乐羊子觉得妻子的话非常有道理，自觉惭愧，于是又将金子放回到原来的地方。

还有一个关于取财之道的故事。

一个齐国人在集市上走，当经过一家当铺，看到柜台上放着一块金子，忍不住走进去，拿着金子就走。掌柜的急忙追出来把他抓住，扭送到官府。长官审问他："你为何在光天化日之下抢夺他人财物，简直是无法无天！"抢金子的人一脸沮丧，说："我当时眼里只有金子，根本没有看到人啊！"

黔娄淡泊名利做自己

武城人黔娄，是曾子的弟子，先于曾子死去，曾子带着弟子们前往武城吊唁。黔娄妻衣衫褴褛，面容憔悴，但举止文雅，彬彬有礼。她把客人一一让进灵堂，守候在黔娄灵前。

黔娄的尸体停放在门板上，枕着土坯，盖着一个破麻布单子，弃头露足。曾子说："斜着盖，就可以把他的整个尸体盖严了。"黔娄妻说："斜着盖虽然盖严尸体还有余，倒不如正正当当盖不严好。他活着时，为人正而不斜，死了把麻布盖斜了，并非他自己的意思，是我们强加给他的，如何使得？"

曾子哭着说："黔娄已经死了，应该封他个什么谥号呢？"黔娄妻子不假思索地说："以'康乐'为谥号。"曾子感到奇怪，问道："黔娄在世时，食不饱腹，衣不暖体，死后连个能盖住全身的单子也没有。活着时，虽然整日能看到酒肉，但是吃不到，死后也无法用酒肉祭祀，怎么能称为'康乐'呢？"

黔娄妻慷慨陈词："他活着的时候，国君曾经想让他做官，把相国的重要职位交给他，他以种种理由推辞掉了，这应该说他是有余贵的；国君曾经恩赐粮食三千锺给他，也被他婉言谢绝了，这应该说他是有余富的。他一贯吃粗饭，喝淡茶，但是心甘情愿；他的职位虽然低下，却安心满足。他从不为自己的贫穷和职位低下而感到悲观、伤心，也从不为富有和尊贵而感到满足和高兴。他想求仁就得到了仁，想求义就得到了义。因此，我认为他的谥号应该为'康乐'。"曾子觉得她的话很有道理，感叹道："惟斯人也，斯有斯妇！"

黔娄就是这样一个淡泊名利的人，他的妻子同样也是。这种人生观，连曾子都发出了斯人斯妇的感叹。

舍弃奢华，勤俭治国

春秋时的晋国，自晋文公即位后，发愤图强，使得国家迅速兴盛起来，成为春秋时的一大强国，晋文公也成了一代霸主。可接下来，晋襄公、晋灵公却不思进取，只图享乐，晋国的霸主地位不知不觉地就被楚国代替了。

晋灵公即位不久，便大兴土木，修筑宫室楼台，以供自己和嫔妃们游玩。有一年，他竟挖空心思，想要建造一个九层的楼台。可以想象，如此宏大复杂的工程，要耗费多少人力、物力。可灵公不顾一切，征用了无数的民役，花费了巨额的公款，持续了几年，也没有能完工。全国上上下下，无不怨声载道，但都敢怒而不敢言，因为这位晋灵公明令宣布："有哪个敢提批评意见，劝阻修造九层之台的，处死不赦！"

一天，大夫荀息求见。灵公料定他是来劝谏的，便拉开弓，搭上箭，只等荀息开口劝说，他就要射死荀息。谁知荀息进来后，像是没看见他这架势一样，非常轻松自然，笑嘻嘻地对灵公说："我今天特地来表演一套绝技给您看，让您开开眼界，散散心。大王您感兴趣吗？"灵公一看有玩的，就来精神了，问："什么绝技？别卖关子，快表演给我看看。"

荀息见灵公上钩了，便说："我可以把十二个棋子一个个叠起来以后，再往上面加放九个鸡蛋。不信，请看。"说着，便真的玩起来。他一个一个地把十二个棋子叠好后,再往上加鸡蛋时,旁边的人都非常紧张地看着他,灵公禁不住大声说:"这太危险了!"荀息一听灵公这样说,便趁机进言,说:"大王,别少见多怪了,还有比这更危险的呢!"

灵公觉得奇怪,因为对他来说,这样子已经是够刺激,还会有什么更惊险的绝技呢?便迫不及待地说:"是吗?快让我看看!"

这时,只听见荀息一字一句、非常沉痛地说:"九层之台,造了三年,还没有完工,男人不能在田里耕种,女人不能在家里纺织,都在这里搬木头、运石块。国库的金子也快花完了。兵士得不到给养,武器没有钱铸造,邻国正在计划乘机侵略我们,这样下去,国家很快就会灭亡。到那时,大王您将怎么办呢?这难道不比垒鸡蛋更危险吗?"

灵公一听,猛然醒悟,意识到了自己干了多么荒唐的事,犯了多么严重的错误,便立即下令,停止筑台。

跳出自己脑海中所设立的限制

世界著名的成功学大师拿破仑·希尔曾经聘请一位年轻貌美的女孩当助手,帮他拆阅、分类及回复他的大部分私人信件。当时,她的工作是听拿破仑·希尔口述,并记录下来。她的待遇和以前公司大致相同。有一天,拿破仑·希尔口述了下面这句格言,并要求她用打字机打印出来:"记住:你唯一的限制就是你自己脑海中所设立的那个限制。"她把打好的纸张交还给拿破仑·希尔时说:"你的格言使我获得了一个想法,对你和我都很有价值。"

这件事过后并未在拿破仑·希尔脑海中留下特别深刻的印象,但从那天起,这件事给这个女孩留下了极为深刻的印象。她开始在用完晚餐后立即回到办公室来,并且从事不是她份内而且也没有报酬的工作。她开始把写好的回信送到拿破仑·希尔的办公桌来。她已经研究过拿破仑·希尔的写信的风格,因此,这些信回复得如同拿破仑·希尔自己亲手所写的一样,有时甚至更好。她一直保持着这种习惯,直到她辞去拿破仑·希尔助手一职时为止。

当拿破仑·希尔有个男秘书辞职离开了公司,拿破仑·希尔开始找人来填补这个空缺职位时,他很自然地想到这个女孩。但在拿破仑·希尔还未正式给她任职之前,她已经主动地接受了这个职位。她上班时总是最先到达公司,下班后又是最后一个离开,她的积极工作的态度,终于使自己有资格出任拿破仑·希尔的秘书。不仅如此,这位年轻小姐高效的办事效率也得到了拿破仑·希尔的赞赏,她的薪水也多次得到提高,现在已是她当初作为速记员薪水的4倍。她使自己变得对拿破仑·希尔极有价值，是一个非常能干得力的秘书。

来自忠诚的原动力

　　美国的惠普实验室致力于研究示波器技术。几年以前，在惠普实验室有一个非常聪明能干、工作积极努力的工程师，人人都叫他查克·豪斯。当时他正在研制一种显示监视器，但突然接到上司通知，要求他放弃这个研制计划。

　　查克·豪斯并没有理会上司的指示。他抓紧时间弄好了模型。在他去加利福尼亚度假时，他沿途向顾客展示了这种显示监视器的模型。他要了解他们的想法，特别是了解一下他们要用这种产品做什么，这种产品还有什么需要完善的地方。结果顾客们试用产品后都反应很不错。这更促使他继续进行研制这种产品的决心。

　　当他返回科罗拉多后，老板也要求他停止这项工作。但他最终还是说服他的老板把这种监视器投入生产。结果，当这种新型的监视器投入市场后，销售量达到了17000台，为公司赚了3500万美元。

　　几年以后，在惠普公司的一次工程师表彰大会上，老板给查克·豪斯颁发了一枚奖章，奖励他"超乎工程师的正常职责范围，表现出异乎寻常的藐视上级指示"。

　　查克·豪斯自己却认为："我并不想藐视上级或者不服约束，我是诚心诚意想使惠普公司获得成功。"

守宰章第五

【原文】

在官惟明,莅①事惟平,立身惟清。清则无欲,平则不曲②,明能正俗③,三者备矣,然后可以理人。君子尽其忠能,以行其政令,而不理者,未之闻也。夫人莫不欲安,君子顺而安之,莫不欲富,君子教以富之。笃之以仁义,以固其心,导之以礼乐,以和其气。宣君德,以弘其大化,明国法,以至于无刑。视君之人,如观乎子,则人爱之,如爱其亲,盖守宰④之忠也。《诗》云:"恺悌君子,民之父母⑤。"

【译文】

当官的人贵在办事严明,处理事情贵在公平合理,安身立命贵在清白廉洁。清白廉洁,就不会有什么私欲;公平合理,就不会邪僻不正;办事严明,就能使民众信服。清、平、明三条原则都坚持并且落实好了,才可以治理好一方百姓。一个贤能的人,能够竭尽自己的忠心和能力,并如实地推行政府政策法令,但却不能治理好一方,那是从来没有听说的事。老百姓没有不想过上安定的生活的,贤能的君子只要顺着民心民意,就能使老百姓安定下来;老百姓没有不想发家致富的,贤能的君子应当引导他们走上富裕之路,同时还要以仁义教育使百姓淳朴,借此来稳固民心;引导百姓按礼制办事,多多受音乐感化,使他们的性情温和、平静。然后宣扬君主明德,使君主的教化更广泛,使百姓明了国家法令以至不用刑罚。如果官吏们对待君主所统治的百姓视同自己的儿女一般,如此就能受到人民的爱戴,如同爱戴自己的亲人一般。这才是地方官吏的忠君之道。《诗经》上说:"和乐平易的君子,你如同民众的父母啊!"

【注释】

①莅:掌管,治理。②曲:邪僻不正。③正俗:端正风气。④守宰:地方官吏的泛称。⑤"恺悌君子"二句:和乐平易的君子,你如同民众的父母啊!恺悌,和乐平易。

【解析】

这章讲的是"守宰"即地方。官吏应该履行的忠道。作者首先提出为官之德:明、平、清,继而又提出为官之道:顺而安之、教而富之、笃之以仁义、导之以礼乐、宣君德、明国法,对地方官吏如何履行忠道提出了具体要求。

典例阐幽

徐九思深受百姓爱戴

徐九思，江西贵溪县人，一生经历明朝孝宗、武宗、世宗、穆宗、神宗五朝，历任知县、工部营缮司主事、员外郎等职。

徐九思与戏剧《徐九经升官记》中徐九经是叔伯兄弟。《二十五史·明史》中记载：此知县，为官清正，爱民如子，在句容连任九载，深得民众拥戴。

嘉靖二十五年（1546），65岁的徐九思画菜辅官的故事流传至今。这年，徐九思针对时弊，于县署前建方丈石屏一面，上画青菜一棵，上方题词："为民父母，不可不知其味；为吾赤子，不可令有此色。"两旁一副对联："方丈石墙为户屏，一丝画菜为官箴。"后来画菜石屏被移至县署的西边，称作"菜铭碑"。

身为知县的徐九思，画菜辅官不是给别人看的，也不光是"辅助"他官，而首先是自己身体力行。他曾亲率吏卒，开荒种菜，挖塘养鱼，其收入作为招待过往宾客的开支；同时，他规定了招待上面来人的费用标准，从未逾越。当时，茅山道观名声甚高，朝廷每年都要遣派数批官员前来斋醮，当地民众苦于供应。针对这一情况，徐九思查核有关财产登记文册，发现"有益引金贮于府者"，便让这些富户拿出一些财产作捐赏，使民众少受干扰。1544年至1546年，句容连续三年干旱，粮价猛涨，平民买不起。徐九思开官仓，放粮几百石，一半以平价出售，一半赈济灾民，同时在各地寺庙设赈点，以大锅煮粥，免费供应饥民；对散居深山的平民百姓，就让附近的富户拿出粮食给予赈灾，然后县署给予补偿……由于徐九思采取了有效的赈灾措施，因而句容虽遭受特大旱灾，饿死的人却很少。

徐九思离开句容后，句容人十分怀念这个好知县，城内不少居民经常来到"菜铭碑"前，一边手抚石墙，一边喃喃说道："徐知县啊，你应该经常来句容看看呀！"在他被调入京的当年，句容民众就自发为其建生祠四五座，句容百姓还悬挂徐九思的画像，早晚祈祷。

徐九思活到85岁，临终前，扬手高呼："茅山迎我！"句容人十分怀念徐九思，在茅山建立了一座"遗爱祠"以作纪念和供奉。

徐九思以"勤、俭、忍"为座右铭，常言："勤则不隳，俭则不费，忍则不争"，为官刚正不阿，励精图治、节俭裕民，留下了许多脍炙人口的佳话。

勤：勤于公务。徐九思勤于公务，亲自处理胥吏们易于舞弊的事务。让当事人当庭相对，审理前自己先行调查，判决时即以"所言相同处断"，遇到"所述不同"，即当面对质。通过整顿吏风，将一名窃藏公款、偷盗官印的县吏置于堂前，并绳之以法，使得"胥吏于是人人惴恐于法，不敢有所舞（弊）"。征税催赋事务也自己直接参与处理，先了解乡民贫富、赋役轻重，避免徇私。除勤于政务以外，徐九思还勤于生产，带头耕种，饲养猪羊，放养鱼苗等等。

俭：节俭裕民。徐九思不仅仅自己厉行节俭。对于公费也千方百计地节省，当地粮簿上本有一笔供地方开支的例金，他对此分文不取，且本着惠民之心，毅然将这笔例金革除。当时地方官多以招待过路官员作为自己投机钻营的一个主要渠道，滥用公款大肆宴请，重礼接送。如此庞大的费用开支，自是百姓不堪忍受的负担。徐九思顶风反其道而行之。一次上面府中属员到句容，横行索贿未能得逞，这些人就借酒装疯，在县衙漫骂，咆哮公堂。徐九思毫不退让，将他们缚而笞之，从而使路过句容的士大夫"安公（九思）之质俭，弗过望也"。平时县内摊派徭役，他尽量为民节俭而减之，有时达到了"役三减"的程度。

忍：忍则不争。徐九思不争名，不图利，守廉安贫，不忍心为己而与当时官场的奔竞之流同流合污。但对于豪强争夺，官员贪污，只要侵害百姓利益的行为他就作坚决的斗争。徐九思不争名利，不计得失，在句容知县任上一干就是九年，深受百姓拥戴。

治国必先顺应民心

孙叔敖是楚国的隐者。国相虞丘把他举荐给楚庄王，想让他接替自己的职务。孙叔敖为官三个月就升任国相，他施政教民，使得官民之间和睦同心，风俗十分淳美。他执政宽缓不苛却有禁必止，因此官吏不做邪恶伪诈之事，民间也无盗窃发生。秋冬两季他鼓励人们进山采伐林木，春夏时便借上涨的河水把木材运出山外。百姓各有便利的谋生之路，都生活得很安乐。

庄工认为楚国原有的钱币太轻，就下令把小钱改铸为大钱，百姓用起来很不方便，纷纷放弃了自己的本业。管理市场的长官向国相孙叔敖报告说："市场乱了，老百姓无人安心在那里做买卖，秩序很不稳定。"孙叔敖问："这种情况有多久了？"市令回答："已经有三个月了。"孙叔敖说："不必多言，我现在就设法让市场恢复原状。"五天后，他上朝向庄王劝谏说："先前更改钱币，是认为旧币太轻了。现在市令来报告说'市场混乱，百姓无人安心在那里谋生，秩序很不稳定'。我请求立即下令恢复旧币制。"庄王同意了，颁布命令才三天，市场就恢复了原貌。

就这样，孙叔敖顺应了民心，即使不下令管束，百姓也自然顺从了他的教化。

萧道成智表忠心

在南朝宋的时候，萧道成骁勇善战，立下了许多战功。到了宋明帝泰始年间，他的地位逐步高升，担任了许多重要职位，在民间的影响也越来越大，人们纷纷传说"萧道成应为天子"。

当朝皇上宋明帝生性多疑，信奉迷信，而且有很多忌讳。别人一旦触犯了他的禁忌，他就会不管不顾，先把别人处死再说。他最不能容忍的就是"凶""丧""死""祸""灾"等这些不吉利的字眼。京都有一宣阴门，人们为了避讳，改称为"白门"。但是，宋明帝认为这也不是什么好兆头，有许多人因不小心说漏嘴而被残忍地处死。他的多疑和迷信达到登峰造极的地步。在日常生活中，移床、修墙，甚至连搬一块石头宋明帝都要千叮咛万嘱咐，翻查皇历，祭祀神灵先祖。

俗话说，"伴君如伴虎"。萧道成深知宋明帝的性格和怪癖，听说那些关于自己的说法后，就时时谨慎，处处提防，不给皇上任何把柄和证据。明帝自然也听到了那些传言，再加上萧道成手握兵权，便开始怀疑萧道成要夺自己的皇位，从此利用一切机会试探和考验萧道成。

一次，萧道成在镇守淮阴的时候，宋明帝特意派亲信吴喜将军率领三千人马去会萧道成，顺便带去了御赐的一壶酒，临走时，对吴喜耳语一番。萧道成一看到吴喜带来的人马就明白了怎么回事。吴喜递过那壶酒，说道："这是皇上赏赐给你的美酒，请你现在享用吧！"说完，手握着宝剑看着萧道成。他的部下都担心那是一壶毒酒，为他捏了一把汗。

萧道成一点也不慌张，因为他知道，宋明帝只是根据那些说法怀疑自己，如果自己不喝，那就明摆着有谋反意图，吴喜的三千人马会立即把自己置于死地。他相信那不是毒酒，因为自己在国家中的地位是无可取代的，如果杀了自己，刘宋的天下就难以保存。因此，宋明帝不会杀自己，至少现在不会，充其量是考验自己罢了。他拧开酒壶，脖子一扬，"咕咚咕咚"就把酒喝光了。宋明帝听了吴喜的描述后才稍稍放下心来。

又过了一段时间，宋明帝召萧道成回京，许多人劝说此行可能有杀身之祸，还是从长计议。萧道成胜券在握地说："不要担

心,我对当前的形势看得很清楚,现在皇族骨肉自相残杀,皇上忙着平叛割据动乱,还能顾得上别的事吗?要是我不回去,反而会招来他的怀疑,对我不是更不利吗?"

宋明帝见萧道成招之即来,就消除了对他的疑心,又加封他为散骑常侍。

萧道成屡次都表现出自己对朝廷的一片忠诚,宋明帝因此放松了警惕。后来,等到时机成熟,萧道成一举夺取了刘宋的江山。

自古英雄出少年

自古英雄出少年。为了国家、民族的利益,应当是"地无南北,人无老幼"。只要是有能力的人就应该出来担负起自己的责任。十二岁的甘罗,不以年纪小而自怯,相反,运用智慧解决了不少国家政治、外交中的难题。

文信侯吕不韦想攻打赵国以扩张他在河间的封地,他派刚成君蔡泽在燕国做大臣,经过三年努力,燕太子丹入秦为质。文信侯又请秦人张唐到燕国做相国,以联合燕国攻伐赵国,扩大他在河间的封地。张唐推辞说:"到燕国去必须取道于赵国,由于过去伐赵结下仇怨,赵国正悬赏百里之地抓我。"文信侯很不高兴地令他退下。少庶子甘罗问:"君侯为什么这般不高兴呢?"文信侯说:"我让刚成君蔡泽到燕国做了几年工作,使太子丹入朝为质,一切就绪了,现在我亲自请张唐到燕国为相,他竟推辞不去!"甘罗说:"我有办法让他去。"文信侯厉声斥道:"走开!我亲自出马他尚且无动于衷,你还能有什么办法!"甘罗辩解说:"古时项七岁时即为孔子师,我今年已十二岁了,君侯为何不让我去试一试,为何不由分说便呵斥于我呢!"

于是甘罗拜谒张唐,问他:"阁下认为您的功勋比武安君如何?"张唐说:"武安君战功赫赫,攻城略地,不可胜数,我张唐不如他。"甘罗问:"阁下果真自知功不及武安君吗?"张唐答道:"是的。"甘罗又问:"阁下您看,当年执掌秦政的应侯范睢与今日文信侯相比,哪一个权势更大?"张唐说:"应该不如文信侯。"甘罗问:"阁下确认这一点吗?"张唐说:"是的。"甘罗说:"当年应侯想攻打赵国,可武安君阻拦他,结果应侯在离咸阳七里处绞死武安君。现在文信侯亲自请您去燕国任相,阁下却左右不肯,我不知道阁下身死何地啊!"张唐沉吟道:"那就麻烦您跟文信侯说我张唐乐意接受这一使命。"于是他让人准备车马盘缠,择日起程。甘罗又去跟文信侯说:"请君侯替我备五辆车子,让我先去赵国替张唐打通关节。"

于是甘罗去见赵王,赵王亲自到郊外迎接他。甘罗问道:"大王听说太子丹入秦为质的事吗?"赵王说:"也听到了风声。"甘罗分析道:"太子丹到秦国,燕国就不敢背叛秦；张唐在燕，秦国也不会欺辱燕国。秦、燕相亲，就是为了伐赵，赵国就危险了。秦、燕相好，别无他故，只是为了攻伐赵国，扩张河间地盘而已。为大王计，若能送给我五座城邑去拓展河间之地，就能使秦国遣还太子丹，并且联合赵国一道攻打燕国。"赵王当即割让五座城邑，秦国也打发太子丹归燕。赵国攻打燕国，得上谷三十六县，分给秦国十分之一的土地。

蔺相如顾全大局为国家

战国时期，赵国的蔺相如凭着自己的大智大勇，帮助赵王解决了许多难题，所以赵王很是器重蔺相如，将他提拔为上卿，位在老将军廉颇之上。

战功卓著的将军廉颇见蔺相如官位比自己还高，很不服气，他到处扬言说："我为赵国出生入死，有攻城夺地的大功。而这个蔺相如，出身低微，只是凭着鼓动三寸不烂之舌，就能位在我之上，这实在是让我难堪！以后我再见到蔺相如，一定要当着众人的面羞辱他。"

蔺相如听说后，就总是处处躲开廉颇。有一次，蔺相如坐车在大街上走，忽然看见廉颇的马车迎面驰来，便赶紧命人将自己的车拐进一条小巷，待廉颇的车马走过，才从小巷出来继续前行。

蔺相如的随从们见主人对廉颇一让再让，好像十分惧怕廉颇似的，他们都觉得很丢面子，便议论纷纷，还商量着要离开蔺相如而去。

蔺相如知道后，把他们找来，问他们道："你们看，是秦王厉害还是廉颇厉害？"

随从们齐声说："廉颇哪能跟秦王相比！"

蔺相如说："这就是了。人们都知道秦王厉害，可是我连威震天下的秦王都不怕，怎么会怕廉将军呢？我之所以不跟廉将军发生冲突，是以国家利益为重啊！你们想，秦国之所以不敢侵犯赵国，不就是因为赵国有我和廉将军两个人吗？如果我们两个人互相争斗，那就好比两虎相斗，结果必有一伤，赵国的力量被削弱，赵国就危险了。所以我不计较廉将军，是为了赵国啊！"

后来这些话传到廉颇那里，廉颇大受感动。他想到自己对蔺相如不恭的言语和行为，深感自己错了，真是又羞又愧。好一个襟怀坦荡的廉颇老将军，脱光了上身，背着荆条，亲自到蔺相如府上请罪。蔺相如赶紧挽起老将军。从此后，廉颇和蔺相如两个人，将相团结，一心为国，建立了生死不渝的友情。当时一些诸侯国听说了以后，都不敢侵犯赵国。

蔺相如不计个人恩怨，以国家利益为重的高风亮节和廉颇知错即改的坦诚襟怀，都在启发人们，在任何时候都要顾全大局，把国家民族利益放在第一位。

苟且偷生，世人所耻

刘禅的天下本是继承其父刘备的基业得来的。刘备以织席起家，以所谓的汉室宗室为名号招揽了一群义士，更主要的是得了诸葛亮，从而与孙权、曹操三分天下。后为报关羽之仇，怒而兴师，以致殒命白帝城。于是，把刘禅托付给了诸葛亮。

刘禅继位之时，蜀国已今非昔比，但有一点可以说明刘禅绝不是昏聩之君，那就是对诸葛亮言听计从。怎奈刘禅天生懦弱，又没有雄才大略，不是司马昭的对手，诸葛亮死后没多久，魏军兵临城下，刘禅便没了主意。于是，他选择了投降。

刘禅的投降，实是懦弱至极，众大臣的计策他一概不用，独选中了谯周之计——投降，面对臣子的死谏，不知悔悟。根据当时的情况和形势来看，后主刘禅虽然无能，但还不至于像桀、纣一样残暴；虽然屡战屡败，还不至于土崩瓦解；即使不能固守，但撤退还可以保存力量，再等机会。当时，蜀将罗宪还率领重兵守在白帝城，霍弋还有精兵镇守夜郎。加上蜀国地形险要，山水阻隔，步兵很难长驱直入，假如蜀国收集所有的船只，在坚守不出的同时积极招募士兵，向东吴请援，像姜维、廖化等几员大将必定会积极响应，吴国水陆二军也会迅速救援，鹿死谁手也很难说定。况且魏军远道而来大举进攻，想追击又缺乏船只，想常驻又怕军众疲惫而生不测。而且成败因时而定，形势也会不断变化，慢慢再召集旧部来攻曹魏，到那时，形势可能会急转直下，如此有利的形势，刘禅不会利用，被曹魏之军吓破了胆，实在是懦弱至极。

刘禅被俘，司马昭责问曰："上荒淫无道，废贤失政，理宜诛戮。"刘禅被吓得面如土色。其实，刘禅无能倒是确实，但总不至于如司马昭所说的荒淫无道，生逢乱世争天下，胜者王侯败者贼，这又有什么呢？刘禅在司马昭淫威下忍气吞声，也枉为蜀汉天子，也真够能"忍"的！

司马昭可能是看透了刘禅的懦弱性格，倒也没杀他，还封其为安乐公，赐住宅，月给有度，赐绢万匹，僮婢百人。一日，刘禅亲自到司马昭府拜谢。司马昭设宴款待，先以魏乐舞戏于前，蜀官皆怆感，独刘禅

有高兴之色，司马昭对贾充道："人之无情，乃至于此！虽使诸葛亮在，亦不能辅之久全，何况姜维乎？"于是问刘禅："颇思蜀否？"刘禅曰："此间乐，不思蜀也！"

宽容的回报

小张和他的同学小孙大学毕业后到了一家软件开发公司工作。他们两个人都被分配到程序编辑组，有机会接触到公司最高核心机密。

他们所面临的是一个充满陷阱和诱惑的行业，加上软件行业竞争相当激烈，自从他们进入程序编辑组那天起，就有竞争对手想方设法从他们那里套取机密。

刚开始的时候，小张和小孙都顶住了诱惑。但是，时间一长，小张心里开始动摇了。有一天晚上，两个人还在宿舍里为此吵了一架。

"我真想不明白，对方开出那么高的价钱，顶得上我们两个人一年的工资，为什么不能答应？"小张说。"我们公司的竞争对手出资15万元购买我们俩参与的一项软件的数据库。那是违背了我们的做人原则，背叛公司是可耻的。"小孙说。

"我知道你很正直、忠诚，可正直、忠诚能值几个钱呢？"小张说。

小孙听同学说出这样的话来，就非常生气。

"再说，我们卖出去，公司也未必能够发觉，即使发觉，也未必知道是我俩干的，我们小组可有二十几个人呢。"小张还在说。

"别说了，反正我不同意！"小孙终于吼起来了。

小张看到小孙生气了，便假装表示放弃。他决定瞒着小孙。

15万元很快进入了小张的腰包，谁也没有发现，包括小孙在内。但是，两个月后，竞争对手抢先一步推出相似软件，迅速占领市场，这让小孙所在公司为此损失数十万元。公司终于知道有人出卖公司机密了，于是开始着手调查此事。

小孙首先想到是小张。

小张向小孙承认了出卖数据库的事。

"我知道你不会同意我那么做的，所以我瞒着你卖了公司的机密；我知道你是我最要好的朋友，不会揭发我，所以我坦然地向你承认了。"小张说，"我们利用这笔钱去开家公司，别在这儿打工了。"

"不，小张，你是我的同学，但是你做错事了，我一定要揭发你！"

小张非常震惊，十几年的友谊啊，难道友情一下子就没有了？小张抬起头来，想阻止小孙去揭发他，但当他看到小孙眼中含着泪花时，小张又低下了头。他明显感受到了小孙心中的痛苦。

两天后，小孙向公司检举了小张。后来，公司为了维护自身的利益，向公安机关报了案，小张将因涉嫌侵犯商业秘密罪而被刑事拘留。

小孙和小张一同走进了老板的办公室，小张还带着那张15万元的支票。

老板要奖励小孙，被小孙拒绝了，因为他说他出卖了他的朋友，虽然朋友做错了，但毕竟是朋友。

小张交出15万元的支票，并主动要求承担法律责任，因为15万元远远不能弥补公司的损失。

面对两个年轻人的决定和负责任的态度，老板足足愣了五分钟。最后，他终于开心地笑了，他走过去，拥着两个年轻人的肩膀说："我太高兴了，公司虽然损失了数十万元，可我拥有了两个最优秀的员工，一个为了忠诚于公司可以付出十几年的友谊，一个做错了事能够主动承担责任，你们的价值，绝对不止值数百万元！这件事就当没有发生过。"

后来，公司停止了泄密调查。这两个年轻人还继续在公司搞软件开发，六年后，他们分别担任技术开发部总经理和市场推广部总经理，公司也已经成为全国知名的软件开发企业。

转变观念走向成功

年轻的洛克菲勒在初入石油公司工作时，既没有学历，又没有技术，因此被分配去检查石油罐盖有没有自动焊接好。这是整个公司最简单枯燥的工序，有的同事甚至戏称这份工作连几岁的小孩子都可以胜任。

每天，洛克菲勒都会看着焊接剂自动滴下，沿着罐盖转一圈，然后再看着焊接好的罐盖被传送带移走。

半个月后，洛克菲勒忍耐不住。于是，他找到主管要求调换其他工作，但被回绝了。无可奈何的洛克菲勒只好重新回到焊接机旁，他下定决心：既然换不到更好的工作，那就把这个不好的工作做好再说。

转变观念后，洛克菲勒开始认真检查罐盖的焊接质量，并用心研究焊接剂的滴速与滴量。他发现，每焊接好一个罐盖，焊接剂要滴落39滴；而经过周密计算，只要38滴焊接剂就可以将罐盖完全焊接好。

经过反复测试、实验，最后，洛克菲勒终于研制出"38滴型"焊接机。也就是说，用这种焊接机，焊接每只罐盖比原先节约了一滴焊接剂。可是，就是这不起眼的一滴焊接剂，一年下来就为公司节约出数亿美元的开支。

年轻的洛克菲勒就此迈出了日后走向成功的第一步，直到成为世界石油大王。

兆人章第六

【原文】

天地泰宁，君之德也。君德昭明，则阴阳风雨以和，人赖之而生也。是故祗承①君之法度，行孝悌②于其家，服勤稼穑③，以供王职，此兆人④之忠也。《书》云："一人元良，万邦以贞⑤。"

【译文】

普天之下安泰祥宁，这是君王的品德感化所至。只要君主的恩德彰明广大，那么就会阴阳调和、风调雨顺，百姓就能靠自然界的调顺而生存。因此民众应当恭恭敬敬地遵守君王所制定的各种制度、法令，在家孝敬父母、尊敬兄长，努力劳动搞好生产，以满足家用，并向君主上缴赋税。这就是作为一个普通老百姓所应恪守的忠道。《尚书》上说："天子道德品行高超，天下民众都会忠于他。"

【注释】

①祗承：恭敬地遵守。②孝悌：孝顺父母，敬爱兄长。也作孝弟。③稼穑：种植和收割。泛指农业生产劳动。④兆人：指百姓。⑤"一人元良"二句：天子道德品行高超，天下百姓都会忠于他。一人，指天子。元，大。良，好，善。贞，正，纯正。

【解析】

忠诚是一种与生俱来的义务，你是一个国家的公民，你就有义务忠诚于国家，因为国家给了你安全和保障；你是一个企业的员工，你就有义务忠诚于企业，因为企业给了你发展的平台；你是一个老板的下属，你就有义务忠诚于老板，因为老板给了你就业的机会。忠诚是发自内心的情感。忠诚让工作变得更有意义，忠诚赋予你工作的激情，忠诚的人感觉工作是享受，不忠诚的人感觉工作是苦役。拿破仑说：不想当元帅的士兵不是好士兵。他还说：不忠诚于统帅的士兵没有资格当士兵。

忠诚是对一个人的最深度的评价。忠诚是对自己所坚守的信念的忠实和虔诚。恋人对于爱情，需要忠诚；朋友对于友谊，需要忠诚；员工对于企业，需要忠诚；甚至自己对自己也需要忠诚。任何人都有责任去维护和信守忠诚，这是对自己、对团队的一种负责的态度。丧失忠诚，就是对责任最大的伤害，也是对自己品行和操守最大的亵渎。

> 典例阐幽

孝子黄香

　　黄香是我国东汉时期的一位文化名人。他官位不高,最高职务是魏郡太守,大约也就是一个四品官员。但他的生命历程中有两个亮点:一是他9岁时,母亲去世,他对父亲格外孝敬,夏天他将床枕扇凉,冬天用身体把被褥温暖后,才让父亲安睡;二是他在很小的时候,便广泛阅读儒家经典,精心钻研道德学术,能写文章,当时京师称誉他为"天下无双,江夏黄童"。汉章帝还曾特许他到宫中藏书之所东观读书。孔子曾说:"孝悌也者其为人之本欤。"尊敬长辈,友爱兄弟,是做人的根本。黄香的这种品行正符合封建社会的伦理道德标准。旧传元代郭守正挑选了历史上的二十四位孝子,辑成《二十四孝子》一书,作为做人的楷模,黄香名列其中。因此,自明清以来,黄香一直被人们所推崇。

　　黄香在小的时候,家中生活很艰苦。在他9岁时,母亲就去世了。黄香非常悲伤。他本就非常孝敬父母,在母亲生病期间,小黄香一直不离左右,守护在母亲的病床前,母亲去世后,他对父亲更加关心、照顾,尽量不让父亲操心。

　　冬天到了,天气非常寒冷。那时,贫穷人家里没有任何的取暖设备,确实很难入睡。一天,黄香晚上读书时,感到特别冷,捧着书卷的手一会就变得冰凉。他想,这么冷的天,爸爸一定很冷,他老人家白天干了一天的活,晚上还不能好好地睡觉。想到这里,小黄香心里很是不安。为了让父亲少挨冷受冻,他便悄悄走进父亲的房里,铺好被子,然后脱了衣服,钻进父亲的被窝里,用自己的体温温暖了冰冷的被窝后,才招呼父亲睡下。黄香用自己的孝敬之心,温暖了父亲的心。黄香温席的故事,就这样传开了,街坊邻居人人夸奖黄香。

　　夏天到了,黄香家低矮的房子显得格外闷热,而且蚊蝇很多。到了晚上,大家都在院子里乘凉,尽管每人都不停地摇着手中的蒲扇,可仍不觉得凉快。入夜了,大家也都困了,准备睡觉去了,这时,大家才发现小黄香一直没有在这里。

　　"香儿,香儿。"父亲忙提高嗓门喊他。

　　"父亲,我在这儿呢。"说着,黄香从父

亲的房中走出来。满头大汗，手里还拿着一把大蒲扇。

父亲心疼地问道："这么热的天，你干什么呢？"

黄香说："屋里太热，蚊子又多，我用扇子使劲一扇，蚊虫就跑了，屋子也显得凉快些，好让您睡觉。"

父亲听后，将黄香紧紧地搂在怀中，说："我的好孩子，蚊子是被你用扇子扇出去了，可你自己却出了一身汗呀！"

此后，黄香为了让父亲能够休息好，每天吃完晚饭后，他总是拿着扇子，把蚊蝇扇跑，还要扇凉父亲睡觉的床和枕头，使劳累了一天的父亲早些入睡。

9岁的小黄香就是这样孝敬父亲，人称温席的黄香，天下无双。他长大以后，人们说，能孝敬父母的人，也一定懂得爱百姓，爱自己的国家。事情正是这样，黄香后来做了地方官，果然不负众望，为当地老百姓做了不少好事。他孝敬父母的故事，也千古流传。

唐太宗和大理寺少卿

唐贞观年间，在太宗李世民的倡导之下，朝廷开展了大规模的选拔推荐人才的活动。由于这个活动规模声势宏大，就有人打算浑水摸鱼。太宗听说有人谎报官阶和资历，就命谎报的人自首。并警告说，如果不自首，一经查出，便处以死刑。

过了不久，有一个谎报资历的人事情泄露了。大理寺根据国家的法律，将这个人判处了流放。

太宗听说这件事以后，就把大理寺少卿戴胄找了来，问他："你本来知道我当初下的诏书上说，不自首的人处死刑。现在，你判处他为流放，这不是向天下人表示我说话不算数吗？"

戴胄回答说："要是陛下当时就杀了他，这不是为臣的所能管到的。但是，现在你既然已经把他交给大理寺处理了，我就不能违背法律。"

太宗问戴胄："那么，你自己遵守了国家法律，却让我说话失去信用吗？"

戴胄说："法律，是国家用以取信于天下的保证，国家的信用才是最大的信用。您所说的话，只是当时凭着一时的喜怒讲出来的罢了。陛下一时发怒，想要杀死他。后来知道不能这样，才将他送给大理寺按照法律处理。这正是您忍耐小的愤怒而保持大的信用的结果。我觉得陛下的做法非常可贵，因此很值得珍惜。"

听了戴胄的这番话，太宗说："在我执法有误的地方，你能够纠正我，我非常感谢你。"

于是，太宗李世民改变初衷，同意了大理寺的判决。

客死他乡的北宋"脊梁"

寇准出生在关中道渭河边一个贫苦的农民家中。他17岁时父亲就死了，自幼跟着母亲饱受人世间的艰辛。19岁那年，寇准赶赴开封参加宋太宗亲自主持的全国会试。在殿试大堂下，年轻的寇准面对太宗的提问，对答如流，显示了卓越的才华。皇帝非常欣赏他的才识和刚直的性格，便破格录取了他，那时他还不足20岁。

寇准被宋太宗录取后的第二年，就去旧州巴东县当了知县。寇准到了那儿不到半年，巴东县就政通人和、百业兴旺。老百姓亲切地称年轻的寇知县为"寇巴东"。

宋太宗非常器重寇准，提升他为尚书虞部郎中、枢密院直学士，主持官员的考核与选拔工作，把组织人事的大权放心地交给了寇准。寇准不畏强权，公正不阿。无形之中，得罪了很多权贵。一天，他骑着马匆匆赶去办事，突然，街旁闪出一人拦住他的马，连声高呼："万岁，万岁，万万岁！"此事很快传到了太宗耳里。太宗非常生气，训斥道："我听说有人喊你'万岁'了？"寇准连忙说："陛下，这一定是有人陷害我……"太宗气还没消，说道："哼！听说你当时还挺高兴的，明天你就到青川去吧！"

寇准离开京城还不到一年，朝廷里就乱成了一锅粥。太宗一道圣旨，又将寇准召回京城，拜为参知政事。面对烂摊子，寇准抡起了改革大斧。这使许多当权者的利益受到损害。很快，以冯拯等人为首的守旧派结成了反对阵营，把朝廷搅得终日不宁。此时，太宗皇帝年龄已经大了，过早地出现了老年痴呆的迹象，他听信谗言，将寇准贬为邓州刺史。

寇准被贬到邓州后两年，赵恒当了皇帝。权衡再三后，真宗皇帝任用寇准为宰相，寇准又一次回到了宋王朝的权力中心。

1004年，北方辽军大举南侵，一天之内就有五次告急文书飞到朝廷。真宗皇帝大为震惊，满朝文武大臣都十分害怕，皇帝身旁一帮投降派主张向南京逃跑，向成都逃跑。寇准站出来对着投降派愤怒地说："谁再为陛下出南辽的歪点子，谁就是大宋朝的千古罪人。辽军没什么了不得的，如果陛下御驾亲征，一定会把辽军打回老家去的。"

真宗皇帝听了寇准的话点头说："你说得对，我御驾亲征，一定要把辽国人打回老家去！"

宋军在寇准的指挥下，连获大胜。在澶州前线，胆小的真宗就是不敢过黄河，寇准又极力劝说："陛下，过吧！背水一战，想当年，楚霸王项羽把船都砸漏了……"

真宗说："我知道……不过，书上写的不能全信，可别把我那龙船给砸了！"

寇准把真宗带到了黄河北岸。在两军对峙的战场，真宗皇帝如从天而降出现在澶州北城楼上。宋军官兵远远望见黄龙御旗，顿时欢呼声回荡在数十里外，辽军一听宋朝皇帝来了，斗志一下子就垮了。寇准指挥宋军乘势进攻，辽军仓皇逃窜，主帅中箭身亡，官兵大半被俘。从那之后，宋辽息兵，双方签订了睦邻友好的"澶渊之盟"。

那些曾主张逃跑的大臣们，忌恨寇准的功绩，又怕寇准问他们的罪。他们相互勾结，要把寇准赶下台。他们向真宗进谗言说："陛下，历来战争就像赌博一样。寇准让陛下上前线，实际上是把陛下作为赌注。万一仗打败了，陛下还有性命吗？"对寇准本来就有猜忌的真宗，不由得怒火万丈，撤了寇准的宰相职务，让他到陕州去当了知州。这年寇准45岁。

13年后，58岁的寇准再次被真宗诏回朝廷任宰相。这时的北宋王朝，已是千疮百孔。真宗皇帝得了脑血栓后，刘皇后把持了朝政，她的兄弟鱼肉百姓，干了很多坏事。寇准不畏强权，把刘皇后的兄弟处死，为老百姓除了个大害。刘皇后由此对寇准恨之入骨，她和近臣丁谓内外勾结，多次诬陷寇准，使真宗又一次把寇准贬到相州去当刺史。可刘皇后心里还是不踏实。等到真宗去世后，刘皇后便将寇准一贬再贬，从河南相州的刺史贬为湖南道州的司马，再贬到广东雷州的司户参军，流放到远离朝廷的荒野之地。

寇准63岁时，病死在雷州司户参军的岗位上。临死时他还往窗外看呢，儿子说："父亲，您就别看了，朝廷早把您给忘了！"寇准说："我是看天晴了没有，雨都下了好几天了，老百姓的庄稼别淹了！"

40多年的宦海生涯，寇准从"寇巴东"到枢密院直学士、堂堂宰相，这一生历尽坎坷，最后从高处不胜寒的相位被贬到小小的司户参军。但他刚直的性格，为民请命的精神，却流芳千古……

做个言而有信的人

我国古代尤其讲究人与人之间要重承诺、守信用。这样的例子比比皆是。

三国时，蜀汉建兴九年，诸葛亮用木牛运输军粮，再出兵祁山（今甘肃礼县东北祁山堡），第四次攻魏。魏明帝曹教亲自到长安指挥战斗，命令司马懿统帅费曜、戴陵、郭淮诸将领，征发雍、凉二州精兵三十余万迎战蜀军。司马懿调齐军马，留费曜、戴陵二将屯扎，然后率大军直奔祁山。诸葛亮见魏军兵多将广，来势凶猛，不敢轻敌，命令部队占据山险要塞，严阵以待。魏蜀两军，旌旗在望，鼓角相闻，战斗随时可能发生。在这紧要时刻，蜀军中有八万人服役期满，已由新兵接替，正整装待返故乡。魏军有三十余万，兵力众多，连营数里。蜀军中这八万老兵一离开，就显得单薄了。众将领都为此感到忧虑。这些整装待归的战士也在忧虑，生怕盼望已久的回乡心愿不能立即实现，估计要到这场战争结束方能回去了。

蜀军将领纷纷向诸葛亮进言，要求八万兵士留下，延期一个月，等打完这一仗再走。诸葛亮断然拒绝道："统帅三军必须以遵守承诺、坚守信用为本，我岂能以一时之需，而失信于军民？"诸葛亮停了一停，又道："何况远出的兵士早已归心似箭，家中的父母妻儿终日倚门而望，盼望着他们早日归家团聚。"遂下令各部，催促兵士登程。此令一下，准备还乡的士兵开始感到意外，接着欣喜异常，感激得涕泪交流。他们反而不愿走了，纷纷说："丞相待我们恩重如山，我们理应誓死杀敌，以报大恩。"他们一个个自愿报名，要求留下参加战斗。那些在队的士兵也受到极大的鼓舞，士气高昂，摩拳擦掌，准备痛歼魏军。诸葛亮在紧要关头不改原令，使还乡的命令变成了战斗的动员令。他运筹帷幄，巧设奇计，在木门设下伏兵。魏军先锋张郃，是一员勇将，被诱入木门埋伏圈中，弓弩齐发，死于乱箭之下。蜀军人人奋勇，个个争先，魏军大败，司马懿被迫引军撤退。诸葛亮犒劳三军，尤其褒奖了那些放弃回乡、主动参战的士兵。蜀营中一片欢腾。

诸葛亮取信于士兵，宁肯使自己一时为难，也要对士兵、百姓讲诚信。他深知一次欺诈的行为可能会解决暂时的危机，但这背后所隐伏的灾患却比危机本身更危险。

文彦博立信安民收铁钱

宋朝至和年间（1045—1056），长安城里都传说铁钱快作废了。

文彦博接到底下人的通报，心里还不信呢："怎么会有这回事？我一定要去查个水落石出。"第二天早晨，文彦博换上一身便装，到店铺、商行私访。于是长安城里集市买卖的一举一动尽收眼底。这时一处越来越高的争吵声吸引着他走上前去看个仔细。

一个三十多岁的商人买了一匹丝绸，付出几吊铁钱后刚欲转身离去，那卖丝绸的中年商人一把拉住他："喂，你留下这几串废铁钱，让我全家老小喝西北风去？告诉你，朝廷要废除陕西铁钱啦，快，回家拿铜钱来！"那青年商人当然不甘示弱，两个人一下子争吵起来。一会儿，店内外观者如云。文彦博一听中年商人的话，佯作啥事也不懂的样子，连忙问他："这位老板，你这消息怎么来的？让朝廷知道，可是要杀头的呀！"

那中年商人没好气地转过头，白了文彦博一眼："你这位先生是外地人吧？告诉你，长安城里都在传说，有人上书皇上，请求废除陕西铁钱。皇上一时没答应，但那一天快了。"文彦博心中一惊："这朝廷内部的消息，怎么会传成这样子！追查谁是造谣者已没有必要，要用事实使它不攻自破。如果禁止，人们更会疑惑，市场更会骚乱。好！就这么办。"他马上打道回衙。一会儿，命人把长安城内丝绸行业的商人招来。文彦博坐在大堂上，笑着吩咐："你们把各家的丝绢拿出几百匹卖掉，凡是来买丝绢的，一定要让他们交铁钱，不要收铜钱。"

众商人一听，心中略略安稳："原来铁钱不会作废。家里的铁钱不会变成一堆破铁！"他们纷纷乐滋滋地回家，张罗买卖去了。谣言不攻自破，长安市面又恢复了安定。

用事实说话，那就没有人会再来反驳了；因为存在的事实就是真理！文彦博正是运用了这一点，来戳穿了谣言。

苟富贵，毋相忘

陈胜在当雇工时，曾对同伴说过："苟富贵，毋相忘"，意思是一旦富贵了，不要忘记穷伙伴之间的友谊。但他自己在称王之后，并没有做到这一点，并最终导致了自己的失败。

陈胜称王之后，六国贵族，各地儒生，四方豪杰万集帐下。这些人有的是真心投军，起义反秦；有的则不然，是要借起义军的力量谋取私利。特别是那些想在陈王身边捞个一官半职以图富贵的人，不是想法部署军队，进攻秦军，扩大战果，而是极力劝说陈胜既然为王，就不能再像以往那样和士卒亲密无间，不分尊卑贵贱，随便往来，而应像个大王的样子。而陈胜也被胜利冲昏头脑，本应全力扩大战果，竟然追求起享受来了，门口警卫森严，盛设仪仗，自己深居于王宫之中，有事求见，要经过几层警卫才能进来，属下办事稍有不如意，就予以惩治，人们逐渐地不像以往那样爱戴他了。

一次，几位陈胜当雇工时的穷伙伴前来投奔，他们不了解见大王的规矩，自称要见陈涉（陈胜字涉），差点被宫门卫士捆起来。后来，陈胜出来查巡时，几个穷伙伴拦路大呼，才被陈胜带回宫中。这些穷伙伴看见陈胜宫殿陈设豪华，都是从未见过的东西，想起过去的日子，不禁说些往事，言谈举止，出出进进，难免随便，不合王宫礼仪。陈胜表面上不说什么，内心却越来越不高兴，有人看透了陈胜的心意，说："这些人愚蠢无知，举止粗鲁胡说八道，有损大王威严，不能留在身边。"陈胜竟然借故把他们全杀了。其余故人见陈胜已忘却昔日情谊，没有像他所说的那样"苟富贵、毋相忘"，都悄悄地离去。原来的亲信都走光了，陈胜就重用朱房、仍武两个人，专门监视群臣，外出打仗的人回来报告情况，言谈举止稍不留神，就被关进狱中。人们的不满情绪日益滋长。

陈胜追求称王，对战事发展也就考虑不足，用人必然有误，指挥失当。陈胜曾先后派吴广进攻荥阳，派武臣、张耳、陈余等进攻河北。张耳、陈余进入河北不久就立武臣为赵王，脱离了陈胜。吴广进攻荥阳，一时攻不下来，几次要求陈胜增兵支援，陈胜没派兵，而是派周文从南路进攻咸阳。周文是楚人，曾做过项燕的部将，略通兵法，在陈胜军中算是一个有文化的军人。从战略上看，从南路进攻咸阳，攻击秦朝老巢也是对的。但在当时则不可行，因为兵力不够强大，若战线太长，兵力分散容易被各个击破。周文一路上没遇到什么抵抗，一直打到函谷关，结果被章邯率领的秦军击败，周文自杀。周文兵败的消息传来，全军震惊，吴广不知是继续攻城好，还是撤退好。吴广部将田臧主张留少量兵力牵制荥阳，以主力西进迎击秦军。他怕吴广不从，竟然诈称陈胜命令，杀掉吴广。陈胜不仅不追究田臧的罪责，相反还任命他为上将，授楚令尹印，让他进攻章邯军队。结果，田臧全军覆没。

　　章邯打败周文和田臧的军队之后，直扑陈城。这时陈胜的主力已丧失殆尽，身边既无可用之将，也无可派之兵，左右都是一些庸碌之辈。陈胜虽然奋勇作战，终因众寡悬殊，陈城失守。陈胜率领残部经汝阳转战到下城，最后也被驾车的庄贾杀死了。

　　陈胜、吴广起义失败后，项梁、项羽和刘邦等人继续坚持斗争，把秦末农民大起义推向新的高潮。

"问不倒，答得快"

　　阿洁刚入公司时，担任前台的工作，同事们都觉得前台的职位没有什么发展前途，平时工作很忙，很少有同事和她接触。但阿洁却不以为然，她下决心要在这个岗位上做得有声有色。

　　刚一上任，阿洁就撕去前任留下来的一张快要变黄的公司电话联系表，她用了一个晚上的时间把这些电话全都背了下来。有同事笑话她没事找事做，联系表上的电话不需6秒就能找到，但她认为即使是6秒也不能耽误客户的时间，自己的工作就是要"问不倒，答得快"。随后，她又换掉那本已发黄的登记簿，取而代之的是她自己设计的登记簿，封面是公司的简介，她想为每一个来访人员留下一个好印象。

　　有一天，有几位外地客户来公司拜访，由于是第一次合作，他们对公司简介饶有兴趣地翻看着，阿洁看到后，主动走上前去很有礼貌地说："如果可以的话，耽误大家一点时间，我可以把我们公司做一个简单的介绍。"在众人惊讶的目光中，阿洁用了10分钟,就详细地讲解了公司的发展过程、内部结构、部门职能,还有近几年的销售业绩以及荣誉称号等。听完阿洁的介绍,客户向前来接待的市场部经理夸赞道:"贵公司的一位前台人员都对公司业务如此了解,真是很了不起,我们对此次合作很有信心。"事后,经理问阿洁如何把销售数据记得一清二楚,阿洁回答说:"每次公司开会,我都会把公司会议记录下来,分部门详细整理。"为了更好地为公司服务,她每天很少喝水以减少去厕所的次数,很多同事表示不理解,阿洁说我要确保每一个电话都能及时接听,也许公司的一次重大项目就在某个电话中。部门经理不由得对她刮目相看了。还有,阿洁每天吃完午饭都要把大厅打扫一遍,同事说有专门的清洁人员,你不用如此辛苦,她说:"清洁人员每天早上负责打扫,但中午过后大厅就脏了起来,一定要确保公司时刻整洁。"

很快,阿洁认真负责的态度赢得了老板的认可和赞扬,阿洁不但年年被评为优秀员工,还担任起公司的行政部经理。

这是每一个工作人员都应该做的,工作虽有岗位之分,但没有责任之分,每一个人都应该为公司的共同利益,尽到自己的义务。

爱岗敬业的工程师

阿强在一家钢铁公司担任车间技术员,工作还不到一个月,就发现许多炼铁的矿石并未得到充分的冶炼,很多矿石中仍残留着尚未被炼好的铁。这种情况如果一直持续下去的话,将会给公司造成很大的经济损失。为此,他很快找到了负责技术的工程师,反映他所发现的问题。然而,负责技术的工程师却十分自信地讲道:"我们的冶炼技术绝对是过硬的,你说的问题根本不可能存在,我没有发现这一问题。"

无奈之下,阿强只好拿着未被充分冶炼的矿石去找公司负责技术的总工程师反映他所发现的问题。总工程师听完阿强反映的情况,出于职业的敏感,就严肃地说道:"竟然有这种问题,为什么没有人向我反映这一情况?"总工程师立即召集负责技术的工程师来到车间检查情况,果然发现了很多冶炼并不充分的矿石,经过研究发现这种情况的发生是因为监测机器中的一个零件出了问题。其实,事情的原因很简单,就是因为某些员工工作时不认真、不仔细。公司的总经理了解了事情的全部经过之后,不仅奖励了阿强,还提升他为负责技术监察的工程师。总经理感慨万分地说:"我们公司并不缺少工程师,可我们缺少爱岗敬业的工程师,以至于这么多工程师竟然没有一个人发现问题,甚至当有人发现了问题,他们还不以为然。"

政理①章第七

【原文】

夫化之以德，理之上也，则人日迁善②而不知；施之以政，理之中也，则人不得不为善；惩之以刑，理之下也，则人畏而不敢为非也。刑则在省于中，政则在简而能，德则在博而久。德者，为理之本也；任政非德，则薄；任刑非德，则残。故君子务③于德，修于政，谨于刑。固其忠，以明其信，行之匪懈④，何不理之人乎？《诗》云："敷政优优，百禄是道⑤。"

【译文】

用道德教化天下臣民，这是治理国家的上策。因为民众就会在不知不觉中改恶从善；用政策法律来管理国家，这是治理国家的中策。因为人们在仁政的引导下不得不从善。用惩罚的手段治国，这是治理国家的下策。因为采取这种办法，人们容易产生畏惧感，而不敢再胡作非为了。用刑罚治理国家，应该尽量减省刑罚的使用，并做到用刑适可而止。用仁政来治理国家，讲求政令的精简有效。用德来治理国家，讲求道德推行范围的广泛和时间的长久。德治应该是治理国家的根本方法。如果用政令法规去统治老百姓而不讲德治，就会使人情变得淡薄。如果使用法律来治理国家，而不注重道德教化，就会使社会变得残酷无情。因此，自古以来君子首要的任务应该是以德化民，推广仁政，并小心谨慎地使用刑罚。只要因循忠道，并且坚持不懈去做，那么哪儿还会有不能治理的人呢？《诗经》上说："实行政令很宽和，就会汇集各种各样的福禄。"

【注释】

①政理：治国之道。②迁善：向善的方向发展。③务：致力，专力从事。④匪懈：还要松懈。⑤"敷政优优"二句：实行政令很宽和，百祥福禄就会汇集。敷，传布，施行。优优，宽和的样子。道，聚集。

【解析】

治理国家，首先应该强调以德教治天下，这是治术中的最佳办法。强调用政策法律来管理政治的，是治术中的中等办法。因为民众是不得不按照规定好的条例办，以求得向好的方向发展。那些用惩罚手段治国者，就是治术中最差的办法了。它只是因为人们容易产生畏惧感，而不敢再为非作歹了。只有实行德治，才是最好的办法，而且越广泛越长久越好。德治应该是统治国家的根本出发点。

在现实生活中，我们看到有的团队留不住人才，究其原因，一个方面是自身原因，另一方面原因，就是团队原因。自身方面可能就是没有认同这个团队，对这个团队的管理制度、团队文化、工作环境、工作条件、人际关系、薪资和福利待遇等，有抵触情绪。团队原因可能存在制度不完善、管理不到位等情况，这些可以归纳为没有好的制度，没有好的管理人才。只有好制度才可以让忠诚更持久。

好的制度是相对而言的，是相对于其他团队的、相对于团队自身过去的。好的制度能增加员工的积极性和创造性，最大限度地激发全体员工的工作热情、抑制人的弱性和可能的负面因素，最大限度地减少管理成本，最大限度地减少员工之间的心理障碍，以最小的管理成本创造最大的人才价值。

典例阐幽

得人者得天下

贞观三年（629），天下大旱，严重的灾情已危及国计民生。唐太宗忧心如焚，多次率百官求雨并极为虔诚地谴责自己。太宗求天不应，便召集群臣商量对策。他宣布，无论文臣还是武将都要指出朝廷政令的得失，并提出几条具体的意见。这可难坏了武将常何，他回到府中，愁眉不展。正好家中一位名叫马周的落魄朋友，漫游到长安，借住在他的府中。得知了常何的为难之事，马周不假思索，伏在案上，洋洋洒洒地向朝廷提了二十多条建议，文辞非常优美。

次日早朝，常何怀着忐忑不安的心情将奏疏呈现给太宗。太宗一看，这些建议有根有据，切中时弊，确属可行，但武夫常何绝非有这神来之笔，便问他是何人所写。常何告诉太宗为马周所写。太宗又问马周是何样之人，常何便向太宗介绍说：

"马周是清河茌平（今山东茌平）人，家境贫寒，但勤奋好学，尤其精通先秦诸子的典籍。由于自负才学出众，清高而孤傲，郁郁不得志。他在博州一所学校教书，常受地方官的训斥，一怒之下便拂袖而去，离家远游。他穷困潦倒，经常受人欺凌，历尽艰辛来到长安，住在臣家，乃当今一大奇士也。"

太宗听完介绍，立即预感到这是一位隐í"侧陋"的杰出人才。传诏奖赏给常何绢三百匹，表彰他推荐贤才之功，并派常何回家，请马周入宫见驾。等了约半个时辰，不见马周前来。太宗求贤心切，亲自派官员驾宫中的四马彩车去请马周。又过了半个时辰，太宗到殿外张望，还不见马周入宫。他又派了一辆四马彩车前去催请。这就是风传一时的太宗礼贤下士、三请马周的佳话。

太宗见到马周，广泛问及尧舜的德治天下、孔孟儒学的思想精华、周隋的盛衰兴亡以及当今的时弊和治国要略，马周对答如流，见解精辟。太宗对马周的才华和忠诚极为赞赏，不久拜为监察御史。

马周为官后理政谦虚谨慎，不拘旧俗，锐意创新，对于贞观一朝的制度建设做出了重要贡献。为了表彰马周勤劳国事，唐太宗亲自题写了"鸾凤冲霄，必假羽翼，股肱之寄，要在忠力"十六个草书大字赐予马周，使马周大享殊荣。

贞观二十二年（648），马周病危，太宗亲自为他调药，命御医日夜护理。马周去世时，年仅四十八岁，令太宗哀悼不已。

从唐太宗对待马周一事可以看出，太宗求贤的虔诚、礼贤的恭敬、用贤的如一、思贤的深情。所以天下贤才聚集朝廷，君臣共创大唐盛世之伟业。

左光斗和史可法

明熹宗刚即位的时候，左光斗是非常有名望的大臣，他正直敢谏，又很清廉，很受重用。而且他很有知人之智，提拔和栽培了出身贫寒的士子史可法。

当时，左光斗在他的官府接见史可法，勉励了一番，又把他带到后堂，见过左夫人。他当着左夫人的面夸奖说："我家几个孩子都没有才能。将来继承我的事业，全靠这个小伙子了。"

打那以后，左光斗和史可法建立了亲密的师生关系。史可法家里贫穷，左光斗要他住进官府，亲自指点他读书。

左光斗和他的朋友杨涟一心一意想整顿朝政，但是明熹宗是个昏庸透顶的人。他宠信一个很坏的宦官魏忠贤，让魏忠贤掌握特务机构东厂。魏忠贤凭借手中的特权，结党营私，卖官受贿，干尽了坏事。一些反对东林党的官僚就投靠魏忠贤，结成一伙，历史上把他们称作"阉党"。杨涟对阉党的胡作非为气愤不过，大胆上了一份奏章，揭发魏忠贤二十四条罪状。左光斗也大力支持他。

这一来可捅了娄子。公元1625年，魏忠贤和他的阉党勾结起来攻击杨涟、左光斗是东林党，罗织罪状，把他们打进大牢，严刑逼供。左光斗被捕以后，史可法急得不知怎么办才好。他每天从早到晚，在牢门外转来转去，想找机会探望老师。可阉党把左光斗看管得很严密，不让人探望。

左光斗在牢里，任凭阉党怎样拷打，始终不肯屈服。史可法听说左光斗被折磨得快要死了，不顾自己的危险，拿了五十两银子去向狱卒苦苦哀求，只求见老师最后一面。

狱卒终于被史可法的诚意感动了，想办法给了史可法一个探监的机会。当天晚上，史可法换上一件破烂的短衣，扮着捡粪人的样子，穿着草鞋，背着竹筐，手拿长铲，由狱卒带领着进了牢监。

史可法找到左光斗的牢房，只见左光斗坐在角落里，遍体鳞伤，脸已经被烧得认不清，左腿腐烂得露出骨头来。史可法见了，一阵心酸，走近前去，跪了下来，抱住左光斗的腿，不断地抽泣。

左光斗满脸是伤，睁不开眼，但是他从哭泣声里听出史可法来了。他举起手，用尽力气拨开眼皮，愤怒的眼光像要喷出火来。他骂着说："蠢材！这是什么地方，你还来干什么！国家的事糟到这步田地，我已经完了，你还不顾死活地跑进来，万一被他们发现，将来的事靠谁干？"

史可法还是抽泣着没完。左光斗狠狠地说："再不走，我现在就干脆收拾了你，省得奸人动手。"说着，他真的摸起身边的镣铐，做出要砸过来的样子。

史可法不敢再说话，只好忍住悲痛，从牢里退了出来。

过了几天，左光斗和杨涟等终于被魏忠贤杀害。史可法又花了一笔钱买通狱卒，把左光斗的尸体埋葬好了。他想起牢里的情景，总是情不自禁落下眼泪，说："我老师的心肠，真是铁石铸成的啊！"

有其师必有其徒，史可法在老师的影响下，也成为一名忠诚正直的臣子，最为人们称道的就是史可法死守扬州的故事。明朝末年，清兵南下，史可法主动要求到前方去统率军队。

史可法在南方将士中威信高，他到了扬州，做了督师，以身作则，跟兵士同甘共苦，受到将士们的爱戴。大年夜，史可法把将士都打发去休息，独自留在官府里批阅公文。到了深夜，他感到精神疲劳，把值班的厨子叫了来，要点酒菜。

厨子回报说："遵照您的命令，今天厨房里的肉都分给将士去过节，下酒的菜一点也没有了。"

史可法说："那就拿点盐和酱下酒吧。"

厨子送上了酒，史可法就靠着几案喝起酒来。史可法的酒量本来很大，来到扬州督师后，就戒酒了。这一天，为了提提精神，才破例喝了点。一拿起酒杯，他想到国难临头，又想到朝廷这样腐败，心里愁闷，边喝酒边掉热泪，不知不觉多喝了几盅，带着几分醉意伏在几案上睡着了。

第二天一清早，扬州文武官员依照惯例到督师衙门议事，只见大门还紧紧地关着。大家不禁奇怪，因为督师平常都是起得极早的。后来，有个兵士出来，告诉大家说："督师昨晚喝了酒，还没醒来。"

扬州知府任民育说："督师平日操劳过度，昨夜睡得这么好，真是难得的事。大

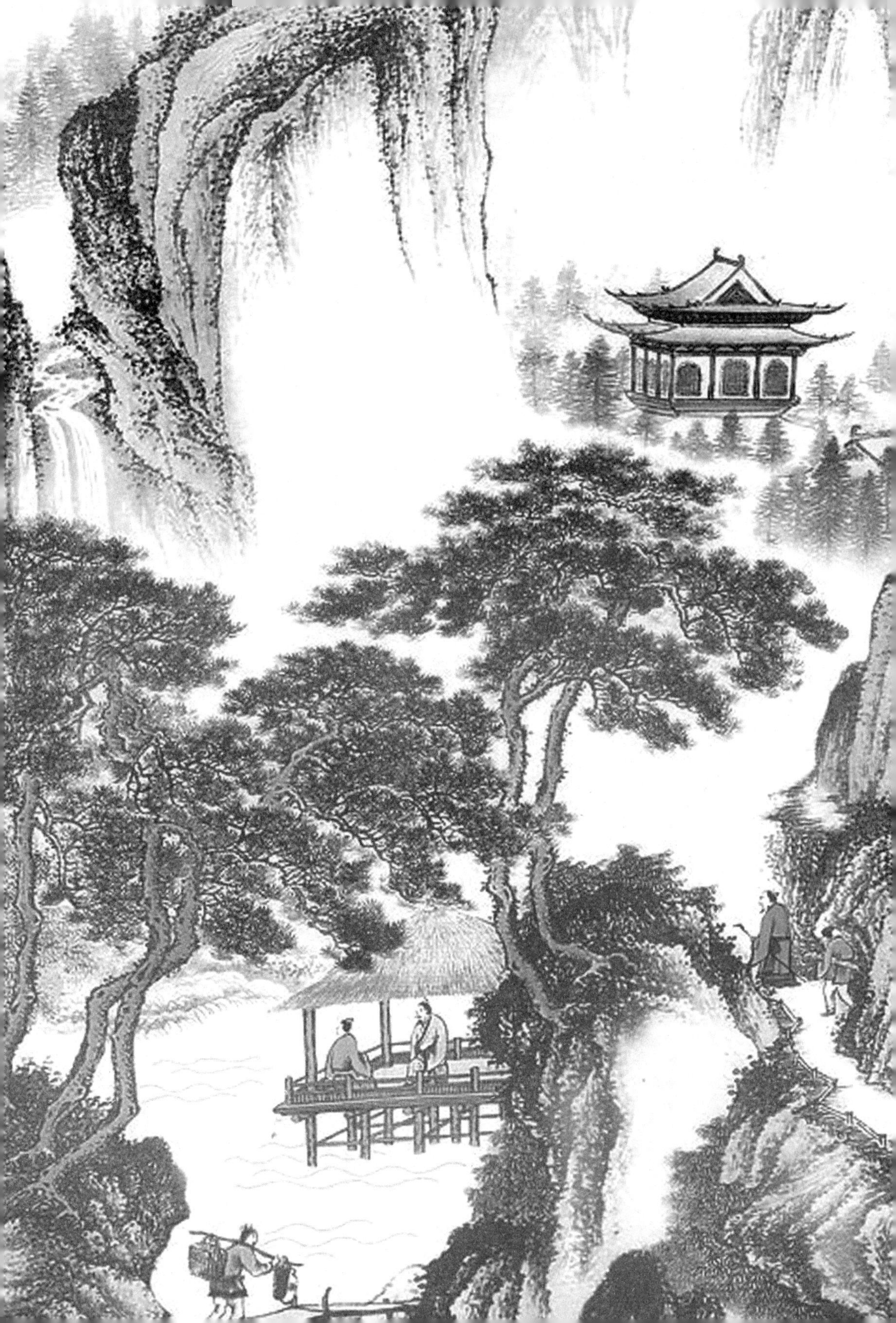

家别去惊动他，让他再好好休息一会吧。"他还把打更的人找来，要他重复打四更的鼓（打四更鼓，表示天还没亮）。

史可法一觉醒来，天已经大亮，侧耳一听，打更人还在打四更，不禁勃然大怒，把兵士叫了进来说："是谁在那里乱打更鼓，违反我的军令？"兵士把任民育吩咐的话说了，史可法才没话说，赶快接见官员，处理公事。

打那天起，史可法下决心不再喝酒了。

没多久，清军在多铎带领下，大举南下。史可法指挥四镇将领抵抗，打了一些胜仗。可是南明政权内部却起了内讧。驻守武昌的明军将领左良玉为了跟马士英争权，起兵进攻南京。马士英害怕得要命，急忙将江北四镇军队撤回，对付左良玉，还用弘光帝名义要史可法带兵回南京保护他。

史可法明知道清军压境，不该离开。但是为了平息内争，不得不带兵回南京，刚过长江，知道左良玉已经兵败。他急忙回江北，清兵已经逼近扬州。

史可法发出紧急檄文，要各镇将领集中到扬州守卫。但是过了几天，竟没有一个发兵来救。史可法知道，只有依靠扬州军民，孤军奋战了。

清军到了扬州城下，多铎先派人到城里向史可法劝降，一连派了五个人，都被史可法拒绝。多铎恼羞成怒，下令把扬州城紧紧包围起来。

扬州城危急万分，城里一些胆小的将领害怕了。第二天，就有一个总兵和一个监军背着史可法，带着本部人马，出城向清军投降。这一来，城里的守卫力量就更薄弱了。

史可法把全城官员召集起来，勉励他们同心协力，抵抗清兵，并且分派了守城的任务。

他分析了一下形势，认为西门是最重要的防线，就亲自带兵防守西门。将士们见史可法坚定沉着，都很感动，表示一定要和督师一起，誓死抵抗。

多铎命令清兵没日没夜地轮番攻城。扬州军民奋勇作战，把清兵的进攻一次次打回去。清兵死了一批，又来了一批，形势越来越危急了。

多铎下了狠心，开始用大炮攻城。他探听到西门防守最严，又是史可法亲自防守，就下令炮手专向西北角轰击。炮弹一颗颗在西门口落下来，城墙渐渐塌下，终于被轰开了缺口。

史可法正在指挥军民堵缺口，大批清军已经蜂拥着冲进城来。史可法眼看城已经没法再守，拔出佩刀往自己脖子上抹。随从的将领们抢上前去抱住史可法，把他手里的刀夺了下来。史可法还不愿走，部将们连拉带劝地把他保护出小东门。这时候，有一批清兵过来，看史可法穿的明朝官员的装束，就吆喝着问他是谁。

史可法怕伤害别人，就高声说："我就是史督师，你们快杀我吧！"

公元1645年四月，扬州城陷落，史可法被害。

多铎因为攻城的清军遭到很大伤亡，心里愤恨，竟灭绝人性地下令屠杀扬州百姓。大屠杀延续了十天才结束。历史上把这件惨案称作"扬州十日"。

大屠杀之后，史可法的养子史德威进城寻找史可法的遗体。因为尸体太多，天热又都腐烂了，怎么也认不出来，只好把史可法生前穿过的袍子和用过的笏板，埋葬在扬州城外的梅花岭上。这就是到现在还保存的史可法"衣冠墓"。

韦孝宽以利诱敌逃性命

公元579年，南北朝北周宣帝驾崩，幼帝宇文阐即位，封隋公杨坚为左大远相。杨坚权倾朝野，雄心勃勃。相州总管尉迟迥不服杨坚，欲出兵攻打。

杨坚特派韦孝宽前往，替换尉迟迥。但韦孝宽知道尉迟迥想害死他，所以故意放慢行程。尉迟迥派韦孝宽的侄儿魏郡太守韦艺来刺探情况。韦孝宽知道侄儿是尉迟迥的同党，对韦艺严加审问，弄清了尉迟迥确有加害自己的阴谋。

韦孝宽拧紧了双眉，心急如焚："尉迟迥蓄谋已久，意欲杀死我后再起兵攻打杨大人。现在我迟迟不去就任，他肯定会马上派人来追杀我。他若追来，我的性命难保啊！"一会儿，他的双眉舒展开了："现在只能如此这般了。"

韦孝宽带着韦艺和一行随从向西逃跑。每到达一个驿站，韦孝宽都郑重其事地吩咐驿站管事的小官："快准备好酒好菜，蜀公尉迟迥大人将要大驾光临，你们要隆重接待，热情款待！"临动身离开时，韦孝宽又命令手下将驿站的好马统统牵走。

果然不出韦孝宽所料，他们走后不久，仪同大将军梁子康奉尉迟迥之命率几百人马追杀而来。他们一见驿站内摆满好酒好菜，个个垂涎欲滴，哪有心思追赶韦孝宽呢？何况，追了这么长时间，肚子正饿得呱呱叫呢。

众将士忙扔下兵器，争先恐后坐在酒桌旁，猛喝大嚼。一站接一站，每个驿站都摆好了美酒佳肴。他们吃了一顿又一顿，耽误了追击韦孝宽的时间。酒足饭饱后正欲吆五喝六地换马时，谁知驿站的好马都被韦孝宽带走了。他们没办法了，只好慢慢地赶路。

此时的韦孝宽他们,却一站一站地换走骏马,快马加鞭,逃过了尉迟迥的追捕。

若非这些猛员大将贪图一时的口腹之欲而延误了时间,韦大人的命早已休矣。从这个故事的双方看,小处着眼可以坏事,同样也能成就一些人和事。

玩物丧志,自甘堕落

玩物丧志这个典故是为了说明一个事实:"玩物"会"丧志"。历史上就有大家耳熟能详的因为"玩物"而"丧志"的典型。

春秋时,卫国君主卫懿公在位九年,骄奢淫逸,贪于享乐,他最爱好的玩物是鹤。那鹤色洁形清,能鸣善舞,因而卫懿公格外喜爱。懿公好鹤,凡是献鹤的人都有重赏,因此老百姓争相罗致优良品种,赶来进献懿公。一时间,从苑囿到宫廷,处处养鹤,不下几百只。

一次,卫懿公正想带着鹤出游,边关忽报"狄人侵边境",懿公大惊,立刻全国招兵,准备发放武器,抵御外侵。但老百姓不愿应征,都纷纷逃向村野,躲避起来。一时,懿公竟凑不成一支抗敌的队伍,只得命司徒去抓丁,终于,抓了一百余人。懿公问他们为何逃避应征,众人回答:"大王只需有一件东西,便可以抵抗狄人了,何必需要我们?"懿公奇怪地问:"什么东西?"众人回答:"鹤。"懿公说:"鹤能抵抗狄人吗?"众人说:"鹤既然不能参加战斗,就是没有用的东西!大王对老百姓刻薄,而对这些无用的东西花大力喂养,这就是我们不服气的地方!"

鹤本是一种珍禽,它形态高洁,鸣声清越,一直是福寿的象征,也为历代名人雅士所喜爱。卫懿公爱鹤,本不失为一高雅的行为,但作为一国之君,他爱鹤甚于爱民,是非不分,人物两忘,乃于政务废弛,民众离心,最后竟导致亡国丧身。

晋人华卓,字茂世,为吏部郎。年轻时举止豪放,特别喜欢喝酒,曾说:"得到美酒数百斛,就有了四季的美味。左手拿酒杯,右手抓蟹螯,漂在酒缸里,这一生也知足了。"一天,邻居家酿的酒熟了,他晚上跑到酒瓮边偷酒喝,被酿酒人发现,捆了起来。邻居第二天一看,原来是华卓,于是放了他。他后来因喝酒而被撤职。这种生活中的爱好,看似平常,却能影响人一生的政治前途。

人其实心中相当明白什么爱好对自己有利,什么爱好对自己无益,却总是戒不掉会给自身带来过失的嗜好，也不愿努力去学习对自己有益的东西，结果自毁前程。这是多么令人痛惜的事情啊！

庄贾不守约定终丧性命

春秋末年，燕国和晋国的军队一齐进攻齐国，齐国军队吃了败仗，丢失了一大片土地。齐景公又派田穰直为大将，派庄贾为监军，领兵去抗击敌人。临出发的头一天，田穰直和庄贾约定，第二天中午在辕门外见面。说完他叫人在辕门外立了一根木头，以便观察木头投在太阳光下面的影子，看看两人是不是都能按时赶到。

第二天上午，田穰直来到军营，整理队伍，等着庄贾。庄贾呢？仗着齐景公的宠爱，骄傲自大，根本不把田穰直放在眼里。这天亲戚朋友给他送行，他只顾喝酒，把约定和田穰直会面的时间给忘得干干净净。田穰直一等再等，木头影子显示早已过了中午，庄贾还没来。田穰直下令撤去木头，表示庄贾已经失了约，然后命令将士们做出发的准备。

天快黑的时候，庄贾来了。田穰直问明情况以后，对庄贾说："作为一个带兵的将领，接受命令以后就该把个人的事忘掉，才能上阵杀敌。现在敌人就在家门口，国家这么危险，老百姓把生命财产都托付给了咱们，你怎么能只顾喝酒，把军队出发打仗的大事忘了呢？"

说完，问军法官："按军法该判庄贾什么罪？"军法官回答说："过时不到，应当杀头！"庄贾一听害怕了，赶忙叫人去向齐景公求情。可是，还没等求情的人回来，田穰直已经下令把庄贾杀了。

过了一会儿，齐景公派来的使臣驾车冲进军营，要求免了庄贾的罪。田穰直说："大将领兵打仗，国君错误的命令可以不听。"接着又问："对闯进军营的人，应该怎么处治？"军法官说："应该杀头。"田穰直说："国君派来的使臣是不能杀的。"他下令杀了使臣驾车的马。

这一来，全军上下谁也不敢违抗他的命令，上了战场都拼命杀敌。燕晋两国军队打不过齐军，也害怕田穰直，慌忙撤退。齐军把失去的大片土地全部收复了。

田穰苴严格按照规章制度，下令把庄贾杀了，从而凝聚了军心，得到了大家的拥戴，最终打败了入侵齐国的大军，这不能不说是法治的力量。

成功取决于人心的向背

IBM公司创立于1911年。截至2004年，IBM拥有全球雇员30多万名，业务遍及160多个国家和地区。2004年，IBM公司的全球营业收入高达965亿美元。同年，《财富》杂志按照财政年度收入在上市公司中评出的"财富500强"中，IBM名列第八，是排名最高的技术公司。在2004年《财富》中文版第四届"最受赞赏的企业"的评选中，IBM列IT行业第一位。作为IT行业的"蓝色巨人"，IBM在技术和业绩上的成就是不容置疑的。

IBM成功的关键因素取决于领导人对于员工人心的争取，早在IBM的创始人老托马斯·沃森时代就被给予了十分重视。在公司初期，IBM只是一家不景气的小公司，但老托马斯·沃森却为员工制定了远大的奋斗目标和共同愿景。他怀着无比的工作热情和旺盛的工作动力，同时他的这种对于事业的执著追求也在感染着每一位成员。在IBM，尽心竭力地工作，为事业发展贡献全部力量，已经成为一种企业文化，影响和激励着每一位员工。仅靠精神激励并不能从根本上解决员工的长久工作热情，老托马斯·沃森意识到了这一点。为了解决这一难题，老托马斯·沃森提倡人性化管理，尽最大可能给予员工关怀。他为员工支付医疗费，提供低息的房屋贷款，甚至在自己工厂后面买下了一家酒店，并把它改造成一个乡村俱乐部，为员工提供免费服务。此外，IBM还提供免费的音乐会和图书馆，开设夜校以提高员工素质。对于员工的关怀更多地体现在薪酬和福利上。IBM员工的工资水平远远高于美国平均水平，而且公司还有一个十分诱人的入股计划——任何员工都可以拿出10%的薪水以85%的市价购买IBM的股票。

公司领导人对于意外事件的负责精神也使IBM员工深深感动。1939年纽约世界博览会的"IBM日"中，老沃森组织了三万人乘火车去参加庆典活动，但不幸的是满载IBM员工的火车与另一列运货火车相撞。老沃森凌晨两点接到电话后立即驱车赶往出事地点，处理事故。所有受伤的员工都被送往医院就近治疗，受伤员工的家属还都收到了老沃森派人送去的鲜花。小沃森也是如此，1958年7月一架从纽约到罗彻斯特的客机坠毁，机上有七人遇难，其中一名是IBM员工，还有八九名IBM员工受不同程度的伤。小沃森得到消息后立刻过问此事，并亲派了一名分部经理处理此事。公司领导人的负责任的态度使IBM员工甘心献出自己的真心。

做人比做事更重要

苏格兰一个小镇上，一位老鞋匠决定把补鞋这门技艺传给三个年轻人。在老鞋匠的悉心教导下，三个年轻人进步很快。当他们学会这门手艺，准备去城市闯荡时，老鞋匠只嘱咐了一句："千万记住，补鞋底只能用四颗钉子。"三个年轻人似懂非懂地点了点头，踏上通往城市的道路。

过了数月，三个年轻人来到一座大城市各自安家落户，此后，这座城市就有了三个年轻的鞋匠。

过了几天，第一个鞋匠对老鞋匠那句话感到十分苦恼。因为他每次用完四颗钉子总是不能使鞋底完全修复，可师命不敢违，于是他整天苦思冥想，但无论怎么想他都认为自己做不到用四颗钉子补鞋底。

第二个鞋匠也为四颗钉子苦恼过，可他发现，用四颗钉子补好鞋底后，修鞋的人总要来第二次才能修好，结果来修鞋的人总要付出双倍的钱。第二个鞋匠为此暗自高兴，他自认为领悟了老鞋匠最后一句话的真谛。

第三个鞋匠在苦恼过后发现，其实只要多钉一颗钉子就能一次性补好鞋底。第三个鞋匠想了一夜，终于决定加上那一颗钉子，他认为这样能节省顾客的时间和金钱，更重要的是他自己也会心安理得。

又过了数月，人们渐渐发现了三个鞋匠的不同。前两个鞋匠的店面里越来越冷清，而去第三个鞋匠那儿补鞋的人越来越多。最终，前两个鞋匠店面都关门了。

日子就这样持续下去，第三个鞋匠依然和从前一样兢兢业业地为这个城市的居民服务。当他渐渐老去时，他开始真正领悟了老鞋匠嘱咐的那句："千万记住，补鞋底只能用四颗钉子。"含义：做人比做事更重要，否则必会为社会所淘汰。

武备①章第八

【原文】

王者立武,以威四方,安②万人也,淳德布洽③戎夷④。禀命⑤统军之帅,仁以怀之,义以厉之,礼以训之,信以行之,赏以劝之,刑以严之,行此六者,谓之有利。故得帅,尽其心,竭其力,致其命,是以攻之则克,守之则固,武备之道也。《诗》云:"赳赳武夫,公侯干城⑥。"

【译文】

王侯建立起一支强大的军队,目的在于威震四方,使天下百姓得到安居,也是为了用敦厚德行对边远少数民族进行感化。对于君主任命去驾驭军队的将帅,应该用仁慈之心去感化他们,用恩义去鼓励他们,用礼仪去训导他们,用信义教育他们,用奖赏去激励他们,用刑罚严格要求他们。按仁、义、礼、信、赏、刑这六项原则去对待将领,就会一切顺利。如果那样,就能使军队忠贞不贰,全力以赴,并努力效命。在这种状况下,军队一旦向敌人发起进攻,就能取得胜利;一旦处于防守状态,也能坚固难攻。这就是军队讲求忠道的道理所在。《诗经》上说:"武士英姿雄赳赳,公侯护国好屏障。"

【注释】

①武备:军备,武装力量。②安:使……安宁,动词的使动用法。③洽:周边。④戎夷:泛指少数民族。⑤禀命:受命。⑥"赳赳武夫"二句:武士英姿雄赳赳,公侯护国好屏障。赳赳,勇武的样子。干城,守卫,捍御。

【解析】

这里讲述的主要是军队应该履行的忠道。在具体阐述时将武备之忠全部落实到统军之帅的身上,要求他做到六点,即"仁以怀之,义以厉之,礼以训之,信以行之,赏以劝之,刑以严之"。做到这六点,军队就能"攻之则克,守之则固"。

在做人方面,忠诚是一个人的品质,是一个人能获得其他人认可和信任的标准之一。而具体到工作中,忠诚更能体现一个人的人格。用忠诚树立个人品牌好比个人的一张名片,它承载着一个人的品质,代表着一个人的形象。古代哲人穆格发说:"良好的形象是美丽生活的代言人,是我们走向更高阶梯的

扶手，是进入爱的神圣殿堂的敲门砖。"形象是提升个人品牌的潜在资本，所以，每一个人，每一天，所做的每一件事，都是在加深别人对自己的"印象"，从而也就决定了自己的命运！

若想在竞争激烈的现代社会中有立足之地，仅有能力是不行的，还必须有人赏识你的能力，如果没有人证明你在这方面的能力，那你就应该用忠诚建立自己的品牌。

典例阐幽

为政要推行仁义

王蕴，字叔仁，东晋孝武帝定皇后的父亲，晋阳（今山西太原市西南）人。曾任佐著作郎、尚书吏部郎、吴兴太守、光禄大夫等职。

王蕴性情平和，任人大度，不压制出身寒微的平民处士，只以才德为选任的标准。当时简文帝为会稽王，王蕴辅政。王蕴对于治内的情况十分熟悉，经常推荐有德才的人，使其得以举用。他所荐举的人，都能够充分发挥所长，因此，那些得不到进用的人也没有怨言。

王蕴任吴兴太守的时候，政绩卓著，民众感念其为政之德。一次，境内发生灾荒，百姓缺粮，生活无着。于是，王蕴下令打开粮仓，赈济灾民。主簿劝阻说：这样做是违犯朝廷规定的，要承担擅权的责任。他坚决请求王蕴按照规定程序，先列出报表上报，在得到朝廷批准后再行实施。

王蕴说："现在百姓急难，嗷嗷待哺。民以食为天，人是要吃饭的，路上逃荒的人中已经有不少的人被饿死。如果按部就班地履行程序，先列出报表，再逐级上报请示，等到朝廷批准后再予救济，那时，将有多少人早已魂归西天了。专任擅权的罪过，在于太守一个人承担，而饥荒流离却威胁着全城百姓的生存。我想只要所作所为合乎仁义，能够救助百姓，度过灾难，即使被追究责任而撤职，也是坦然的，心里也没有什么值得遗憾的。"

于是，王蕴下令即刻开仓救民，很多吴兴百姓因此而保住了性命。

朝廷以违犯条规法律为理由，免去了王蕴的职务。这种不公平的责处，激起了平民百姓的义愤，很多百姓、读书人都为王蕴抱不平。皇上只得又颁布诏令，只给予王蕴降职处分，改任他为晋阳太守。

只以民生疾苦为重，不以个人的官位为意，这样的官不论是在什么样的历史条件下，都会得到百姓的拥戴，都会被百姓记在心里，也必然会流传后世。而那种只为个人升迁，只为保全自己既得官位，而无视民众生计，以至于弄虚作假的人，只能被百姓所唾弃。

寒食节的由来

春秋时期，晋献公的宠妃骊姬，为了让儿子奚齐继承王位，设计陷害太子申生，申生含冤自尽。申生的弟弟重耳，是一位礼贤下士的贤者。他为了躲避杀身之祸，带着五位大臣、数位随从出逃到列国，开始了长达十九年的流亡生活。

当重耳等人走到五鹿之时，饥渴交加，只好在乡间野路中乞讨。然而路上的一位乡民，送给他们的却是一把无法食用的、厚厚的黄土，重耳看到之后愤怒不已。风餐露宿的流亡生活，有家难归的苦难遭遇，使他内心百感交集。

然而此时赵衰站了出来，他说："这把黄土代表的是我们的国土。护佑这块土地上的子民，是上天赋予主上的重责。这把土，我们要跪在地上接受它，这是皇天后土恩泽主公的祝福。"

重耳沉痛地凝视着茫茫大地，手握着这把黄土，跪倒在苍渺的皇天之下……

到了齐国，齐桓公对重耳礼遇有加，不但把宗族的女子许配给他，而且还送他很多财物。漂泊在外的人，能过上这样安定的生活，实在是弥足珍贵。然而好景不长，数年后桓公逝世，齐国又发生了动乱。重耳爱恋他的妻子，不忍心离去。赵衰和子犯商议，再不离开这个是非之地，恐怕是凶多吉少。重耳的妻子得知后，就劝他赶紧离开，重耳却难舍难分，他说："人的一生，能过上如此幸福的生活，还有其他什么好希求的呢？就算有生命危险，我也不会离开这里，我注定要和此地存共亡。"

深明大义的妻子，此时表情凝重地对他说："您是一国的公子，面临国与家的深重灾难，困顿逃亡而来到齐国。多少的人都期待着你重振家园的基业。而今，你却为了我这么一个孤弱的女子，忘却了身负的重责，忘却了多少贤臣良相为你出生入死那深重的恩德。连我都为您感到羞愧啊。"于是妻子和赵衰等人密谋，把重耳灌醉了之后，日夜兼程地赶着车子，把他送离齐国。妻子含着泪，目送丈夫一行消失在辽远的天际之中。

身为晋国的公子，重耳以他的贤德昭名于诸侯间。追随他的几位忠心耿耿的贤臣，也被时人称为德才足以辅国的"国相"与"国器"。十九年后，公子重耳得到秦君的帮助，回到晋国继承了王位，这就是著名的晋文公。

晋文公即位之后，勤政清明，励精图治，德政泽及百姓，成为春秋五霸之一。他把国家治理得很好，子民都感戴他的恩惠。文公知恩图报，对曾追随他漂泊在外，同甘共苦的功臣们，给予丰厚的封赏。他赏罚分明，以"道以仁义，防以德惠"为上赏,以辅佐国政、出外征战为次赏。然而还没有封赏完,晋国就遭遇了新的内忧与外患,晋文公无暇顾及封赏之事,归隐在家的介之推就这样被遗忘了。

介之推,又名介子推,"子"是古代对贤者的一种尊称。当年介之推离家别母,追随重耳在外流浪了19年。在他们最艰难的时候,食物都吃光了,重耳饥饿到了极处,连路都走不动。介之推感到非常沉痛,他不忍心看着自己的主人就此饿死在奔亡的路途中,所以就悄悄割下自己腿上的肉,把肉烧给主人吃。这就是历史上著名的"割股啖君"的感人故事。

流亡生活结束后,大臣子犯对个人的功劳念念在心,介之推则感到很不以为然,他说:"公子得以复国,这是民心所向、天心所归,而您却认为是个人的功劳,真是令人感到羞耻啊。我不愿意和这样的人同处一朝。"于是介之推功成身退,归隐而去。他告别了十九年来患难与共的君上,独自驾船离去,隐居于山水之中。

晋文公赏赐功臣,没有顾及隐居在外的介之推,介之推也从来不标榜自己的功劳。他感叹地说:"上天绝不会眼看着晋国灭绝,而舍之不顾。在晋国的王室中,主上承受了多少心志的磨练,成为众望所归的贤明之君。他注定会成为晋国的国主,那是子民殷殷的期望,也是上天赋予的大任。然而随从的大臣却认为是自己的功劳,这是多么虚无不实的想法!窃取他人的财物尚且称之为盗,何况是贪求皇天的功业,把它看作是自己的呢!这样的人怎么能与之共处?"

介之推的母亲劝他说:"与其如此穷苦不堪,还不如向君王求取一些封赏,日子兴许过得宽裕一些。而今你就是死了,也不知向谁申诉,这又何苦呢?"介之推说:"指责这样的行为,却又效法于它,这个罪过不是更大吗?既然有言在先,我是绝不会接受晋国的俸禄的。"

母亲说:"你的功劳这么大,又不求任何的回报,把这样的志节告知晋国的人,又有何妨?"介之推说:"言语是处事立身的文采与华章。我既然一心想要归隐,哪里还需再为自己表白什么?如果去邀功请赏,这不是还念念希求显达吗?"他的母亲感叹地说:"有你这样有志节的儿子,是为人母亲最大的幸福。既然你要坚守美善的德行,我就和你一起隐居吧。"

时人曾经赞美介之推,说他就像是辅助龙主升天的祥龙。当龙主得以纵横万里的时候,其他的四条龙,也都随之飞黄腾达了。但却只有介之推不求利禄,归隐而去。

晋文公感念介之推的恩德,想尽办法要召请他

入朝为官，但都被拒绝了。介之推坚持与人无争的志节，与"不如归去"的追求，一再地避开晋文公的追访。最后文公终于打听到，介之推隐居在绵山之中。于是他决定放火烧山，只留下一条通路，希望介之推背着他的母亲，从这条路上逃下来。然而大火烧了三天三夜，却始终没有见到母子二人的身影。等到火光绝灭之后，人们发现介之推和他的母亲，已经被烧死在一棵柳树之下。

晋文公把介之推和他的母亲安葬在柳树之下，并为介之推建立了祠堂。他率领文武大臣来拜祭他，内心沉痛异常。晋文公用那棵烧焦的柳树，做成了一双木鞋，每天伤心地流着眼泪，哭喊着"悲哉足下"，痛惜追念股肱之臣那真挚不渝的忠诚与清烈。想不到第二年，就在那棵烧焦的柳树上，一条条嫩绿的枝芽，又开始迎风招展了。晋文公折下了一束枝条，戴在了自己的头冠上。他晓谕全国，把放火烧山的日子定为寒食节，每年的这一天禁绝烟火，不生火做饭，只吃冷食，以表达对有功不居、不图富贵的介之推的怀念。

在寒食节那天，人们用面粉和枣泥制成"子推饼"，并捏成燕子的形状，称之为"之推燕"。百姓们用柳条把燕子模样的面饼串起来，插在门上，召唤着他回来。人们还把柳条编成圈戴在头上，把柳枝插在房前屋后，以示追念。介之推以他的忠义与清烈，永远地活在了人们的心间。

淳于髡善于识别人才

淳于髡，战国时期齐国（今山东省龙口市）人。齐国赘婿，齐威王用为客卿。他学无所主，博闻强记，能言善辩。他多次用隐言微语的方式讽谏威王，居安思危，革新朝政。还多次以特使身份，周旋诸侯之间，不辱国格，不负君命。

公元前349年，楚国侵齐，他奉命使赵，说服了赵王，得精兵十万，革车千乘，楚国闻风，不战而退。政治思想上，他主张益国益民的功利主义。在同孟轲就"礼"与"仁"的两次论战中，鲜明地表达了他这一立场。司马迁称赞他说："其谏说慕晏婴之为人也。"所著《王度记》今已失传。

齐威王当政初时，"好为淫乐长夜之饮"，国政荒乱，群臣莫敢谏。淳于髡针对齐威王好隐语的特点，对齐威王说："国中有鸟，止王之庭，三年不飞又不鸣，不知此鸟何也？"齐威王明白他的用意，用隐语回答说："此鸟不飞则已，一飞冲天，不鸣则已，一鸣惊人。"从此振作起来，治理朝政，收复失地，使齐国又强大起来。"一鸣惊人"也作为典故流传下来。

齐宣王请淳于髡为他推荐德高智广的人才。一天之内，淳于髡就接连不断地举荐了七名。宣王感到十分惊讶，向淳于髡请教说："俗话说，'人才难得'。在方圆一千里以内,能够发现一个贤才,就算很不容易了;在上下百年的时间里,能够出现一个圣人,也是难能可贵的了。可是,你居然一天不到黑,就向我介绍了七个贤才。这样看来,贤才岂不是有点太多了吗?"

淳于髡摇了摇头,回答说:"问题不能这样看。有道是'物以类聚,人以群分'。您注意了没有?那些同类的鸟,总是在一块飞行;同类的兽,也总是在一道奔跑。人们采集柴胡、桔梗这类中草药,要是到洼地湖泊里去寻觅,即使找上一辈子,也采不到一株半棵;要是去泽黍、梁父这些山岭的北面寻觅,就多得要用车载船装了。世界上的一切事物,无不是同类相聚的,当然各种人物也不例外。我大小总可以算得上一个贤士吧,与我接触的贤士何止七个、八个?您让我给您举才荐贤,就仿佛在河边取水,拿火石打火一般,当然容易多了。这不,我还打算再向您举荐一大批贤才呢!"淳于髡的一番话,形象生动,晓畅明白地揭示了人才问题的一个规律。

品德高尚的小和尚

南宋末年,天下大乱。百姓流离失所,苦不堪言。

有一天,在金朝统治下的河阳县地界里,大道上走着一位十七八岁的小和尚。小和尚边走边望着路边荒芜的田野、破败无人的村庄,胸中涌出无限伤痛,心想:如果战争再不停止,天下的百姓真是活不下去了。但愿菩萨能保佑一位英明的君主,统一天下,让老百姓重新安居乐业。这样想着,他便加快了脚步,恨不能一步赶到目的地,以避免目睹这种悲惨的景象。

这时正是夏暑热天,小和尚走得汗流浃背、口干舌燥,真想找个地方乘乘凉,喝上一肚子甘甜的泉水。可这里刚刚经过战火,四周的人家跑得一干二净,哪里去找水喝呢?走着走着,他看到前面路边的大树下,有几个人正在那里乘凉。他急忙赶过去,希望能讨口水喝。走到近前,发现这几位是赶路的小商贩。一问,才知道他们身边带的水也喝光了,因为无处找水喝,正在那里唉声叹气。

小和尚只好在他们身边坐下,准备歇口气再走。

小和尚边休息,边听着旁边的人闲聊。

这时,远处跑来一个人,怀里捧着什么东西,边跑边大声喊着。商贩们都站起身来张望,原来那人是一起赶路的商贩,刚才独自出去找水。等他跑近,大家才发现他怀里捧着的,竟然是几个黄灿灿、水灵灵的大梨!

商贩们都欢呼起来,一齐跑过去抢梨吃。小和尚也走上去问道:"这梨是从哪里买到的?"

"买?"那个商贩哈哈大笑起来,"这地方的人都跑到山上避兵灾去了,连个人影都没有,哪里去买?"

"是呀,那你是从哪儿弄来这好东西的?"商贩们边吃边好奇地问。

"我到那边村子里转了转,想找个人家,把水葫芦灌满。可是,别说是人,连个老鼠都找不着!水井也都被当兵的用土给填上了。我正在丧气,忽然看见一家院子的墙头上露出一枝梨树枝,上面结着几颗馋人的大梨。这下子,我乐得差点晕过去,可是跑过去一看,这家的院门都用石块给堵上了,墙头也挺高。我顾不上这许多,费了好大劲,才翻进院子里,摘了这些梨。那树上的梨还多得很,我们一起去多摘些,带着路上吃好不好?"

商贩们齐声说好,各自收拾东西,准备去摘梨。小和尚插嘴问道:"你说村里的井都被填上了是吗?"

"可不是嘛!当兵的看老百姓都跑光了,一气之下,走的时候,就把井都填了,你甭想找到水喝。"

小和尚叹了口气,默默地转身走开了。商贩们奇怪地问道:"小师父,你不和我们一起去摘梨吗?"

小和尚说:"梨树的主人不在,怎么能随便去摘呢?"

商贩们又笑起来,说:"你真是呆和尚!这兵荒马乱的日子,哪里还有什么主人呢?再说,那树的主人没准已经被打死了呢。"

小和尚认真地答道:"梨树虽然无主,难道我们自己的心里也无主吗?不是自己的东西,我是决不会去拿的。"

说完,小和尚背起行囊,向商贩们拱手道别,转身上了大路。

唐御史智惩告密官吏

公元618年,隋朝灭亡,李渊当了唐朝开国皇帝。李渊虽然年事已高,但仍然宵衣旰食,勤于朝政。

一日,他在审阅各地批文中,忽见一份密告。告岐州刺史李靖恃功自傲,招兵买马意欲造反,并且说了很多证据。李渊半信半疑,觉得李靖一向忠心耿耿,自己又待之若心腹,他怎么会谋反?于是,他决定派一名精明能干的御史前去审理此案。

御史听到李靖谋反的消息也大为吃惊。他认为李靖一向光明、磊落,怎会谋反?御史向皇帝请求,这次去岐州调查此事,要带着告状人同往,以便取证。皇帝答应了。

御史带着一行人,日夜兼程赶到岐州。到了目的地后,御史一行人住在了驿站。

谁知第二天早晨，御史又惊又怒地说："夜里有贼，偷了钱财衣物，还有那份状纸也不见了，想必是被贼人一起偷走了。"

众人大惊，丢失了皇帝批示的御状，谁能吃罪得起？御史挨个搜查，还把嫌疑人捆绑起来，让他们等候发落。但审问查找了一天，仍然没找到状纸。在万般无奈中，御史只得把告密人传到房中说："想不到路上匆忙，把你的状纸丢了，此案如何办理？也无法向皇帝复命，只能劳驾你再写一份了。"

那告密官吏很为难，但势成骑虎，不好推辞，又害怕告状不成，自找苦吃。所以，只得又重新写状子。当告密官吏把写好的状子交给御史时，御史马上喝斥："来人哪，把这个诬陷他人的狗官捆起来！"那官吏心惊胆战，仍然嘴硬说："下官不知罪，望大人明示。"

御史笑道："你的花言巧语岂能瞒过本官？这两份状纸写得自相矛盾，所举的造反案例前后不符，分明是你诬陷李大人，还不从实讲来？"原来，御史故意说状纸丢失，让告密官吏重写，以试真伪，结果两份证词，大不一样。所以御史断定告密人胡编诬告李靖。

经审讯，果然是诬告。御史押解告密人回朝，奏请皇帝为李靖正名，将诬告人斩首。

用忠诚打造个人品牌

阿芳是毕业于某著名高校、在职场打拼多年的广告设计人员，由于这一行业竞争比较激烈，毕业后没能找到理想的公司，一直在一家小公司打工，并且还为其他广告设计公司服务。其实，阿芳在广告设计方面有着自己独特的见解，然而她一直没有受到领导的赏识。她认为很有市场的设计方案总是被拒绝采纳，没能遇见伯乐的她只能空有满腔抱负却无法施展才华。最近，她在招聘网站上得知国内一家有名的大型广告公司在招聘广告设计人员，这家公司曾经为国内许多家知名企业策划过广告，并取得了很好的经济效益。她又发现自己与招聘信息上所要求的各项条件都相符，阿芳很是惊喜，心想自己终于有了用武之地，于是满怀信心地前去面试。

在经过几轮筛选之后，只剩下了她和另外两名候选人。在进行最后一轮的面试筛选时，这家公司的领导全部到场，可见公司对这次招聘会的重视程度。在谈到广告创意时，阿芳侃侃而谈，面试官对她的见解频频点头表示赞同，阿芳见此很是兴奋，心想终于遇到了赏识自己才华的伯乐，以后在工作方面可以大显身手了。

但是过了半个多月,她仍没有收到公司的录用通知,有点失望的她向公司打电话询问,前台接待人员才客气地通知她明天到公司面谈。第二天,她来到公司,接待她的人告诉她,公司对她的能力没有怀疑,但是经过公司全体高管人员的协商,还是对她有保留意见。阿芳很是不解,不甘心错过这次机会,就问为什么要对她持保留意见。这位人事部经理告诉她说:"根据你服务不同家广告公司的情况,对你的忠诚度很是怀疑。"阿芳感到很是失落,一次绝好的机会就这样从自己身边错过了。

后来,阿芳遇到以前的同事,她就把自己面试失败的事跟这位同事讲了一遍。阿芳的同事恰好认识那位最后胜出的面试者,公司最终决定录用他,就是因为他用忠诚打造了个人品牌。大学毕业之后,他找了一家广告设计公司,一干就是3年,没有到其他家公司兼职,后来,公司转型做商贸了,他认为自己不适合做商贸,才辞职离开了公司。

值得信任的人

皮特是英国一家电子公司很出名的工程师。他所在的这家公司只是一个小公司,时刻面临着规模较大的瑞利得斯电子公司的压力,处境很艰难。

一天,瑞利得斯电子公司的技术部主管邀请皮特共进晚餐。饭桌上,这位主管对皮特说:"只要你把公司里最新产品的资料给我一份,我会给你一些好处,怎么样?"

一向温和的皮特一下子就愤怒了:"不要再说了!我的公司虽然现在处境艰难,但我绝不会出卖自己的良心做这种不道德的事,我不会答应你的任何要求的!"

这位主管见皮特如此气愤,不但没有生气,反而笑着拍了拍皮特的肩膀,"好好好,别生气,这事就当我没说过。来,干杯!"

不久,皮特所在的公司因经营不善而破产了。皮特失业了,可一时又很难找到工作,于是他只好在家里等待机会。可是没过几天,皮特竟意外地接到瑞利得斯公司老板打来的电话,说是让他去一趟瑞利得斯电子公司。

皮特百思不得其解,不知这位老板找他有什么事。他疑惑地来到瑞利得斯公司,出乎他意料的是,瑞利得斯公司的老板热情地接待了他,并且拿出一张大红聘书——他们要聘请皮特做技术部主管!

皮特惊呆了,他不解地问:"您为什么相信我呢?"老板哈哈一笑,说:"原来的技术部主管退休了,他向我说起了那件事,并特别推荐你。小伙子,你的技术是出了名的,你的忠诚更是让我佩服,你是值得我信任的那种人!"

就这样,刚刚失业的皮特顺利得到了新的工作。后来,他凭着自己的管理水平和技术能力,成为了一名优秀的职业经理人。

观风章第九

【原文】

惟臣,以天子之命,出于四方,以观风。听不可以不聪,视不可以不明。聪则审于事,明则辨于理,理辨则忠,事审则分。君子去其私,正其色,不害理以伤物,不惮势以举任。惟善是与,惟恶是除。以之而陟则有成,以之而克则无怨,夫如是,则天下敬职[1],万邦以宁。《诗》云:"载驰载驱,周爰谘诹[2]。"

【译文】

作为大臣按照天子的命令,察访全国各地了解民风世情。听觉不可以不敏捷,观察了解不可以不清楚。善听才能分清事由,视觉敏锐才能明辨道理、辨析问题。问题能辨析清楚,才能显现其忠道之心,事情详审明白才能分辨是非。有道君子做事应该大公无私、公正处事,不去损害事理而使任何事物受到伤害,更不因为害怕权势而举任那些没有贤才之人。只要是好的善的就要宣扬,并举荐任用,只要是坏的差的就予以根除。根据这样的原则任用、提升官员,他们就会做出成绩来;根据这样的原则罢免官员,他们也不会有什么怨恨。如果一切都这样行事的话,那么天下所有的人就会各尽其职,天子也会严肃认真地履行职责,整个天下就都会安宁了。《诗经》上说:"赶着车儿快快跑,遍访天下老百姓。"

【注释】

[1]敬职:严肃认真地履行职责。[2]"载驰载驱"二句:赶着车儿快快跑,遍访天下老百姓。周,普遍、广泛。爰,于,在。谘诹,访问。

【解析】

所谓"观风",就是观察民风,是古代了解民意的一种重要方式。本篇对大臣观察民风时应履行的忠道提出了一些具体要求:听要聪、视要明、去其私、正其色、不害理、不惮势。

只要是好的善的就举荐任用,只要是坏的差的就予以铲除。根据这样的原则任用、提升官员,他们就会做出成绩;根据这样的原则罢免官员,他们也不会有什么怨恨。如果一切都这样行事的话,那么天子就会严肃认真地履行职责,整个天下就都会安宁无事。

典例阐幽

海瑞大公无私为民除恶

海瑞是明朝中后期中国历史上有名的清官，是为腐败官场所不容的刚直不阿的坚贞之士，是深受黎民百姓爱戴的"海青天"，被史家誉称为"古今一真男子"。

在苏州、南京做南直隶任高官时，海瑞开始展开一场肃贪倡廉的行动，声势浩大地在南直隶境内展开。海瑞上任一个月后，被送到南京刑部的贪官就有100多人。有一个县从知县、县丞、主簿、典史等，一共被抓了10多人，几乎把一个县衙门的官吏全抓空了。海瑞在南直隶境内的反贪行动初见成效后，接下来他便向以乡官集团为首的地方豪绅开战了。海瑞在处理乡官豪绅兼并农民土地问题时遇上了难题。江南最大的乡官、海瑞的恩人、前内阁首辅徐阶是江南占田最多者，也是民愤最大者，在法与情的较量中，海瑞做出了果敢的抉择。为此，一个以前内阁首辅徐阶为首的反对海瑞的乡官缙绅集团，就在海瑞力督豪绅大户退田的幕后，悄然成立了。江南乡官缙绅们走的是三管齐下的路子，他们一方面唆使朝中高官弹劾海瑞；另一方面，各自使出浑身解数，动用吏部尚书等高官重臣，交相致函海瑞，软硬兼施，欲使其妥协；再一方面采取走海瑞母亲的路子，企图逼海瑞就范。在江南高官云集的宦海中，海瑞几乎找不到一个支持者，但海瑞面对威逼利诱，不为所动，终于完成了乡官退田还民工作。因遭乡官的报复，海瑞为此失去了第三个、也是其唯一的儿子海中行。海中行是被人捂死后丢进了苏州河，此案一直没有了结，海瑞又陷入了新的麻烦和灾难之中，失去儿子的吴氏吊死在自己的房间。灾难性的打击接踵而至，吴氏自杀半月后，海瑞夫人王氏因病情急剧加重而去世。随后，海瑞因得罪了满朝文武，被迫罢官，回到老家海南。

十五年后，海瑞以七十二岁的高龄东山复起，任南京右都御史，再举反贪污腐败的大旗。对罪大恶极的贪官实施剥皮的极刑，声震天下，受到贪官集团的合力反对。

万历十五年（1587）海瑞死于任上时，家里的钱竟不足以办丧事用。真正为海瑞的去世悲号不已的是江南的黎民百姓。一个雨雪霏霏的日子，海瑞的灵柩由京师运回海南岛，丧船由秦淮河出发，两岸挤满了南京的市民学子、士绅官吏，还有当年南直隶境内的百姓们。船走了二十里、三十里、五十里、八十里、一百里，两岸的哀嚎、两岸的泪水、两岸的依依惜别之情，依然如在城内。

公私分明的解狐

晋绰公执政时期,有个叫解狐的大夫,他为人耿直倔强,公私分明,晋国大夫赵简子和他十分要好。

解狐有个爱妾叫芝英,生得貌美体娇,如花解语,深得解狐的喜爱。可是有一次有人告诉解狐说,他的家臣刑伯柳和芝英私通。解狐不信,因为刑伯柳这人很忠实。那人建议用计使刑伯柳和芝英暴露原形。

第二天,解狐突然接到晋君旨意,要到边境巡视数月。由于任务紧急,解狐连亲近的幕僚刑伯柳都没带,就匆匆出发了。

真是天赐良机,芝英不由心中窃喜。可是前两天她还不敢去找刑伯柳,第三天,她实在熬不住了,就偷偷地溜进了刑伯柳的房间,俩人正在房中卿卿我我、如胶似漆的时候,房门突然大开,解狐满面怒容,带着侍卫站在那儿。原来,他根本没接到命令要去巡边,而是就在附近躲了起来,一接到报告,就马上回府,果然逮个正着。

解狐把俩人吊起来拷打细审,得知原来芝英爱慕刑伯柳年轻英俊,就找机会勾搭成奸。知道情况后,解狐怒火更大,他把俩人痛打一顿,双双赶出了解府。

后来,赵简子领地的国相职位空缺了。赵简子就让解狐帮他推荐一个精明能干,忠诚可靠的国相。他想了想,觉得只有他原来的家臣刑伯柳比较适合,于是就向赵简子推荐了他。

赵简子找到刑伯柳后,就任命他为自己的国相,刑伯柳果然把赵简子的领地治理得井井有条。赵简子十分满意,夸奖他说:"你真是一个好国相,解将军没有看错人啊!"

刑伯柳这才知道是解狐推荐了自己。他是自己的仇人,为何却要举荐自己呢?也许他这是表明要主动与自己和解吧?

刑伯柳回到国都,去拜访解狐。通报上去后,解狐叫门官问他:"你来是因为公事还是因为私事?"刑伯柳向着府中解狐住的地方遥遥作揖说:"我今天赴府,是专门负荆请罪来了。刑伯柳早年投靠解将军,蒙将军晨昏教诲,像再生父母一样。伯柳做了对不住将军的

事，心中本就万分惭愧。现在将军又不计前嫌，秉公举荐，更叫我感激涕零。"

门官又为刑伯柳通报上去。刑伯柳站在府门前等候，却久久不见回音。他正在疑惑难解的时候，解狐突然出现在门前台阶上，手中张弓搭箭，向他狠狠射出一箭。他还来不及躲闪，那箭已擦着他耳根飞过去了。刑伯柳一下子吓出了一身冷汗。解狐接着又一次张弓搭箭瞄准他，说："我推荐你，那是为公，因为你能胜任；可你我之间只有夺妻之恨，你还敢上我的家门来吗？再不走，射死你！"

刑伯柳这才明白，解狐依然对自己恨之入骨，他慌忙远施一礼，转身逃走了。

解狐能公私分明达到这种境界，值得赞叹。

好心遭恶报的活"标本"

伍子胥的父亲伍奢在楚国做太傅，当时与他一起当朝为官的费无忌是个心术不正的小人。费无忌为了讨好楚平王，把本来要给太子建迎娶的秦国美女转而献给了楚平王。做完这事，他担心太子建日后继位报复自己，于是便向楚平王诬告太子建谋反。伍奢为人很正直，他对楚平王说："大王，不是谁的话都能听的，说太子谋反好像不合情理，他可是您定下来的接班人，有谋反的必要吗？"

楚平王刚得了美女，处处听费无忌的，便把伍奢关进了监牢。费无忌又说了："大王您可别忘了，老伍可还有两个儿子呀，如果不把他们杀掉，将来他们肯定要找您的麻烦。大王可以拿他们的父亲做人质，召他们回来斩草除根。"楚平王便派人去召伍子胥和他的哥哥伍尚，说只要他们回来就放了伍奢。

伍尚得知消息后，想立即赶回去。伍子胥说："哥呀，只要我们哥俩一到都城，就会一起被杀。我们不如一起投奔到别的国家，借助他们的力量为父亲报仇。"伍尚说："我也知道回去救不了父亲，但我要陪父亲一起死，不能让人家说伍家的儿子不孝。你赶快逃吧，以后为我和父亲报仇。"说完就走了。不久，楚平王便把伍奢和伍尚给杀了。

伍子胥由宋国辗转跑到了吴国都城，见到了公子光。他看出来公子光怀有野心，想杀掉吴王僚自己当老大。要想早日借吴国的力量摆平楚国，必须帮助公子光当上国王。于是伍子胥就把一个叫专诸的勇士推荐给了公子光，让他帮助公子光刺杀吴王僚夺取王位。有了伍子胥的帮助，公子光的政变成功了，他登上了王位，即吴王阖闾。

吴王阖闾当然忘不了伍子胥的帮助，让他参与国家政事。伍子胥帮助吴王改革政治，发展生产，操练兵马，励精图治，加强国力，并向阖闾推荐精通兵法的孙武为兵马大元帅。他与孙武统观全局，为阖闾制定了"西破强楚，北威齐晋，南服越人"的争霸方略。

吴王阖闾九年（前506），伍子胥与孙武等率大军攻破楚国郢都（今湖北江陵纪南城）。这时，楚平王已经死了，伍子胥派人挖掘了楚平王的坟墓，把楚平王的尸体拖出来，狠狠地鞭笞了300下才住手。

　　摆平了西方的强敌之后，吴国东边的近邻越国强大起来了。越国和吴国素来有仇，公元前496年，吴王阖闾在一次和越国的战斗中负伤而死。两年后，吴王夫差带兵伐越，大败越军。越王勾践带着5000残兵败将退到会稽山，派大夫文种带着厚礼去请和，请求允许越作为吴的属国。伍子胥看出这是越国的缓兵之计，因此劝夫差不要答应越国的请求。但夫差被胜利冲昏了头脑，认为越国已经被打服了，就答应议和，率军回国了。

　　伍子胥气得说："今后越国用10年的时间休养生息、聚敛财物，再用10年的时间对它的臣民进行教化并加以训练，这样20年之后，吴国就要被吃掉了！"

　　此后越王勾践卧薪尝胆，表面上在夫差面前点头哈腰，暗地里却不断地发展自己的力量。而吴王夫差一点儿也没有察觉，一心想向北攻占齐国。伍子胥多次劝说吴王注意勾践，但吴王夫差仍不以为然。

　　此后4年，吴王准备攻打齐国。越王勾践采用子贡的谋略率领军队援助吴国，并用宝物贿赂宰相伯。伯便一个劲儿地在吴王面前替越王说好话。宰相伯说："大王，伍子胥可是个危险分子，我们必须防备他造反作乱。上次大王准备攻打齐国，他极力阻拦，还说大王是个糊涂的人，希望用吴国打败仗来说明他是对的。如今大王要亲率军队讨伐齐国，伍子胥却躲在家里装病，恐怕他很快就要造反了。另外我发现他趁出使齐国时，把儿子托付给齐国人鲍牧。这样的人大王应该尽早采取措施啊！"

　　吴王夫差说："是啊，这家伙鬼点子挺多的，我也早就怀疑他了。"于是，吴王派人给伍子胥送去一把剑，说："你就用这把剑自裁吧！省得你看什么都不顺眼。"

　　伍子胥接过宝剑，仰天长叹道："大王啊，我曾经辅佐你父亲成为诸侯中的霸主；当年是我在先王面前冒死保举你。你当了吴王后，要把吴国分一部分给我，我都没要。没想到今天你听信了奸臣挑拨要处死我，我死不瞑目啊！"临死前，他告诉手下人说："我死后，你们要在我的坟上种上梓树，长大了可以给他们做棺材；把我的眼珠挖下来挂在吴国国都的东门上，我要亲眼看到越国灭掉吴国。"说完挥剑自杀了。

　　后来的事就像伍子胥料想的那样。公元前478年，越王勾践率兵一举歼灭吴军主力，围困姑苏达三月之久。夫差派人请和，勾践不允许，夫差不得不自杀。自杀前，他掩上脸说："唉！我实在没脸面去见伍子胥啊！"

奢侈至极，必遭天谴

齐景公在位期间，特别喜欢修建亭台楼阁，以游玩观赏；喜欢穿戴华贵奇异的服饰，以图新奇和开心；喜欢通宵达旦地饮酒作乐，过着奢侈豪华的生活。晏婴做景公的相国时，则用俭朴的生活约束自己，以劝谏景公。景公多次给他封赏，都被他拒绝了。景公很尊重晏子，不忍心让他过平民一样艰苦清贫的生活。

有一回，景公趁晏子出使晋国不在家的机会，给他建了所新房子。谁知晏子一回来，就把新房子拆了，给邻居们建房，把因给他建房而迁走了的邻居们请回来。景公知道了，很生气，说："你不愿打扰百姓、邻居，那么替你在宫内建一所住房行吗？我想和你朝夕相处。"

晏子一听，急了，说："古人说，受宠信要能知道自我收敛。您这样做虽然是想亲近我，但我却会整天诚惶诚恐。我一个臣子怎么能这样做呢？那只会使我与您疏远。"

景公无法强求，只好退一步说："你的房子靠近闹市，低湿狭窄，整天吵吵闹闹，尘土飞扬，不能居住。给你换一个干燥高爽，安静一点的地方总可以吧？"

晏子也不接受，他连忙辞谢，说："我的祖先就是世世代代住在这里的，我能继承这份遗产，就已经很满足了，而且这地方靠近街市，早晚出去都能买到我所要的东西，倒也方便，实在不敢再烦扰乡邻而另外再建房子。"

景公听了，笑着问："靠近街市，那你一定知道东西的贵贱，生意的行情！"

"当然知道。百姓的喜怒哀怨，街市货物的走俏滞销，我都很熟悉。"

景公觉得有趣，随口问道："你知道现在市场上什么东西贵？什么东西贱？"

那时，景公喜怒无常，滥施刑罚，常常把犯人的脚砍下来，因而市场上有专门卖假脚的。晏子心想趁机劝谏景公，便说："据我所知，假脚的行情看涨，而鞋子却卖不出去了。"

景公马上收敛起笑容，脸色非常严肃，再不做声。这事对他触动很大，过不久，他便下令减轻刑罚。

晏子不仅劝告君主要减少刑罚，而且还劝告君主应该行俭朴之风，真正为民办事。这是他的贤能之处，的确，奢侈浮华的生活，其危害是极大的，大到国家小至家庭，这不能不引起人们的注意。因为，奢侈之风一开，人们的思想就容易受到侵蚀，而且贪欲也就越来越大。

狄仁杰巧谏武则天

武则天夺得天下后又当了十几年皇帝之后，碰到了一个棘手的问题，那就是继承人的问题。

最初，武则天并不想议论这个问题，历史上的教训够多了，弟弟逼兄长让位，儿子杀父皇自立，为了政权、利益，骨肉相残，全无一点人情可讲，武则天对此心有余悸。可是，到了晚年，武则天的身弱体衰之后，这个问题是非考虑不可了。

按武则天的意思，她是想立自己的娘家侄儿武承嗣或武三思为继承人，但这两人都不争气。武承嗣没有头脑、缺乏机智、缺少教养，只是头脑简单的一介武夫。而武三思虽然比起武承嗣来有些心计，但由于自幼没有受过良好教育，所以对国家治理，历史鉴戒等事情一窍不通。

怎么办呢？要不立自己和高宗李治生的儿子李显或李旦，但这两个儿子在高宗去世后相继被武后扶上过皇位，且他们一上台后都试图从自己手中夺回大权，建立"李氏天下"，看来是儿子大后向父不向母啊！思来想去，她觉得还是立武氏子孙更好些，虽然他们才学能力差些，但总不致会为李氏天下复辟的。

主意打定，她利用对弈机会与自己最信赖的智囊人物狄仁杰商议。武则天就是这等精明，像这样令臣下棘手的问题她总不在上朝等严肃场合下问臣子们，那时他们注意力集中，对自己的言辞字斟句酌，生怕以此罹祸，故最有可能不讲真话。

若在其他随便场合，比如对弈，赏花等时随便谈起来，臣子们多无精神准备，来不及编谎话，最容易透出自己的真实思想。而武则天在自己对某事拿不定主意时，最爱听别人的真话，以供自己参考借鉴。在与狄仁杰对弈正紧张时，武则天突然问狄仁杰："你说是立武三思等为太子好呢？还是立李显等为太子好呢？"

狄仁杰是何等人物！他见武则天近来多无故沉思，就知道她在为何事挠头，而自己对这一问题如何应对，狄仁杰早已思谋好了。听见武则问，狄仁杰装作还沉浸在棋局上，随口答："当然是李显兄弟们了。"狄仁杰摸透了武则天的脾性，她喜欢听人猝不及防时的应答。

武则天闻听狄仁杰说出这种话来，大出所料，她原以为狄仁杰会顺从当时的政治形势，拥立武氏子孙的。于是忙问："为什么？"

狄仁杰这时才从棋盘上抬起头来，慢条斯理地说："立后嗣，一是为国家有人承大统，二是为先帝宗庙有人祭祀。您想，武氏兄弟立宗庙，是祭祀他的先祖、祖父母、父母，怎能祭祀他的姑母呢？"

是呀！武则天突然一惊，这个连不识字的村妇都明白的道理，怎么饱读史书而自负的自己却从没想到呢？看来自己原先的想法得重新考虑了。

狄仁杰见武则天陷入了沉思，知道是打中了她的要害，又猛击一记："陛下想想，是自己的侄儿亲呢？还是自己的儿子亲呢？儿子身上流的，总归是母亲的血呀！母子亲情，是任何别的感情也代替不了的。春秋时，郑庄公母亲帮小儿子夺君位，惹得郑庄公把她囚禁起来，但没多久，母子又和好如初了。亲情难间呀！"

这些话，使武则天又沉思了半响，看来自己是到了非要选择是做太后还是拱手把江山让与武姓的时候了，最后，她还是下了决心做个皇帝母亲，免得死后没人祭祀，成为饿鬼，在阴间受苦。于是，她把被自己废为卢陵王已十四年没见面的儿子李显昭回京师，立为太子。后来，李显又重新做了皇帝，他就是唐中宗。

狄仁杰以委婉的语言打动了武则天，立李氏子孙为皇帝。

杨子削去锋芒得尊敬

战国时期，思想家杨子主张"利己主义"，在当时引起了巨大的反响。他气宇轩昂，言行举止显露出非凡的气质，在当时备受关注，是个风云人物。

不过他有自己的烦恼，似乎自己被高高地供奉在众人之上，总觉得不能和别人融合在一起。他只要到客栈去，客人就毕恭毕敬地起立，对他表示欢迎。老板也把最好的椅子搬过来，亲自擦拭，为他献座。很快，尽人皆知，客栈挤得水泄不通，外面的人都纷纷前来目睹他的风采。

杨子深为这种事情苦恼，但是又不知道该怎么做，自己并没有刻意表现和炫耀啊！他决定去拜访老子，希望得到他的教诲。老子正好前往秦国游历讲学，于是杨子就在老子归来的必经之路——大梁等候。

老子走到大梁，远远地就看见杨

子。还未等他开口说话,老子就仰天叹息:"以前我还特别看好你,认为你前途无量,必将有一番作为。可是,现在看来,我错了。"杨子一听就愣在了那里,不知他到底是什么意思,沉默不语。

过了一段时间,他还是没有想明白,于是再一次拜访老子,恳求赐教:"多谢您对我的指点,只是我还是不明白我到底有什么不足,还请您指点迷津!"

老子回答道:"君子的德才并不是要表露在外表,真正的君子看起来要有点愚蠢之气。你不自觉中已经面带骄傲之色,只是你浑然不觉而已。一个人要有了派头就会冥顽不灵,欲念横生。尽量舍弃这些吧,让自己再笨一点,再平凡一点,定会有所不同。这就是我要对你说的。"杨子仔细一想,觉得确实如此,高兴地回答:"多谢您的教诲,我一定牢记,时时遵守。"

从那以后,杨子收起原来显露出来的锋芒,在许多场合故意降低自己的身份,主动讲起自己的一桩桩"丑事",往自己脸上抹"黑"。

后来,人们都觉得这个负有盛名的人也不过如此,和平常人一样,也会犯错误,也有不如意。等到他再去住宿的时候,客人们都会毫无顾忌地和他争抢座位,开玩笑,对他既尊敬又亲近。

为自己赢利的观念

阿晓刚从学校毕业,找到一份销售厨房用具的工作,她的工作内容是上门去推销厨具。对于性格本来有点内向的阿晓来说,这个工作还是有点难度。但是既然都选择这个工作了,她必须去面对。

当时公司规定一套厨具的定价是4500元,这在收入较高的大都市并不是一个大数目,然而顾客们对上门推销这种方式都非常反感,对上门推销的产品也信不过。一个星期过去了,阿晓没有拿到一份订单。与阿晓同时进公司的十多位同事,有两个顶不住,主动辞职了。看来也并不是她一个人感觉到难嘛,阿晓给自己打打气,决不能放弃!

又过了几天,有两个同事见实在有点难度,于是搞起了降价销售,最低时卖到3500元,价格低毕竟具有竞争优势,更何况厨具质量确实不错,同事的订单果然纷至沓来。于是,其他同事争相效仿,一时间价格一片混乱。阿晓心想,这是公司的定价,降价销售现在虽然订单少对公司没有什么损失,如果都降价的话,以后的市场再调整价格就很难了。阿晓坚持公司的定价,有好几次她说服了客户,最终却因为价格太高而没能成交。

一个月的试用期满后,总经理把所有的推销员召集到一起开会,阿晓知道自己可能没戏了,她一个月的努力才换回来两份订单,而其他同事,少则10份,多则30份。

经过考核，到了决定这些推销员去留的时刻了，总经理宣布："经过公司的研究，决定在你们当中留下一人，留下者底薪1500元，住房补贴300元，奖金按销售额的20%提成。"

每个人都很紧张这个留下来的人是谁，没想到总经理居然宣布了阿晓的名字。在场所有人都感到意外，总经理接着说道："她只有两份订单，但是，她的两份订单都是按公司定价签下的。公司早有规定，不得抬价、降价，我希望我的员工能忠于本公司。还有，公司的定价已经全面考虑了员工和公司的利益，为了争取订单而不惜损失自己应得的那部分利益，这也许并没有什么大错，但你们辛辛苦苦地工作为了什么？我希望我的员工认识到自己工作的价值，不仅有为企业赢利的观念，更要有为自己赢利的观念。"所有的人都低下了头，这份工作不管是否得到，但是确实学到了这个宝贵的职场经验。

一要用心，二没私心

小蒋刚从一所大学毕业就来到了深圳。初到深圳，小蒋并没有太多的奢望。她明白自己的专业不是什么紧缺专业，长相也不出众。在万花筒一般的南方大都市里，能有自己的一方立足之地就不错了。

经过面试她到一家房地产公司工作，刚开始公司领导安排她做电脑打字工作。她为了挣够每天的一日三餐，只有埋头努力工作。她每天都有打不完的材料，工作认真刻苦是她唯一可以和别人竞争的资本，而且，在公司里，她也处处为公司着想。打印纸从来都不舍得浪费一张，如果不是重要的文件，她合一张打印纸两面用。后来，一次吃饭的时候，老板告诉小蒋，他特别欣赏她这种节俭的作风。

一年之后，受环境影响，深圳的房地产市场大滑坡，在全深圳都很难找到一家生意红火的房地产公司。老板在一项工程投入1亿多元被牢牢套死。资金运作困难重重，员工工资都快要发不出来了。这时，许多员工纷纷跳槽。到第二年7月底，公司总经理办公室的人员就只剩下小蒋一个了。人少了，她的工作量却增加了，除了打字，还要做接听电话、为老板整理文件等零碎的事情。小蒋却从无半句怨言。公司还没有彻底垮掉，那些人就纷纷离公司而去，小蒋从心里有说不出的滋味。

有一天，小蒋直截了当地问老板："您认为您的公司已经破产了吗？"

老板很惊讶，说："没有！"

"既然没有，您就不应该如此无精打采的。现在的情况确实不好，可许多公司都面临着同样的问题，并非只是我们一家。而且，虽然你的1亿多元砸在了工程上，一时半会很难收回，可公司还在运转呀！在东莞，我们不是还有一个公寓项目吗？只要好好做,这个项目就可以让公司起死回生。"她说完,拿出关于东莞项目的策划方案。老板埋头看了好一会儿,然后,抬起头,满脸都是惊讶:"我没想到的是这个项目的策划方案,居然被你想到了!"

几天之后,小蒋被派往东莞。在东莞,她整整待了两个月。结果,那片地理位置不算好的公寓全部先期售出,小蒋拿到了2亿元的支票,公司终于有了起色。

又过了4年,公司改成股份制,老板当了董事长。董事会要聘请一位总经理,有很多副总都很优秀,纷纷被推荐,而董事长极力推荐小蒋,最后小蒋成为新公司第一任总经理。小蒋说:"我销售公寓为公司赢利了,许多人问我是如何成功的,我说一要用心,二没私心。"确实,很多人一面在为公司工作,一面在打着个人的小算盘,怎么能让公司赢利呢?

保孝行章第十

【原文】

夫惟孝者，必贵本于忠。忠苟不行，所率犹非其道。是以忠不及之，而失其守，匪惟危身，辱及亲也。故君子行其孝，必先以忠，竭其忠，则福禄至矣。故得尽爱敬之心，则养其亲，施及于人，此之谓保孝行[1]也。《诗》云："孝子不匮，永锡尔类[2]。"

【译文】

奉行孝道的人，最重要的是尽忠。如果一个人连尽忠都不能做到的话，那么他所做的一切都不会符合道德标准。所以，如果不能尽忠，最容易失去其应有的操守，这不仅仅是危害到本人，同时也会给他的亲人带来耻辱。所以有道德品行的君子在奉行孝道之前，首先要恪守忠道。如果能做到以忠道办事，富贵荣禄自然就会降临到自己身上。因此，也就能对自己的亲人尽到敬爱之心，并很好地赡养他们，甚至还可以惠及所有的人。这样做，就称得上是真正奉行了孝道。《诗经》上说："孝子孝心永不竭，福禄永远相伴随。"

【注释】

[1] 保孝行：保证孝道的推行。[2] "孝子不匮"二句：孝子孝心永不竭，福禄永远相伴随。匮，缺乏，竭尽。锡，通"赐"，赐给。尔类，你们这种人。

【解析】

所谓"保孝行"，即保证孝道的推行。这里论述了孝与忠的关系，认为遵守忠道是推行孝道的重要保证，一个人要遵守孝道，首先必须遵守忠道。假如一个人连忠道都不能坚持的话，所做的一切都不会是正确、合道之举。所以在忠道尚且不能奉行的情况下，最容易失去其应有的东西，不仅仅是危害自己本人，同时也会给亲人带来耻辱。所以有道德品行的君子奉行孝道之先，首先就是恪守忠道；只要尽心做到以忠道办事，那么就必然会获得富贵荣禄了。

一个不为诱惑所动、能够经得住考验的人，不仅不会丧失机会，相反会赢得机会。此外，还能赢得别人对自己的尊重。大多数人都是这样认为的：一点点忠诚比一大堆智能更有用。毕竟，需要用行动来落实的小事有很多很多，而需要用智能来做出决策的大事却很少。"永远忠诚"并不是一句空洞的口号，更不是口头上表示忠诚，而是体现在具体的实际行动中。每个人应永远忠诚于自己的团队，永远忠诚于自己的本职工作，唯有这样自己才会有进步，工作或事业才能不断地成长。

典例阐幽

迷途识返的程少恒

贪官污吏人人憎恨，有的贪官一贪到底，死而后已；有的贪官却能悬崖勒马及早回头甚至成为清官，程少恒就是这样的一位官员。

程少恒，生于清嘉庆二十年（1815），同治甲子科江南乡试举人，殿试进士，历任江西永宁、上饶、广信、湖口、峡江等县知县。他的老家在司空山南麓今店前镇河西畈，家乡许多人说程少恒是个贪官。的确，程少恒开始担任二三任知县后，名声不好，这风声传到了曾国藩的耳朵里。曾国藩的部下，水师总督彭玉磷对这事很重视，还专门微服暗访。

那是在程少恒任湖口知县时，彭玉磷装扮成一个被强盗抢劫的秀才，到程少恒的县衙里告状。彭玉磷事先得知，程少恒是根据行贿者所付出银两的多少，来作为断案和解决问题的准则。也就是说不论理在何方，只要多塞银子就会赢得官司。彭玉磷还打听到程少恒受贿的习惯，那就是银两需要在大堂磕头时，从程少恒端正的案桌底下抛过去或踢过去。彭玉磷掌握这个火候，在下跪申诉磕头时说："学生乃一介寒儒，被强盗抢劫，无以为生。"接着大叫："望青天大人为学生作主啊！"就在他边喊边磕头的同时，将一锭五十两的银块抛向程少恒的脚下。

程少恒听得脚下的响声，像往常一样，用脚试探着，知道礼物不轻，心里也有谱了。在"明镜高悬"的横匾之下，程少恒暗自高兴。待彭玉磷详细诉说被抢的情况之后，他就觉得很不对头。这个秀才既然被抢，哪还有这么大、这么重的银锭送礼？不合常理，于是就站起身来打量着下面跪着的告状人。猛然发现告状人的颈后，有一条深深的线状痕迹，这是做官人长期戴官帽而被勒出的"官帽印痕"，就更加引起他的怀疑。他暗暗提醒自己：来者不善，当心陷阱。为进一步证实自己怀疑是否可靠，程少恒突然大喊一声："告状人抬起头来！"彭玉磷本想低头蒙混来试一试程少恒是否贪赃，听这一声大喊，他无奈只得把头抬起来。机警的程少恒稍一打量便发现彭玉磷胸前的腰牌。说时迟那时快，程少恒马上故作镇静地把脚下那锭银子踢了回去，并大声斥责："大胆刁民，你身为生员，还想行贿本官，该当何罪？"彭玉磷只得磕头谢罪，退出大堂。程少恒望着彭玉磷的背影长长舒了一口气："好险啊！"

这一次，彭玉磷不但没有试出程少恒的贪财恶迹，反而认为人们的传言有误，觉得程少恒是个不受贿的清官，打消了原先的怀疑。

通过这次"假报案"事件之后，使程少恒清醒起来，真的改邪归正成了清官。他从湖口迁任峡江知县以后，就完全换了一个人。临江府峡江县是一个土地贫瘠，百姓生活困苦的穷县，而且匪盗猖狂，社会混乱。程少恒上任后以德感民，以法治匪，大力发展农桑，同时减轻赋税，扶贫济困，使人民安居乐业，获得很好的官声。这些政绩上告朝廷，皇上又特授他为兴国县知县。在兴国那里，程少恒更加清正廉明，深受人民爱戴和官府赏识。兴国人民感恩戴德，在他离任时还以"万民伞"相赠。

后来，家乡的父老说："养儿不怕痴，就怕无转志。"程少恒迷途识返由贪官转而变成清官的佳话流传至今。

进宝状元黄信一

相传，店前镇杏花村，从前出过一位进宝状元。这位状元叫黄信一（又叫黄先懿），住在店前河的西岸。他幼读诗书，很有天分，又能习武善射，巡山打猎。

一天，他带着猎犬背着弓箭，到河东岸的红岩山上打猎。不料，刚进山就遇到三只白鹿，一公一母带只小鹿在树林中觅食，他喜出望外！听老猎户说过，白鹿是鹿中之宝，这机会可遇而不可求。他瞄好路径放出猎犬一阵猛撵，三只鹿都被撵到山下的茅草坪里，茅草一人多高，不见了鹿的踪影。突然猎犬一阵狂吠，两只白鹿一跃而起，纵身越过小河逃走，猎犬也尾追而去。凭着猎人的经验，他径直走到白鹿纵起的地方，不大费力地就将小鹿逮住。他急忙解下腰间的长手巾，连包带裹地把小白鹿抱了回家。

那只小白鹿，出生不久，还在喝奶。只见它全身嫩毛雪白如玉，蹄壳和眼睛透着粉红色，实在令人怜爱。黄信一的妻子正巧刚生过儿子，还在月子里，她挤下自己的奶水来喂小白鹿。一家人对小白鹿，就像对待自家的婴儿一样，生怕有个闪失。小白鹿似乎通人性，它性子温顺，不仅不怕人，还常到院子里蹦蹦跳跳，和小孩子们一同玩耍。

自从有了小白鹿，黄家的屋前屋后经常发现鹿的蹄印。那时，野生动物闯进山村是常有的事，谁也不在意。一天，黄信一清早出门，发现一对白鹿竟然守在门前，令他一怔：莫不是白鹿看自己的鹿儿来了？他有意让它们与小白鹿亲近，后来它们竟大胆地进来给小鹿喂奶。黄信一心里一酸，自后也就任凭它们来往。黄家本以为它们看过后就离开，谁知它们竟留在院子里，陪着小白鹿不走了。黄信一的心灵被深深触动：真是人畜一般亲情无二啊！从此他收弓箭再不打猎，一心在家攻书，与全

家人尽心尽意饲养好三只白鹿。久而久之，黄家"人鹿共处"的事被传开，远近的乡邻赶来看稀奇，许多商客也闻讯出高价索买小白鹿，黄信一只一句话：金不换！

黄信一居住的村庄是个畈区，村里栽了很多杏树，一到春天杏花盛开，蜂蝶飞舞，人就像在花海里穿行一样，景致美极了。每年这季节学友也来他家吟诗作赋，与他同游司空山。在安庆府做小吏的学友，这年又依约前来，还专为他带来一张朝廷的文告。文告说，本朝新主登基，在京城新建"御园"，要广征天下珍禽异兽。学友的良苦用心，信一心中明白：白鹿是兽中之宝，一个百姓人家如何能安安稳稳地长久养着三只白鹿？这事要是朝廷得知，招来的是福，是祸？再说白鹿进了御园说不定还能传宗接代呢。他权衡再三，最后拿定主意：进京献宝。知府得知后大喜，急忙具奏章进京，并亲处接送宝物。

进京献宝是大喜事，黄家选择黄道吉日。启程这天，黄氏家族的长辈和村里的邻居，吹吹打打赶到店前河边送行，白鹿上了安庆府派来的特制竹排顺流而下，一路顺风，到了京城。知府上金殿奏报皇上：平民黄信一敬献兽三只，请皇上验宝赐封。皇上当即摆驾御园在"鹿苑"看到三只招人喜爱的白鹿，满口赞扬"好宝、好宝"。夸黄信一忠君报国，进宝成功。

第二天，皇上御赐黄信一"进宝状元"并留京城任职。黄信一谢恩，同时具奏：小民惯居山野，志乐田园，不善为官，请准乡耕读为本。皇上很欣赏他的志向，加赐金银锦缎，准其回乡。谈起宝物，皇上意犹未尽，问道：状元公，此宝得于何处？黄状元答道，山间草坪小河边。皇上说：得宝之地就叫"白鹿坪""白鹿河"吧。皇上又问道：状元公恋乡情重，想必家乡风光如画？状元回奏道：家居小村杏树成林，花香十里，远近闻名。皇上说道：既然如此，那就赐状元家乡名叫"杏花村"。黄信一谢过万岁，衣锦荣归，终生乐守田园。"进宝得状元"的佳话和皇上所封的地名，一直传到今天。

管仲举谏齐桓公

战国时期，齐国的宰相管仲深谋远虑，富有远见。在他的辅佐下，齐桓公获得了军事上巨大的胜利，陆续消灭了散布在各个地方的割据势力，只有强硬的楚国还没有臣服齐桓公。

连战皆捷的几位大将建议齐桓公："您为什么不一鼓作气，出兵讨伐楚国，一统江山呢？我们随时为您效劳！"

这番话说到了桓公的心上，他看着手下将领主动请战，心中甚是欢喜，于是决定出兵。管仲得知齐王出兵，马上前去阻止，劝道："现在可不是攻打楚国的好时

机,大王你千万不要草率行事!"

"为什么?你没有看到现在士气大振吗?而且我国粮草充足,我实在找不出时机不成熟的理由!"齐桓公有些不解。

"我们连续征战数次,兵马早已疲惫不堪。再说楚国和其他诸侯国不一样,它实力雄厚,国力强盛,现在进攻实在很危险!"

"那我们就眼看楚国继续强盛下去吗?难道等着它把我消灭了不成!"齐桓公着急了。

管仲笑着说:"我自有办法,而且保证你一年之内不动一刀一枪,不伤一兵一卒,就让他降服!"

齐桓公半信半疑,但看着管仲胸有成竹,就放手让他实施既定的计划。管仲命人铸造了不计其数的铜币,然后派一百名商人去楚国买鹿,临走时嘱咐他们说:"齐桓公特别喜欢观赏鹿,愿以重金购买活鹿。"

商人们到了楚国后,四处悬赏购买活鹿。梅花鹿在楚国很普遍,不值钱,两枚铜币就能买到一头,人们大都把它们宰杀了吃肉。楚国人一听有人重金购买活鹿,于是纷纷到山上捕获。随着猎鹿人的增多,鹿越来越少,而鹿的价格也一涨再涨,从开始的5枚铜币到10枚铜币。几个月之后,商人又抬高了价格,40枚铜币一头。在当时,40枚铜币可不是小数目,能买2000斤粮食。楚国上下见有利可图,都放弃自己的行当去寻找野鹿。农民变成了猎人,战士也不顾纪律,上山捕鹿。

不知不觉,一年就快到了。管仲对齐桓公说:"您现在可以召集人马,出兵楚国了。现在楚国只有数之不尽的铜币!农民因为猎鹿荒废了田地,没有充足的粮草供应;士兵因为猎鹿无心操练,丧失了作战的技巧和能力。成熟的时机已经到了!"

齐桓公听从管仲的意见,放出发兵的消息。楚成王见粮源断缺,人民因为饥荒四处逃亡,士兵都无心恋战,如果自己勉强打下去,只有死路一条。他连忙派使臣向桓公求和,心甘情愿地归顺了齐国。

浪子回头金不换

周处是晋朝义兴县人,因为年轻的时候好惹是生非,被当地人们视为祸害。

那时候,在义兴县境内的大河里出现了一条蛟龙,同时在义兴县山里又有只斑额吊睛猛虎，它们都时常在河里、在山上侵害老百姓。当地人们都把周处同蛟龙、猛虎一起看作是"三个祸害"，而这"三个祸害"中又以周处更加厉害。为了除掉侵害老百姓的祸害，曾经有人劝说周处上山去杀死那只斑额吊睛猛虎，到河里去斩除那条危及乡里的蛟龙。

周处听人劝说后，立即上山去杀死了斑额吊睛猛虎，接着又下山来到有蛟龙作恶的河边。当蛟龙露出水面准备向他扑过来的那一刹那间，说时迟，那时快，周处转眼间便跳下河去举起手中锋利的砍刀，向作恶多端的蛟龙头上砍去。那蛟龙为了躲避周处的刺杀，时而浮出水面，时而沉入水底，在大河里游了几十里远路。周处一直紧紧地跟着它，同样是时而浮出水面，时而沉入水底。就这样，三天三夜过去了，地方上的人都认为周处已经死了。人们都在为这"三个祸害"的灭亡而奔走相告，互相庆贺。

谁知周处在杀死了蛟龙后，又突然浮出水面，游到了岸边。当他上到岸上来时，看到人们正奔走相告，都在为他已不在人世而互相庆贺，这时他才晓得自己早已被人们认为是祸害了。这是为什么呢？他扪心自问，经过一番仔细的反省之后终于有了改过自新的念头。于是，他到吴郡去寻找陆机、陆云两兄弟。因为陆家兄弟是当时远近闻名的受人尊敬的大文人、大才子，周处是想请陆家兄弟开导思想，指点迷津。

周处头脑中带着疑惑来到吴郡陆家的时候，陆机不在家，正好会见了陆云，于是他就把义兴县人为什么恨他的情况全部告诉了陆云，并说明自己想要改正错误重新做人，但又恨自己年纪已经不小了，恐怕不能干出什么成就，因此请陆家兄弟指点迷津。陆云开导他说："古人认为，一个人如果能在早晨懂得真理，那么即使是在晚上死去，也是可贵的；何况你现在还年轻，前程还是满有希望的。"陆云接着说："一个人怕只怕没有好的志向。有了好的志向，又何必担心美名不能够传播开去呢？"

周处听了陆云这番话后，从此洗心革面、改过自新。经过自己艰苦的努力，后来终于成了名扬四方的忠臣孝子。

杨震拒金表清廉

杨震是东汉时期的一位名人。他为人正直，名誉清白，备受人们的推崇，在社会上有很高的威望。朝廷珍惜他这个人才，于是提拔他担任荆州刺史。

杨震为官有个最大的特色就是善于发掘人才，许多有才华的人因为他的推荐得以飞黄腾达，王密就是其中的一个。起初，王密只是荆州地区的一个名士，后来受到了杨震的重用，担任了山东昌邑县的县令。

王密现在在官吏中享有名气，时时想起杨震对自己的帮助。心想：要不是杨震的推荐，自己还不知道哪天才有出头之日呢！他决定借机报答杨震的知遇之恩，以表示自己的感激之情。

两年后，杨震被调往山东东莱任太守。王密觉得这是一个再好不过的机会，因此盛情邀请杨震在上任途中务必到昌邑叙叙旧情。盛情难却，杨震只好恭敬不如从命，在昌邑停留了几日。王密生怕有所怠慢，安排得无微不至，吃穿住用行都不用杨震操心。

临行前的晚上，杨震正要入睡，王密推门进来，客气地说："没有大人您，也就没有我王密的今天，这个恩情我不知用什么来报答。这里是我的一点心意，权作送给您的盘缠。"说完，就从身后掏出十斤黄金。

杨震见状大吃一惊，好言劝道："盘缠我还是有的，你不必操心。我平生以清廉严格要求自己，你又不是不知道我的脾气！你收起来吧！"

王密回答说："这只是我的一片心意，既不是行贿受贿，也没有买官鬻爵的嫌疑，是我们个人的交情。现在天这么晚了，这件事情谁也不知道，您就放心收下吧！"

杨震在这些事情上是非常认真的，见他执迷不悟，而且说得有条有理，不禁心生怒气，训斥道："你不要再说下去了，今天的事情已经有四个人知道了，这已经足够我拒绝你了！"

王密好奇地问："怎么有四个人呢？"

"天知、地知、你知、我知！这难道还不够多吗？"杨震的反问掷地有声。王密只好惭愧地收拾起那些黄金，悻悻地离开了。

俗话说：人无横财不富。杨震在做官期间，为政清廉，从来不授受任何礼品和礼金。全家人也没有因为他做官而享受一天的安逸，仍然和以前一样，过着俭朴的生活。

有人善意地劝说他应该趁现在做官的便利，置办一些田产和房屋，也好为子孙后代留条退路。但每次杨震都坚定地说："我一辈子没有沾染上有损我清白的事情，一旦上了贪船，什么时候靠岸就由不得自己了。这种事情我不会做的，当着别人我不会做，我一个人的时候也不会做！"

"那你能给你的子孙们留下什么呢？"别人问。

"别人都会说他们是清官的后代，这笔遗产就够他们受用一生了！"杨震自豪地回答。

刘备直言劝诫许汜

东汉末年，刘备和许汜交情深厚、不分彼此。

一天，刘备和许汜一边煮酒一边闲谈，好不惬意。最后，话题谈到当世的著名

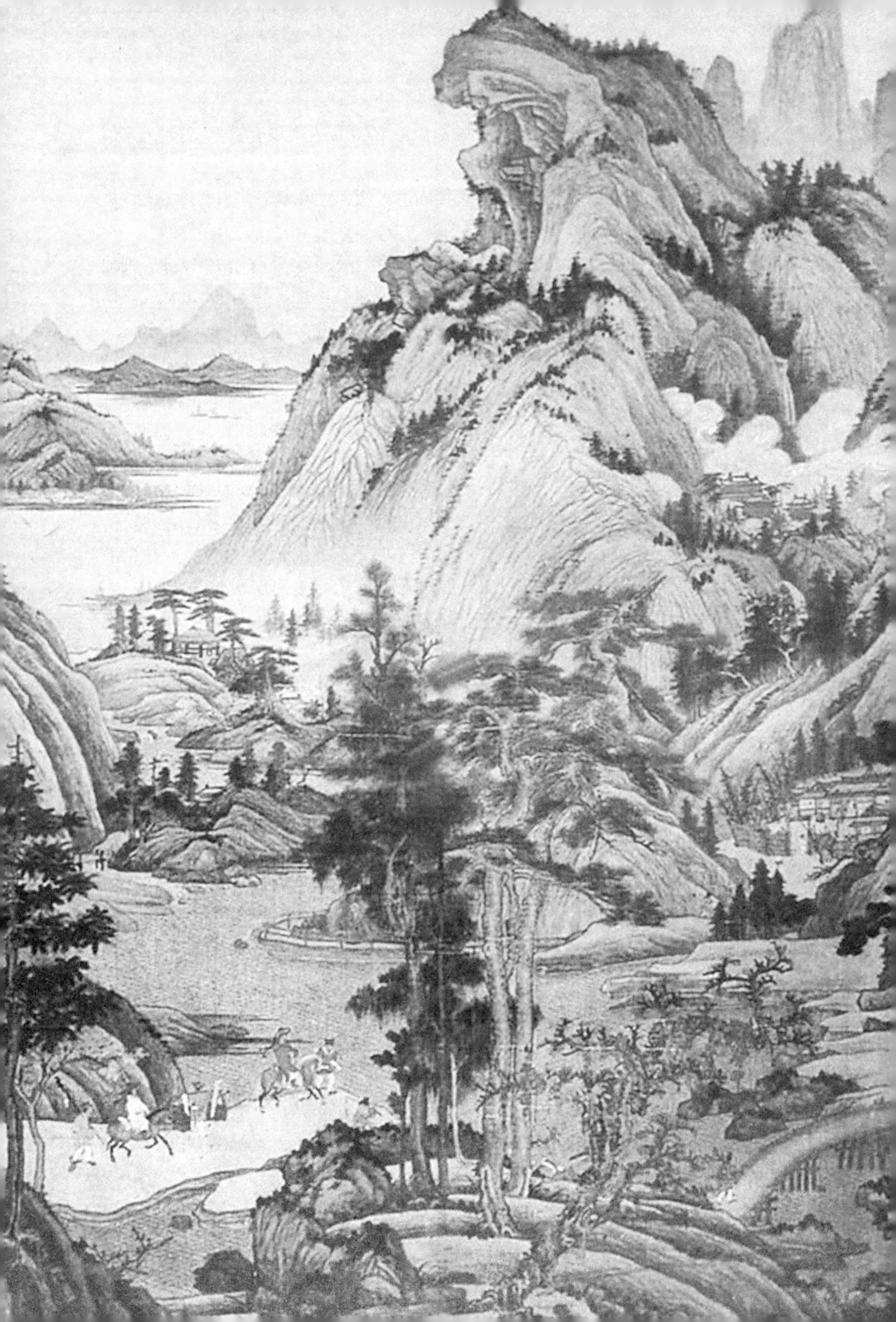

人物，许汜评论起徐州的陈登，不屑一顾地说："陈登那人太没有教养，这种人不值得结识。"

刘备觉得他的这番话很突然，就直接问道："是吗？在我看来好像不尽然。你这样说有根据吗？"

"当然有！"许汜显示出几分恼怒，"我前几年专程亲自登门拜访他，谁想到他一点诚意也没有，根本就不讲究什么待客之道。他对我不理不睬不说，最让我气愤的是他竟然安排我到一张放在房间角落的小床上休息。他分明是狗眼看人低！"

刘备静静地听完，随后爽朗地笑了，说道："他这样做也不是没有他的道理！"

许汜很惊异于刘备的直言不讳，感到迷惑不解，又想为自己辩解，于是问道："你这样说是什么意思？"

刘备双手搭在他的肩上，说道："你在外面已经有很大的名气，别人对你的要求自然要比一般人高。现在兵荒马乱，百姓受尽了苦头，吃不饱、穿不暖。但你对这些毫不关心，偏偏想着谁家有肥沃的良田出售，谁家会转让大房子，还想从中渔利占便宜，陈登最不喜欢这种人。你想想陈登会乐意和你说真心话吗？"

刘备继续坦率地说："他还给你安排小床，算是不错了。说句真心话，如果我是他，不把你轰出家门，恐怕也会让你睡在地上，连一张床板都不会给你！"

刘备说完，仍然和颜悦色地看着许汜，没有丝毫嘲讽之意。

许汜早就红了脸，听完刘备这一番直言劝诫，这才意识到自己有这么多的缺点，不禁心悦诚服，决心改正。

因为你不够忠诚

小郑跳槽到了一家公司任主管，可没过多久就接到了解聘通知书。她感到大惑不解，就去找老板问个究竟。老板反过来问了她两个问题，让她回答"是"或者"不是"。

一个是："你去德国培训是以前的公司花钱委派的吗？"

小郑回答："是。"

另一个是："你跳槽是因为工资太低了吗？"

小郑回答："是。"

老板说："这就是解聘你的原因，因为你不够忠诚。"

小郑急忙说："可是——"

老板打断郑丽的话："我不想听你辩解什么。"

小郑只好一声不响地离开了公司。开始她弄不明白老板为什么问她这样两个问题，不久，原来公司的同事给她打电话告诉她，老板开会说她刚跳槽就被炒了鱿鱼，是因为她对以前的公司不够忠诚，难保她有一天也会做出同样的事情来。

原来，小郑以前的老板和现在的老板是朋友关系，现在的老板是从小郑以前的老板那得知这一情况的。

这都怪小郑跟老板闹翻了。小郑跳槽的主要原因是公司待遇问题。她老是在老板面前抱怨工资太低，要求涨工资，两人经常发生争吵，老板指责她忘恩负义，公司花钱让她出国深造，现在却抱怨工资太低。老板告诉她，你干出成绩来，工资很自然就给你涨上去。她听了老板的话，准备在公司干出成绩来。有一天同学聚会，看着原不如她的同学，后来都升了职，并且收入比她高出几倍。她听后心里有点不平衡，心想他们的能力并不怎样，却混得如此好。她下定决心要找一家大的公司，来证明自己能力并不比他们差。后来，写好辞职报告，还没等老板批准了，就离开了公司。

"傻"人有"傻"福

威廉·莫里斯和他的哥哥都在美国打工，他们的工作是在一个码头的仓库里给人家缝补篷布。兄弟两人都很能干，做的活儿也精细。但威廉·莫里斯与哥哥不同的是，当他看到丢弃的线头碎布也随手拾起来，留做备用，就像给自己家做事一样。

有天夜里，威廉·莫里斯被暴风雨惊醒，他想都没想就从床上爬起来，拿起手电筒冲了出去。哥哥怎么也拦不住他，直在后面骂他是个傻瓜。威廉·莫里斯跑到露天仓库里，仔细检查了一个又一个货堆，并顺手把被风掀起的篷布重新盖好。没想到，老板也不放心这些货物，就开着车过来看一下，正好遇到了已被淋成落汤鸡的威廉·莫里斯。

威廉·莫里斯的诚实和负责得到了老板的信任，他被直接晋升为分公司的总经理。分公司的大小事务都是威廉·莫里斯一人说了算，威廉·莫里斯的哥哥不止一次地对他说："给我弄个好差事干干。"威廉·莫里斯都没有同意，虽然这对他来说只是举手之劳，但他深知哥哥的能力是不能胜任其职。哥哥直骂他六亲不认，说他："你真傻，这又不是你自己的公司！"

广为国章第十一

【原文】

明主之为国也,任于正,去于邪。邪则不忠,忠则必正,有正然后用其能。是故师保①道德,股肱贤良。内睦以文,外威以武,被服②礼乐,慎防政刑。故得大化兴行,蛮夷率服③,人臣和悦,邦国平康。此君能任臣,下忠上信之所致也。《诗》云:"济济多士,文王以宁④。"

【译文】

英明的君主治理国家,要任用那些为人正直的人做官,远离那些奸邪之人。奸邪之人往往缺乏忠心,而忠心耿耿的人必定为人正直。用人首先要看他是不是行得正,然后才能使用他的才能。所以,选用皇上和贵族子弟的老师都很有道德修养,起用的辅佐大臣都十分贤能正直,对内则以文治而和睦,对外则依靠武力而使四方归附,广泛地施行礼义之教,慎重地施行刑罚。这样的话,就能使教化盛行,少数民族归顺,平民百姓和大臣都和睦相处,国家安定康乐、兴旺发达。这就是君主能任人唯贤,在下尽忠而在上信诚的缘故。《诗经》上说:"济济一堂人才多,文王安宁国富强。"

【注释】

①师保:官名,负责辅佐皇帝和教导贵族子弟,有师和保,统称师保。②被服:比喻蒙受某种风化或教益。③率服:全部臣服。率,全部,一概。④"济济多士"二句:济济一堂人才多,文王安宁国富强。济济,众多的样子。

【解析】

这一章论述了君主如何识别和任用人才的问题,认为一个英明的君主要大胆任用那些为人正直的优秀人才,因为只有正直的人才会忠心耿耿,才能忠于国家、辅佐君王。

管理界有句名言:"人才摆错位置就会变成垃圾。"每个人专业不同,做事方式不同,性格各异,关键在于根据每个人的特点来安排工作,尽量发挥其长处而避其短处,以求达到人尽其才的效果。优秀的人才只有被安排到最合适的位置,才能发挥出自身最大的价值;如果人才放在错误的位置,没有合理的使用那就等于浪费人才,就很有可能给公司带来损失。

当今社会,如何使用人才,做到知人善任,是一门很大的学问。因此,知人善任的领导者必定能成就事业，成就事业的人也必定能知人善任。一个优秀领导者的重要任务就是将团队的人才放在他们最合适的位置，而不是本末倒置，将一个优秀的人才放在不应该在的位置上。让每个员工人尽其才、人得其所，才是最佳的用人策略。否则，任意地安排人才只会给团队造成负担，更容易让最优秀的人才流失。

俗话说得好，"好钢用在刀刃上"，也就是说，要将关键的东西用在关键的地方，它发挥的作用才会是最大化的。在人力资源的选育用留环节中，合理地使用人才，是调动人才积极性的一个重要因素；在使用人才过程中，若出现用人不当，同样会影响企业的整体绩效。因此，只有通过合理用人的环节，才能真正调动所选人才的积极性，让他们在良好的环境中充分施展自己的才华。

典例阐幽

一身抵得百万兵的"廉将"

陈化成小时候就熟习水性，精通武艺，智勇过人。28岁时，加入清军水师。道光十年（1830）升为福建水师提督，带领水师进驻厦门。虽然陈化成位列福建省水师的最高军事长官，但他的生活却非常俭朴，在一间很小的普通民居里他一住就是10年，吃饭也很简单，大鱼大肉很少吃，喝酒时也就是炒一盘花生米。人们称他为"廉将"，也有人叫他"怜将"。意思是当了这么大的干部，却不知道享受，太可怜了！他巡阅台湾时，虽然带了很多将士，但对各地文武官员的"馈送"，一概不接受，受到百姓们的爱戴。

道光二十年（1840），陈化成调任江南提督。当时的两江总督是牛鉴，他得知陈化成生活很是俭朴，还以为他的工资不够花呢，便令军需处每10日送给他250两白银，陈化成每次都拒绝接受。

吴淞口位于黄浦江与吴淞江汇入长江的出口处，是保卫上海和长江门户的首要阵地。陈化成积极备战，大力加强阵地防御。

道光二十一年（1841）冬，他疏通了宝山顺通河，将挑出之土，修筑土城，加高海塘。他还积极倡议在上海设立铸炮厂，自造新炮，以供急用。他还从福建带来勇敢善战的亲兵1000人，分别驻守吴淞口、上海两处，并从中挑出富有作战经验的军官到各营去当教练。陈化成在吴淞口深得士卒的拥戴，连侵略者都很怕他，他们说："不怕江南百万兵，只怕江南陈化成。"

道光二十二年（1842）四月，27艘英国军舰，在长江口外的鸡骨礁附近集结，并闯入吴淞口内测量水道。五月初八清晨6时,英国军舰开始进犯吴淞口。还没等敌人的军舰全部泊定,陈化成就发布了开炮的命令,英军的第二号战舰"布朗底"号被炮火打中,一名军官和几名水手当场毙命。就这样,双方展开了两个半小时的激烈炮战。清军在陈化成等的指挥下,士气十分高涨,"火力不但猛烈,而且也很准确",英军旗舰被炮火打得伤痕累累,连侵略军也不得不叹服:"自从和中国军队交手以来,中国人的炮火就数这次最猛烈了。"

战斗从天刚放亮打到中午,陈化成一直在帐外挥旗发炮,与侵略军对击。但守小沙背的王志元却一炮不发;守东炮台的崔吉瑞也在那里看热闹;而牛鉴见炮战获胜,率兵教场观战,英舰击毁教场将台,牛鉴十分惊恐,急忙命令陈化成退兵,陈化成不答应,他便混在士兵中,向太仓方向溃逃了。英军看到这个情况,决定由海军陆战队在运河内登陆,全力包抄西炮台;英舰炮火也合力向西炮台阵地轰击。

就这样,陈化成带领亲兵数十人,坚持守卫在孤立无援的西炮台阵地。炮兵牺牲了,他就补上去,亲点火药,向英军开炮。炮震得手受伤了,他还坚持指挥抬枪队、鸟枪队,向登岸侵略军射击。英军的炮弹轰伤了他的脚部,他仍然手执红旗,指挥施放大炮,岿然屹立。

登陆的英军扑了过来,陈化成身中洋枪7弹。当时他的身边仅有3人,陈化成对武进士刘国标说:"我不行了,你要砍掉我的脑袋,把我的身体扔到沟中。"说完就死去了。这次吴淞要塞保卫战,共击毁敌舰8艘,歼灭侵略军600余人。

陈化成的遗体,后来收敛在嘉定的关帝庙里。吴淞的百姓画了两张他的遗像,一张赠送给他的子孙,一张留在吴淞作纪念。下葬那一天,几万名老百姓赶来哭奠,杀牛祭祀,并在路边设置香案,一时哭声震天动地。上海人民在吴淞和上海城中,建起了陈化成纪念堂,并且塑像供奉,每年到了陈化成的生日时,人们纷纷前往凭吊追念,无不肃然起敬。

不徇私情的苏章

汉顺帝的时候,出了一位有名的清官,名叫苏章。他为官清正、公私分明,从来不因自己的个人利益而冤枉好人、放过坏人,深受百姓的爱戴。

有一年,苏章被委任为冀州刺史。上任伊始,苏章便认认真真地处理政事,办了几件颇为棘手的案子。可是有一天,令苏章头疼不已的事情终于来了。

苏章发现有几个账本记得含混不清,不由得起了疑心,就派人去调查。

调查的人很快呈上了报告,说是清河太守贪污受贿,数额巨大。苏章大怒,决心马上将这个胆大妄为的清河太守逮捕法办,可是当他的目光停留在报告上清河太守的名字上时,不由得呆住了。原来这个清河太守就是他以前的同窗,也是他那时最要好的朋友,两人总是一桌吃、一床睡,形影不离,无话不谈,简直情胜手足。真是没有想到这个朋友的品行竟会堕落到这种地步,苏章感到非常痛心,同时,想到自己正在处理这件案子,对老朋友怎能下得了手呢?苏章十分为难。

再说那位清河太守知道自己东窗事发,惊恐万状。他听说冀州刺史是自己的老朋友苏章,心存几分侥幸,希望苏章能念及旧情,网开一面。但是对于苏章清廉的名声他也有所耳闻,不知道苏章究竟会怎样对待自己。正在他惴惴不安、惶惶不可终日的时候,苏章派来了手下人请他去赴宴。

苏章一见老友,忙迎上去拉着他的手,领他到酒席上坐下。两个人相对饮酒说话,痛痛快快地叙着旧情,苏章绝口不提案子的事,还不停地给老友夹菜,气氛很是融洽。这时候,清河太守心里的一块石头终于落了地,他不禁得意地说道:"苏兄呀,我这个人真是命好,别人顶多有一个老天爷的照应,而我却得到了两个老天爷的荫护,实在是幸运啊!"

听了这话,苏章推开碗筷,站直身子整了整衣冠,一脸正气地说:"今晚我请你喝酒,是尽私人的情谊;明天升堂审案,我仍然会公事公办。公是公,私是私,绝对不能混淆!"

第二天,苏章开堂审案,果然不徇私情,按照国法将罪大恶极的清河太守正法了。

多行不义必自毙

清朝年羹尧,汉军镶黄旗人,进士出身,颇具将才,曾经担任川陕总督多年。他早年就已经是胤禛(雍正)集团的成员,并且将自己的妹妹送给胤禛当侧福晋,以此来表示对主子的亲近和忠心。

康熙末年，由于太子被废，众皇子因此而加紧争夺皇位，胤禛当然也在暗中较着劲。他开始极力拉拢拥有兵权的朝中重臣，因为他非常清楚，要夺得皇位，除了自己要用精明务实的办事能力来博取父皇的信任外，还必须有朝中重臣的支持。于是，胤禛选择了隆科多和年羹尧二人。这二人在胤禛争夺皇位的斗争中帮了大忙。

　　雍正即位之初，年羹尧成为新政权的核心人物，被多次加官晋爵，还掌握军务等大权。除此之外，雍正帝还极其关心年羹尧家人，笼络备至。他甚至把年羹尧视作"恩人"，非但他自己嘉奖，还要求"朕世世子孙及天下臣民"，当对年羹尧"共倾心感悦，若稍有负心，便非朕之子孙，稍有异心，便非我朝臣民也"。

　　雍正就这样以其过分的姿态、肉麻的言语，蒙骗、迷惑着年羹尧，而年羹尧则真以为皇帝将他视为知己，因此以皇帝为后台，居功恃傲、骄肆蛮横起来。当年羹尧凯旋之时，军威甚盛，盛气凌人。雍正亲自到郊外迎接他，百官则伏地参拜，对于这一切，年羹尧却不为所动，与雍正并肩而行。这时的雍正见年羹尧对自己如此不恭，非常生气，开始对年羹尧产生嫌恶之意。

　　后来，雍正仅仅因为年羹尧在奏表中字迹潦草、成语倒装这种小小的错误，便下诏免去其大将军之职，调补杭州将军，以解除其兵权。其他臣僚们见年羹尧失宠，纷纷上奏皇上，检举揭发年羹尧的种种违法罪行。一时间，对于年羹尧的谣言、诋毁四起，生性猜忌的雍正便决意要杀掉年羹尧。

　　最后，议政大臣等罗列了年羹尧几条罪状，对其判处死刑，家属连坐。雍正念在年羹尧平定青海等地叛乱有功，令其赐死自裁。其父以年老免死，其子年富立斩，其余15岁以上的男子都发往广西、云南等地充军。族人全部革职，连亲近年家子孙的人，也以党附叛逆罪论处。

　　年羹尧在自己得宠的时候，恃宠自傲，目中无人，对皇上都不讲究最起码的礼节。结果不慎得罪皇上，待遇一落千丈，最后弄得个家族灭门的下场。

花木兰代父从军

　　木兰是商丘城东南济阳集的人。商丘县志书上有这样的记载：古时候济阳属谯；木兰是隋朝人，姓魏。不知为什么，后来编戏的把她编成姓花了。

　　木兰的父亲是一位能征惯战的老将军。隋朝末年，突厥不断兴兵侵略中华，老将军在边关杀敌立了很多功劳，也落了一身伤残，只好告老还家养病。

　　这一年，突厥人又突然发来大兵，要夺隋朝的江山。把守边关的兵将抵挡不住，眼看敌人就要打到内地来。朝廷急忙传旨：在军籍的一律去边关迎敌。

　　木兰听说身残多病的爹爹又要从征，急得不知怎么才好。她爹可不在乎，一见军帖，连忙命女儿给他备马。打惯仗的人嘛，一听说边关吃紧就心里冒火。

可是人老不比当年，老将军把盔甲往身上一披，觉得沉了；刀往手里一掂，觉得重了。他骑惯的那匹战马老了，从街上又买了一匹。谁知这匹马欺生，老将军往它跟前一偎，它又踢又蹦。老将军连上三次都没上得去，还差一点儿被它摔在地上。他无可奈何地摇了摇头，心中暗叹："老了啊，老了！"可是他不敢叹出声来，为啥？

他心里明白：自己年老体衰，身边只有一男一女，儿子年幼，还是个顽童；女儿木兰虽然大了，武艺也十分高强，可那时女孩儿家不兴当兵打仗。他就是说上八个"老了"，也没人来替他，只能叫全家人为他担心。老将军重新抖擞精神，正要再次上马，老伴上来阻止说："木兰她爹，像你这风一刮就倒的身体，别说这马淘气，即使它服服帖帖让你骑上，到了边关又怎么打仗呢？"

木兰是一个孝顺的女儿，见到这种情况，在一旁早就打好了主意，她要替父从军。她正要把这个想法儿直说出来，可自古没有女孩儿家从军打仗的规矩，怕爹娘不允，话儿在喉咙眼里冲了几冲，没说出来。如今见娘上来劝爹，心里急得不知怎样才好，就说："爹，您老人家先歇一歇，让女儿来驯驯这匹烈马！"说着纵身一跃，骑上了马背。那马立时抖起鬃毛，"咴咴"地叫着，连掀带蹦地撒起野来。

只见木兰稳稳坐在马背上，一手拢缰，一手扬起马鞭朝马屁股上猛抽几下，那马就服服帖帖了，一拧尾巴，前蹄一伸，后蹄一蹬，像支离弦箭一样射了出去。马飞也似的跑，木兰却像骑在木头马上一样，一会儿"镫里藏身"，一会儿"松枝倒挂"，一会儿"鹞子翻身"，想怎么玩就怎么玩。爹娘见她那个英武劲儿，不禁满口称赞。

木兰驰马跑了一圈，然后收住马缰，稳稳当当来到二老面前。娘望着木兰对老伴说："这马在你手里是只老虎，可到了这妮子手里就成了绵羊了。"木兰爹说："是啊是啊，这丫头的武艺，比起我当年来，只怕还要强几分哪！"

木兰一听，趁热打铁地说："爹说的可是实话？"爹说："这丫头，爹啥时候撒过谎呢？"木兰说："这样说来，如果孩儿女扮男装，替父从军，为父尽孝，为国尽忠，爹是会答应的了！"

"哎……这使不得，使不得！""怎么使不得？""你女扮男装，即使能够瞒得过去，可你已订了婚。订了婚的闺女就算婆家的人啦，况且你婆家又送过了好儿

（定下了完婚的日子），爹爹怎能做得了主啊？"木兰再也没有话说，只好含着眼泪避开了爹娘。

木兰娘看透了女儿的心事，她疼女儿，也疼老伴，眼下无可奈何，只好帮着女儿说话："我看这丫头的主意也使得。你不如去跟亲家说说。如果亲家不同意，你再上阵也不迟呀！"老将军想来想去，只好这样做了。

木兰的婆家姓赵，住在商丘城南、离济阳集不远的柘城，公爹也是一位久经疆场的老将。木兰爹见了亲家，寒暄了几句后才提及此事，亲家一连说："好！好！我家俊生也闹着要替我应征，缠得我没有办法，只是碍着他的婚期将到；我正打算前去跟亲家商议呢！'国家有难，匹夫有责'。既然孩子们有志报国，咱就成全他们。等他俩平贼回来再说完婚的事。"

就这样，木兰的愿望实现了。两家老人说定，让他俩冒充结拜的把兄弟一路同行。

到了军中，木兰被分到前线打仗，赵俊生被分去押送粮草。

木兰从小跟爹练就一身好武艺，爹又教她读过兵书，向她传过兵法，这次正好在战场上大显身手，一连战败了突厥的几个上将。从此，敌人跟她交手，没有一个不胆怯的。她很快成了战场上赫赫有名的战将，被提拔为阵前将军。俊生每次听到木兰立功的消息，就在心里暗暗为她高兴。他自己也干得起劲，押运粮草从来没误过事。

有一次，赵俊生到内地运粮草回来，突然听到一个不幸的消息：木兰在战场上中了敌人的暗箭，伤得很重。赵俊生担心得吃不下饭，睡不着觉，总是想去看望木兰，因怕露了马脚，每次都是走到木兰的帐前又拐了回去。后来他终于忍耐不住，走进了木兰的大帐。

木兰正在重病中，听人报说有一位哥哥来看望她，立刻振作了精神。她离家这几年虽然一仗接着一仗打，没工夫想别的事，但自从躺在病床上，就不由得思念起家乡和亲人来。她想念爹，想念娘，想念她那顽皮可爱的小弟弟，想念她住的村庄和可亲可敬的父老乡亲。但敌寇未平，虽然想念，也不能回家探望。如今听说有一位哥哥来看望她，她是多么高兴啊！

因为她曾事先与赵俊生约好，为了避嫌，不到得胜还乡的时候，谁也不许跟谁见面，所以她并没想到来的是俊生。当她看到来人正是赵俊生时，顾不得责备他违约，心里已是热乎乎的了。她望着身边的侍从，口里朝赵俊生喊着哥哥，那个眼泪呀，止不住地往外流。赵俊生坐在木兰的对面，说是因为押运粮草事忙，没来看望她。木兰只是点头，却说不出话来。只为怕被人看出破绽，两人虽然同在军中，中间好像隔了一座山啊！

木兰想到自己箭伤很重，找了几个医生都没治好，便伤心地对俊生说："恐怕我这伤不会好了！为杀敌死在疆场，自己的生命没什么可惜的。只是今后不能在二老堂

前尽孝。有朝一日哥哥若得还乡，望你在二老面前为我请罪。"俊生知道木兰说的"二老"是指公婆，也就是他自己的父母，不由一阵感动说："你不要多想，安心养伤。日后若因箭伤落下残疾，我情愿把你接到家中，侍奉终生。"木兰见俊生对自己如此真诚，更加热泪纵横，感激地说："你的话，我一辈子也忘不了！"

　　元帅把木兰的功绩和病情一同奏明了皇上，皇上把最好的医生派到边关为木兰治伤。过了几个月，木兰的箭伤终于被治好了。她又像没中箭时一样，跃马挺枪，到阵上杀敌了。

　　敌人终于被打得大败，边关用不了那么多人，兵将们一批批离开边关，回家乡去了。

　　木兰替父从军那年仅只20岁，如今已经32岁了。离家从军时她还是个水灵灵的姑娘，如今她的脸上也生了皱纹。这时，国家的危机解除了，朝廷要对所有的将领论功封赏。木兰为父尽了孝，为国尽了忠，功名利禄一点也没看在眼里，她巴不得一步迈回家去跟亲人团聚，并了却自己的终身大事。归心似箭，她编个理由向皇上告了假，骑上快马，昼夜不停地往家急赶。

　　直到这会儿，从士兵到元帅，谁也不知道木兰是个女的。皇上打算封她个兵部尚书的官职，并且念她32岁尚未婚配，还打算把她招为附马呢。可是一等再等，木兰也不回京受封领赏。朝廷不知是怎么回事，派人到商丘一打听，才知道木兰原来是个大姑娘，回乡的第二天就跟赵俊生完婚了。

　　朝廷不但没怪她欺君，还派人给她和赵俊生送了块"天佑良缘"的金匾和好多礼品！

　　木兰代父从军的故事广为人们传诵。

晏子直言劝谏齐景公

　　战国时期，晏子为齐国宰相，一日，他陪同齐景公外出游玩，登上一座高山。齐景公站在山峰上，只见远处重峦叠嶂，一条水带绕山转，人们正在辽阔的田地上劳作。

　　景公顿觉心情舒畅，不由得感叹说："真是大好河山！现在为我所有，只是不知以后又会是谁的天下！"景公本想自己的子孙后代一定会继承自己的功业，希望晏子能赞誉他的伟大，不料晏子却回答道："我想可能是田成氏！"

　　景公有些生气，但也吃了一惊，恼怒地说："一派胡言，我是一国之君，他区区一个田成氏，怎么会继我之后统治齐国呢？他有什么过人之处吗？"

　　晏子语重心长地说："大王息怒！田成氏没有什么特殊的才能，只是他乐善好施。相形之下，您的征税就有些繁重。他不惜把自己的俸禄赏给大臣，救济贫穷的人们,他大笔大笔地向外借出,别人还的时候,他只收取很少的一部分,在齐国颇得人心。他说'我的这些钱财本来就是取之于民,现在用之于民,是理所当然,我有什么好心疼的呢'。人民都为他的慷慨大方而感动,非常爱戴他。"

"不就是这些吗?我觉得没有什么了不起的,我不信他能得天下!"

"可是人心很重要。他的慷慨和仁慈把有才能的人都集于自己门下,那样的力量是无穷无尽的。每次杀牛后,他只取其中的一份,其余的都分给士兵,其他物品也一样,因此士兵都心甘情愿为他战死。齐国遭受饥荒时,他向外施舍粮食,周和秦等地的百姓,在遇到困难时也都千里迢迢地投靠他。可以说他对人民是'爱之如父母',而人民对他则是'归之如流水'。"

景公听后悲从中来:"那么本应由我后代继承的大业将被田成氏占去,那不是太悲哀了吗?难道我命该如此吗?"

晏子安慰道:"您又何必担忧呢?您可以像田成氏那样,亲近贤人,帮助穷人,放宽刑罚,抚恤老弱病残者,对军中将士施以恩惠,自然会人心所向。再加上国家现有的实力,就算是十个田成氏也不能夺去您的天下!"

然而,景公并没有把晏子的话放在心上,依然我行我素。公元前386年,田成氏被列为诸侯;公元前379年,他没有受到任何阻挠就统一了齐国。齐景公的后代终于失去了王位。

师文亲师

师文,春秋时郑国一位杰出的音乐大师,曾从师于师襄。他是郑国宫廷音乐乐师的优秀代表人物。

师文听说鲁国有一位才华出众的音乐家师襄,于是就离开郑国去鲁国拜师襄为师。师襄待人严厉,从不轻易收弟子。师文苦苦哀求道:"请老师收下我这个学生吧,我决不半途而废。"后来,师襄终于被师文的诚意和决心感动,收下了这个弟子。

师襄手把手地教他调弦定音,可是他学了3年,竟弹不成一个乐章。师襄说:"你缺乏悟性,恐怕很难学会弹琴,你可以回家了。"

师文说:"老师,我并不是不会弹完整的曲子,而是我知道,如果一旦能够演奏完整的曲子的话,您就会认为我满师了,您就要让我走了,我就不会再有机会亲近老师了,所以我故意不弹。"师襄听完说:"那你就弹一首完整的曲子让我听听。"等师文弹奏完后,师襄终于认识到他是怎样的一个学生了。于是师襄就破格同意师文晚一点出师。师文就接着亲近他的老师,仔细琢磨老师弹曲子的技巧。

又过了一段时间,师襄让师文弹奏一曲,想看看他的进步。师文首先奏响了属于金音的"商"弦，使之发出代表8月的南吕乐律，只觉琴声挟着凉爽的秋风拂面，似乎草木都要成熟结果了。他又拨动了属于木音的"角"弦，使之发出代表2月的夹钟乐律，随之又好像有温暖的春风在耳畔回荡，一派春意盎然的景色。接着，师文奏响了属于水音的"羽"弦，使之发出代表11月的黄钟乐律，不一会儿，竟使人感到霜雪交加，江河封冻，一派肃杀景象如在眼前。再往下，他叩响了属于火音的"徵"弦，使之发出代表5月的乐律，又使人仿佛见到了骄阳似火，坚冰消释。在乐曲将终之际，师文又奏响了五音之首的"宫"弦，使之与商、角、徵、羽四弦产生和鸣，顿时在四周便有南风轻拂，恰似甘露从天而降，清泉于地喷涌。

师襄兴奋异常，称赞道："你的琴真是演奏得太美妙了！即使是晋国的师旷弹奏的清角之曲、齐国的邹衍吹奏的律管之音，也无法与你相媲美呀！"后来，师襄和师文都成了齐名的一代音乐大师，这就是亲近老师的故事。

严把质量关的决心

阿华原先是一个小商人。后来他开起一家杂货店，专门做邮购业务，即顾客通过邮件订货，然后他通过邮寄的方式发货。由于资金太少，只能提供有限的几种商品，他做了五年，生意上一直没有什么起色，每年只能赚得几万块钱。他想，必须与人合作，借助他人的力量，才能把生意做大。

当他萌发出合作的念头后，一个偶然的机会就遇到了一个理想的合伙人。他们谈得很投机，并最终成立了一家以他们两人的名字命名的公司——华辰。阿华有五年行业经验，阿辰实力雄厚。两人联手，可谓相得益彰。合作第一年，公司的营业额就达到90万，比阿华搞单干时增长了十几倍。

阿华和阿辰都不懂经营管理，做点小生意还能凑合，生意大了就感到力不从心了。他们决定寻找一个有管理这行业经验的职业经理人，代替他们进行管理。

他们千辛万苦搜寻人才，终于找到了一个合格的总经理人选。这个人名叫阿博，他在经营管理方面很有一套。他们把公司大权全部授予他，自己则退居幕后。接受任命后，阿博果然不负重托，兢兢业业地服务公司。他发现，做邮购业务与传统生意大不相同，一旦顾客对购买的商品不满意，就很难调换。如果不解决这个问题，很多顾客就会放弃邮购这种方式购买产品，因此公司的发展会受到不利的影响。为了解决这个问题，阿博严把进货质量关，决不让劣质产品混进公司的仓库，以保证卖给顾客的每一件都是货真价实的商品。

有些厂商认为阿博对质量的要求过于苛刻，竟联合起来，拒绝向华辰公司供货。这是一件决定公司前途的大事，阿博拿不定主意，赶紧去找两位老板商量。阿华从内心深处赞赏阿博的做法，给他打气说："你这些日子太辛苦了，如果能少卖几样东西，不是可以轻松一下吗？"

阿博受到鼓舞，更加坚定了严把质量关的决心。那些厂商见抵制没有任何效果，担心生意被别的供货商抢走，最终不得不接受阿博的质量标准。

阿博刻意追求质量的经营策略，使华辰公司声誉也传播开来，10年之中，它的营业额增长了600多倍，高达数亿元人民币。

忠诚是员工的试金石

阿忠在一家网络公司做技术总监，后来由于企业改变发展方向，他觉得这家企业不再适合自己，决定换一份工作。

阿忠毕业于名牌大学，工作经历也是相当不错的，所以找一份工作不成问题。但是他还是希望能进一个大公司。后来有一家大型企业去招聘技术总监，这家企业在全美乃至世界都有相当的影响，很多IT业人士都希望能到这家企业来工作。阿忠也去参加了应聘。

负责面试的主考官是该企业的人力资源部主管和负责技术方面工作的副总裁。对阿忠的专业能力他们并无挑剔，但是他们提到了一个很奇怪的问题：

"我们很欢迎你到我们企业工作，你的能力和资历都非常不错。我听说你以前所在的企业正在着手开发一个新的适用于大型企业的财务方面的应用软件，据说你提出了很多非常有价值的建议，我们企业也在策划这方面的工作，你能否透露一些你原来企业的情况，你知道这对我们公司很重要，而且这也是我们为什么看中你的一个原因。"

副总裁用很期待的眼神看着阿忠，阿忠顿时觉得心都凉了，怎么还有这样的公司，他很气愤地说："不好意思我不想回答你这个问题，看来市场竞争的确需要一些非正当的手段。可惜，我没有那个能力！"他转身就走，突然又回过头对那个副总裁说："你们希望看到你的员工在离开你的公司之后给其他公司透露情况吗？告诉你们，我有义务忠诚于我的企业，任何时候我都必须这么做，即使我已经离开。与获得一份工作相比,忠诚对我而言更重要。"

　　回来之后,阿忠知道自己肯定没戏了,不过他并没有因此而觉得可惜,他为自己所做的一切感到很坦然。

　　出乎他意料的是,没过几天,阿忠收到了来自这家企业的一封信。信上写着:"你被录用了,不仅仅因为你的专业能力,还有你的忠诚。"阿忠恍然大悟,原来他们用忠诚作为员工的试金石!

广至理章第十二

【原文】

古者圣人以天下之耳目为视聪，天下之心为心，端旒①而自化②，居成③而不有，斯可谓至理也已矣。王者思于至理，其远乎哉？无为，而天下自清；不疑，而天下自信；不私，而天下自公。贱珍④，则人去贪；沙侈，则人从俭；用实，则人不伪；崇让，则人不争。故得人心和平，天下淳质，乐其生，保其寿，优游⑤圣德，以为自然之至也。《诗》云："不识不知，顺帝之则⑥。"

【译文】

古时候的圣德明君以天下人的所见所闻来作为自己的知识，以天下人的利益，作为自己的利益；这样一来，君主连头上帽子的玉串也不用晃动一下，国家就得到治理；即使取得成就，也不归功于自己，如此可谓天下大治了。君主思考着治理国家的谋略，涉及极为深广。君主不胡乱作为，天下自然而然变得清静太平；信任人民，天下之人自然而然变得令人信赖；不怀私心，天下百姓自然而然变得公正无欺。不再贪恋珍贵的东西，人们心中的贪念就会去掉；改掉奢侈的习惯，世人就会变得节俭起来；崇尚务实，那么人们也就反对作假伪造；推崇忍让，那么人与人之间就不会发生争斗。所以说，只要人心平和，天下所有的人也就趋于淳厚、质朴。人们都喜欢自己的工作和生活，自然也就能获得健康长寿，悠闲自得地生活在既圣明又厚德的环境中，并且认为这是理所当然的。《诗经》上说："虽然在不知不觉之中，但也要遵循自然法则。"

【注释】

①旒：古代帝王冠冕前后垂挂的玉串。②自化：（国家）自然得到治理。③居成：拥有成绩。④贱珍：轻视珍贵的东西。⑤优游：悠闲自得。⑥"不识不知"二句：虽然在不知不觉之中，但也要遵循自然法则。不识不知，不知不觉。顺，遵循。则，法则。

【解析】

人生有三分之一的时间是用来工作的，每个人都应抱着乐观积极的态度去对待工作、对待生活，把工作当作自己价值和能力的展示途径以及自己的乐趣所在，认真去做，积极地思索，每天有所收获，有所提高。如果有能力，就给自己设定一个较高的奋斗目标。最重要的是，千万不要妄自菲薄、甘愿平庸，以消极的态度对待工作、对待生活，懒懒散散漫无目的地工作，最终陷入可怕的平庸泥潭。

在智力上大多数人并没有多大的差别，但当面对相同的一件事情时，每个人表现出来的心态却不同。为什么有些人功成名就，有些人却平平庸庸？究其原因，就在于在面对同一件事情时，每个人有着各自截然不同的心态。如果你有积极的心态，你的人生就会充满着希望；如果你有消极的心态，你的人生将会黯淡无色。

心态决定一切。人生并非是一种无奈，每个人可以通过自身的主观努力去把握和调控。每个人的人生态度决定着人生航船的方向，也决定着每个人生存的质量。若是你的一生都能保持良好的心态，你的人生之路就会越走越宽，生命也会更加精彩。

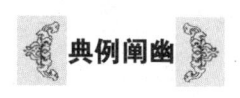

典例阐幽

治天下者以史为鉴

唐太宗李世民在位期间，使唐朝经济发展，社会安定，政治清明，人民富裕安康，出现了空前的繁荣。由于他在位时年号为贞观，所以人们把他统治的这一段时期称为"贞观之治"。"贞观之治"是我国历史上最为璀璨夺目的时期。

唐太宗以史为鉴吸取隋朝灭亡的原因，非常重视老百姓的生活。他强调以民为本，常说："民，水也；君，舟也。水能载舟，亦能覆舟。"太宗即位之初，下令轻徭薄赋，让老百姓休养生息。唐太宗爱民如子，从不轻易征发徭役。他患有气疾，不适合居住在潮湿的旧宫殿，但他还坚持在隋朝的旧宫殿里住了很长一段时间。

后来，在唐太宗的带领下，全国上下一心，经济很快得到了好转。到了贞观八九年，牛马遍野，百姓丰衣足食，夜不闭户，道不拾遗，出现了一片欣欣向荣的升平景象。同时，唐太宗十分注重人才的选拔，严格遵循德才兼备的原则。他认为只有选用大批具有真才实学的人，才能达到天下大治，因此他求贤若渴，曾先后5次颁布求贤诏令，并增加科举考试的科目，扩大应试的范围和人数，以便使更多的人才显露出来。由于唐太宗重视人才，贞观年间涌现出了大量的优秀人才，可谓是"人才济济，文武兼备"。正是这些栋梁之才，用他们的聪明才智，为"贞观之治"的形成作出了巨大的贡献。

赤胆忠心的赵绰

隋文帝杨坚统一中国后，想到的第一件事就是巩固政权。他采取了许多得力措施，使国家出现了一派兴旺景象，但隋文帝有个毛病，就是火气太大，动不动就爱发脾气，发脾气的时候就乱杀人。

这天，御林军在街头巡逻时抓住两个用破损纸币兑换合格钱币的商人。这之前，朝廷曾三令五申，不准使用次币，两个商人胆敢违抗圣命，这还了得。案子传到了皇宫，喝得半醉的隋文帝听说此事，火气不打一处来。二话没说，把桌子一拍："斩！"

执行问斩的命令到了大理寺少卿赵绰的手里。他是专门办理这类案子的，越想越不对头，马上去见隋文帝，为两个商人求情。隋文帝问他为什么，赵绰回禀道："两个商人犯了罪，理应受罚，但法律上只规定用木板打屁股，说什么也犯不上杀头之罪呀！"

隋文帝听了火冒冒的。心想，一个堂堂的天子，还受你小小的赵绰管束，笑话。他白了赵绰一眼，喃喃地说："朕已下达了命令，你只管执行就是了，啰唆什么！"

赵绰把脖子一梗："陛下，可你忘了，刑律也是按你的旨意制定的，怎么能违背呢！"

隋文帝冷冷地说："刑律是对的，朕现在下的命令也是对的，与你无干！"

"怎么能说与我无关。"赵绰忘记了自己的身份，据理力争，"陛下，你让我执掌大理寺，现在碰上这件不依刑律乱杀人的事，我能不管吗？"

"住口！"隋文帝气得胸脯一起一伏，指着赵绰怒斥，"怎么，你真想撼大树吗？太自不量力了。"

赵绰毫无惧色："我没敢撼大树，也没想撼大树，只想规劝陛下改变主意。"

隋文帝鼻子里哼了一下，袖子一拂，就退了朝。

赵绰回到家，心中依然不得平静。他连夜在灯下写了封奏章，又将刑律的部分条款认真抄写一遍。第二天一早上朝时，呈给了皇上。

隔了一夜，隋文帝的酒兴已过，加上皇后的劝说，心里的火气已消了许多，头脑也清醒了。他仔细看完了赵绰的奏章，立即下了一道圣旨，取消了杀人的命令。

赵绰手下有个叫来旷的官员，是个心怀叵测的小人。他发现隋文帝几次流露出对赵绰的不满情绪，背地里给皇上上了一份奏章，说赵绰执法太宽；放了许多坏人不说，还经常跟皇上对着干，这样下去，皇上还有威望吗？如果让他来担任大理寺的少卿，一定干得比赵绰好十倍。

隋文帝看了，心中怦然一动，觉得来旷说得有理，不如叫他来试试看。反正大权在自己手中，怕什么。

来旷很快得势了，他洋洋自得，又连续三次向皇上写了几份奏章，说他通过巡查了解，不少罪恶多端的犯人本该处死，都因为赵绰受了他们的好处，把犯人统统放了，让他们没得到应有的惩罚。

隋文帝看了这些奏章，心里十分纳闷。赵绰是常在他面前耍牛脾气，但那毕竟是为朝廷的兴旺啊！他了解赵绰，是不会干那种事的。于是，他派人深入调查，一查便水落石出。原来是来旷在诬陷好人。这下，皇上真的动怒了，把桌子一拍，下令将来旷处死。

执刑的任务又落到赵绰的手里。赵绰深感不安。从个人恩怨来看，赵绰完全可以按皇上的旨意将来旷推上断头台，但对照刑律，来旷够不上死罪。怎么能问斩呢？

他向皇上表白了自己的意见，隋文帝瞟了瞟赵绰，心想，这个赵绰，真是越老越糊涂了。我帮你除掉仇人。你怎么还来为他讲情呢？他摆摆手打断了赵绰，不愿再听，转身向后宫走去。

赵绰紧跟几步，见皇上不理他，便改口道："陛下，我再也不讲来旷的事了，另外有件急事……"

隋文帝信以为真，便叫他跟了进去。

一进后宫，赵绰往地上一跪，诚恳地说道："陛下，我犯了三条大罪啦！"

皇上一惊糊涂了，问他怎么回事，他便侃侃而谈："第一，我身为大理寺少卿，没管好下面的官员，致使来旷触犯了刑律。第二，来旷不犯死罪，但陛下却要将他处死，我没尽到据理力争的责任。第三，我求进后宫，用谎言骗了皇上，犯了欺君之罪！"

隋文帝笑了笑："赵绰啊赵绰，我真拿你没有办法，毕竟你对皇上真是赤胆忠心！"他终于撤销了对来旷执行死刑的命令，改判为革职流放。

齐威王公正廉明对下属

齐威王即位不久，有一次，邹忌听说即墨大夫受到诋毁而东阿大夫受到赞誉。邹忌便把这件事禀告了齐威王，齐威王查问左右的人，听他们的说法和邹忌所反映的有没有什么不同。他又派人去做进一步的实地考察，想搞清楚事情的真相。

齐威王认为，确定下属的好坏，主要看下属的政绩如何，百姓是否安居乐业，而不能偏听偏信。一切都调查清楚了，齐威王便把即墨大夫和东阿大夫招来朝廷，并召集群臣参加。

齐威王对即墨大夫说："自从你当了即墨大夫以后，时间不长，诋毁你的言论便一个接一个，说你一无是处，还说不能再让你继续做大夫了。可是，我派下去的人到了你那里一看，你所管辖的地区，荒野得到开垦，人民生活富庶，官吏忠于职守，人人尽职尽责，没有人浮于事的现象，地方得以安宁，人人安居乐业。但是你只知道埋头治理政务，没有时间来禀告我，也没买通我的左右，所以你得到的不是赞美而是诽谤。我认为你是一位忠于职守、治理有方、办事贤明的地方官，对你的出色政绩给予适当的表彰。"于是对即墨大夫封土地万顷、金银匹缎一车。

齐威王又把东阿大夫叫到跟前，严厉地对他说："自从你当了东阿大夫以后，我听到的尽是说你如何如何好，如何会治理政务，没有听到说你不好的。可是，我派人下去到你管辖的地区察看，才发现你所治理的地方仍然是荒芜的田野，百姓吃不上饭，冬季无厚衣御寒，一派民不聊生的景象。以前，赵国的军队开到你那里，面临异国的侵略，你不能有效地进行抵抗。你只会用金银财宝收买我的左右，让这些人为你说好话，来取得对你的好感。其实，你为政不廉、治理无方，只会拉关系。现在，要对你进行惩罚。"然后，喝令武士把东阿大夫和为他说好话的人一同拉出去斩了。

部属们看到齐威王办事秉公，处理事情果断，任人唯贤唯能，不受阿谀奉承之惑，个个心悦诚服，人人竭尽全力地为国家效劳，不敢有半点松懈，也不敢再欺上瞒下，形成一个以事业为重的局面，使齐国逐步强大起来。

糊涂知县不糊涂

清朝同治年间，浙江省鄞县的徐知县很有名，人们都管他叫"糊涂知县"。但是，当他在被调离时，县民们却对他依依不舍，不愿让他离去。原来"糊涂知县"只是貌似糊涂，实则不然，直到现在还流传着他"斗米斤鸡"的故事。

一天，徐知县乘着官轿回府，走到一个米店前，轿子停下来了。原来米店门前挤得水泄不通，有两个人你一言我一语，争辩不休，围观的人也在一旁议论纷纷。

徐知县听到如此喧哗，心中非常好奇，便命令差人前去查看。一会儿，两个人就来到了轿前。一个身穿布衣和草鞋，一脸的憨气，看模样是乡间的农民；另一个人满面红光、肥头大耳，一来到轿前就满脸堆笑，上前向徐知县问安："小民是米店店主，叩见知县大人！"

徐知县微微点头，随即问道："你们方才为何吵嚷？"

农民的怒气仍然没有消除，说："草民今日进城为久病在家的父亲求医，因为着急不小心踩死了店主的一只小鸡。若说赔偿，这也合情合理，可是他狮子大开口竟然要我九百钱。可是草民就只有三百钱，还要为老父治病，于是和他争论起来。"

知县转向店主，问道："一只小鸡怎能值九百钱？"

店主回说："虽然这只死去的鸡很小，可是它和一般的鸡不一样。它品种优良，饲养数月就能长到九斤。我给他折算的还算是便宜的，一斤鸡只按一百钱的价格算，所以要九百钱。小人实在没有多要。"

知县露出好奇的神色，惊喜地问道："你所言属实吗？"店主答道："小人不敢欺瞒大人。"

农民刚要反驳，知县厉声喝道："你自己鲁莽踩死他人之鸡，理当赔偿。况且店主并没有多要，赔偿之数不过九百钱，并不为多。"

"不是我不赔，可是小人现在身上就这么点钱！父亲的病难道不比一只小鸡重要吗？"农民气愤地反驳。

知县仍然责令农民赔偿："钱不够就把上衣卖掉。如还不够，本官愿意替你补足。"

围观的人听后，都在心中暗骂知县糊涂，只听一面之词，但都敢怒不敢言。也有人窃窃私语，叹息道："我们怎么就碰上这么一个糊涂知县呢！"

农民无奈只好将上衣当掉，好不容易才凑了六百钱。知县又补给三百，立即还给店主。徐知县还连连夸奖店主经营有方，是个做生意的料子，前途不可限量。店主听到这样一番夸奖，受宠若惊，作揖道谢，喜滋滋地携钱要离开。围观的人对知县大人更是不屑一顾，连连摇头。

知县叫住正欲离去的店主说道："且慢，我的案子只断了一半，站在一旁听本官继续裁断。"

徐知县咳嗽一声，高声说："古语云'斗米斤鸡'，也就是鸡长一斤肉，需要一斗米。现在你的鸡不需要饲养，你可以省出九斗米。方才我已命这位乡人赔偿与你，你也应将省下来的九斗米还给他，这才是公正的。店主你说对不对啊？"说罢双眼看着店主。店主不敢辩驳，默默盘算一番。九斗米远远高出自己索赔的九百钱，不禁在心中暗暗叫苦。

至此，围观的众人方恍然大悟，看似糊涂的知县原来如此这般神算。

刚直不阿的抗金名将韩世忠

南宋著名抗金将领韩世忠，早年束发从戎，参加过征西夏和灭辽战争，戎马倥偬，屡建奇功。壮年时起投身于抗金战争，英勇坚毅，战功卓著，成为南宋威震遐迩的优秀将领。

南宋初年，战火不断，金军大批军马入境，气焰十分嚣张，宋廷无心恋战，一心想投降议和，使抗金斗争变得更加艰难。

韩世忠统领的部队，在处于劣势的不利情况下，历经百战，虽败亦勇，给金军以沉重的打击。

建炎元年（1127）十二月金军再攻河南，逼进汴京，韩世忠率军参加了宗泽指挥的守汴战役。他先到西京（今河南洛阳），与制置使翟进、统领孟士宁、巡检使丁进等军夜袭金军完颜希尹的营寨于河阳（今河南孟县南）。因金军事前得知了情报，宋军偷袭失败；继而再战于文家寺（今河南孟津县南）。由于丁进军失约未至，统制官陈思恭以后军先遁，宋军全线动摇，金军乘胜追击，韩世忠陷入重围，批矢如棘。幸部将张遇率部力战死救，韩世忠才突围而出。

建炎二年（1128）十一月，金军以能征善战的完颜宗翰任主帅，再次大举南下，矛头直指扬州。那时大将宗泽已死，汴京为金军攻破，金军得以长驱直入。

韩世忠此时率军镇守淮阳（今江苏邳县南），保护着住在扬州的宋高宗。高宗听见金兵南下的消息，仓皇之间，泥马渡江，逃向江南。

宗翰得知英勇的韩世忠驻军淮阳，遂亲引大军至淮阳与韩世忠作战，韩世忠孤军难支，趁夜后撤。宗翰闻之，遣军尾击韩军于宿迁，韩世忠大败。部将张遇战死，他自己收拾溃兵经盐城从海道南下。这是韩世忠一生中最惨重的失败。但这丝毫不能动摇他坚决抗金的决心。遭此挫折后，他仍坚定地站在主战派一边。经历了多次战斗，给金军以沉重的打击，表现出百折不挠的勇气。

韩世忠在抗金战争中立下了无数奇功，但却遭到朝廷的猜疑，朝廷中以秦桧为首的投降派占了上风，秦桧不断在宋高宗面前进谗言，陷害忠良。虽然秦桧在朝中的权势炙手可热，韩世忠却敢于上书，指斥秦桧误国，词意剀切。

当秦桧将岳飞父子逮捕入狱时，满朝文武因惧怕秦桧的权势，谁也不敢站出来为岳飞说句公道话，独韩世忠挺身而出，面诘秦桧：岳飞犯了什么罪？秦桧回答说：莫须有。韩世忠听了勃然变色，愤慨地说："'莫须有'三字何以服天下！何以使人甘心？"

当然，韩世忠不可能救出岳飞，但他通过岳飞的冤狱，认识到秦桧是祸国殃民的大奸臣，国家重用他们，是非常不幸的事情。

他从不依附秦桧,他与秦桧一朝共事,于班列一揖之外,不复为亲。朝中议论大事,他仍像以往那样秉公正直,他家里人都非常担心,劝他少说。韩世忠回答说,明知其误国,乃畏祸苟同,将来我死了以后去见太祖岂不要吃铁棍吗?

韩世忠这种刚直不阿的性格和品德,为秦桧一伙所嫉恨,他因此处处遭到刁难和排挤。韩世忠不愿随波逐流,最后辞去官职,闲居在家。

一诺千金

"一诺千金"出自于《史记·季布栾布列传》:"得黄金百,不如得季布一诺。"它的意思是说一句许诺就价值千金。比喻说话算数,讲信用。

秦朝末年,在楚地有一个叫季布的人,性情耿直,为人侠义好助。只要是他答应过的事情,无论有多大困难,都设法办到,因此受到大家的称赞。

楚汉相争时,季布是项羽的部下,曾几次献策,使刘邦的军队吃了败仗。为此,刘邦对他深为痛恨,等他统一中国做了皇帝后,下令以千两黄金的重赏捉拿季布。

季布平时言而有信,答应别人的事情,从不使人失望,为此他赢得了许多朋友,民间曾流传着这样一句话:"得黄金百,不如得季布一诺"。当时敬慕季布为人的人,都在暗中帮助他。季布经过化装,到了山东一家姓朱的人家当佣工。朱家明知他是季布,仍然收留了他,后来,朱家又托人到洛阳去找刘邦的老朋友汝阴侯夏侯婴替季布说情。

于是,汝阴侯就对刘邦劝道:"以前季布作为项羽的部下,为项羽出谋划策,这是他作为部下应尽的责任。现在陛下为了从前的仇恨捉拿季布,器量未免显得太小了。假如陛下如此仇视季布,季布心生畏惧投奔到其他国家,这不是会给陛下带来更大麻烦,到时就得不偿失了。您现在倒不如就把他召进宫来,给他一个官职。"刘邦仔细想想,觉得汝阴侯说得也有理,就马上派人召季布进宫,赐予官职。季布出于感念刘邦的恩德,为汉朝做了许多大事。

到了汉文帝时,季布已经是朝廷里举足轻重的大臣了,但他仍喜欢广交朋友,豪爽正直的性格依然未变。

有一天，一个叫曹丘生的人很想见季布。季布因此人平时喜好巴结权贵，就不想见他。后来，曹丘生通过别的方法见到了季布。他对季布说："我想改过自新，可又担心人们不会信任我。听人说'得黄金百，不如得季布一诺'，所以才来找你。希望你今后观察我的行动，能为我正个名。"季布见他态度诚恳，就答应了下来。

从此，曹丘生无论说什么、做什么，季布都不怀疑他。曹丘生也不再说谎骗人了，最终改过自新，并成为了一代名士。

养成勤奋的好习惯

有一位失业青年，总是依靠慈善机构来养活自己。一天，他写信告诉成功学大师卡耐基先生，说自己曾多次求职失败，希望卡耐基先生能给他一个建议。

于是，卡耐基亲自从繁华的城市到贫民区来找这位男青年。他发现，这位青年对事业有着强烈的热情，却难以克服多年来养成的懒惰习惯，不能勤奋地工作，以致陷入了困境中。

卡耐基对这位青年说：你总是想干一番事业，当你真正地面对时却不愿意付出百倍的努力。事实上，一个人如果不能克服懒惰习惯，他便不会有一个勤奋的开始。而失去了勤奋，他也就只能在困难面前低下了头，更没有战胜困难的勇气。"

这位青年说："我很想改掉我这个坏习惯，但还没想出战胜它的法子。"

卡耐基和蔼地说道："为自己制定一个短期目标，找一份工作，每天必须严格要求自己，从身边的小事做起，踏踏实实地干好工作，并养成每天把自己的房间都打扫得干干净净、整整齐齐的良好习惯。这样，勤奋的意识便会慢慢渗入你的脑海里。"

卡耐基的一番话让这位青年认识到自己以前总是失败的原因所在，就是没有养成勤奋的好习惯。这位青年听从卡耐基的忠告，重新开始寻找工作，依靠自己双手来养活自己。他走到大街上，发现许多公司门前的招牌上面落了一层厚厚的灰，好久没有人擦过了。他抱着试试看的心理，拜访了一家公司的主管，对他们说："招牌脏了会影响公司的形象，我可以将贵公司的招牌擦拭干净，工钱又很便宜。"公司主管高兴地接受了他的建议。不一会儿，他就把公司的招牌擦得干干净净。公司主管欣然地给了他工钱，还对他说："希望你今后能继续提供这种服务。"

这件事启发了他，于是他决定用这次所赚的钱印制传单，买清洁用品，为所有需要清洁招牌的公司提供服务。这项服务推出后，立即受到各个公司的欢迎，在很短的时间内，订单猛增，他便很快地投入到了自己的工作之中。

不久，这位青年又在此基础上成立了一家专门清洁招牌和粉刷楼房外墙的公司。他每天和工人们一起干活，同吃同睡同劳动。结果是，由于信誉良好、服务周到，他的公司得到了丰厚的回报。

谋事在人，成事也在人

　　五年前，小王和小郑是大学同学，毕业后一起到了南方，通过招聘会两人到了一家计算机软件公司，负责办公软件的设计开发。坦率地说，这个公司规模太小，连老板在内不过五六个人，这家公司注册资金只有10万元。他们之所以愿意去到这家小公司上班，一是背井离乡急于安身，二是因为老板给股份的许诺。老板和他们的年龄相仿，看上去完全一副书生模样，态度很诚恳。可是他俩进去才知道，办公条件更是糟糕，一间废弃的地下室，阴暗、潮湿，天一下雨，天花板上凝聚而成的水滴源源不断地往下流，电脑上都要罩着厚厚的报纸。上个厕所也要跑到外面去。出门就是小饭店，油烟灌进来，熏得人流眼泪。公司的产品市场前景很好，但资金的瓶颈随时可能将公司陷入经营的困境。最要命的是，产品没有品牌，只好赊销，迟迟收不回来款，流动、备用资金少，公司连员工的工资都不能按时发放。由此可见，这样的公司与那些实力雄厚的公司很难展开竞争。三个月后，小王动摇了，劝同学小郑也不要干了，有的是好公司，干吗非在一棵树上吊死？股份？老板连自己都自身难保了，哪里还有股份给你？

　　小郑被同学小王一说心里也有些动摇了，但是一看到老板每天没日没夜地奔波和诚恳的眼神，又不忍开口。他很理解老板现在的处境。小郑过生日的时候，老板在自己的家里为他过，并亲自下厨，说了很多抱歉的话，想起这些，小郑就不忍心走。小郑想，反正自己还年轻，就算帮帮老板。即使以后公司倒闭了，也算积累点人生经验吧。同学小王骂他傻，随后收拾东西准备离开公司。小王走的那天，老板还是借钱给他发放了工资。令老板感动的是，小郑居然决定留下来，从那以后他们成了哥儿们。

　　不久，公司资金链条断裂，陷入困境，随后又有几个人离开了公司，只剩下小郑和老板两个人。看着老板无助的眼神，小郑反而坚定了自己的意志，他原本就是个不愿服输的人，他想他现在能够做的就是和老板风雨同舟，充分发挥自己的才智，精益求精，将产品做好。半年后，老板筹到了资金，公司开始正常运转。产品由于质量好，买家愿意先付款了，公司业绩开始慢慢增长了。他们还成功地说服一家实力雄厚的投资公司来投资，推出一款具有广阔的市场前景的新型办公软件。他们为了全身心地投入到新软件的开发中去，把地下室当成了自己的家，半年后终于推出了完美的产品，上市后产品供不应求，他们终于掘到了自己的第一桶金。接下来，公司开始发展壮大，仅短短的几年时间，就成为行业内有名的软件公司。小郑也被提拔为公司的副总兼技术总监。

　　年终，老板和小郑同游澳大利亚悉尼，他们在阳光明媚的海滩晒着日光浴，回首往事，感慨万千，老板情不自禁地问小郑："老弟，你知道我为什么能支撑下来吗？"小郑说："因为你是打不垮的，否则我也不会留下来的。"老板却说："不，其实当员工纷纷离我而去的时候，我就想关门不做这一行了。我从不怀疑自己的能力，但我当时已经相信'谋事在人，成事在天'的说法了。可是你让我找回了做好公司信心，我想只要有你在，我就还有希望，反正我已经一无所有了。非常感谢你！我知道，当时如果你走了，我肯定崩溃了！"为了感激小郑在最黑暗的日子里给他带来希望和勇气，老板决定给小郑40%的股份！

扬圣①章第十三

【原文】

君德圣明,忠臣以荣,君德不足,忠臣以辱。不足则补之,圣明则扬之,古之道也。是以②虞有德,皋陶歌之,文王之道,周公颂之,宣王中兴,吉甫诵之。故君子,臣③于盛明之时,必扬之,盛德流满天下,传于后代,其忠矣夫。

【译文】

君主道德高尚,圣哲明智,作为忠臣的自然深感荣幸;君主品德不高,作为忠臣的则会感到是自己的耻辱。对于才德不足的君主,忠臣们应该设法弥补完善;对于圣哲明智的君主,忠臣们应该设法加以弘扬,这是自古以来的做法。所以,从前虞舜有圣明之德,他的大臣皋陶就用歌谣来赞美他的品行;周文王治理有方,周公就写诗来赞扬他;周宣王时国家中兴,尹吉甫以诗咏唱。所以君子们在盛世时为臣,一定会设法去弘扬、赞美他们的君王,使君王的盛德美名誉满天下,并为后代传扬。这才是真正的忠道啊!

【注释】

①扬圣:弘扬圣明君主的美德。②是以:因此。③臣:役使,为臣。

【解析】

荣誉就是比黄金更有价值的东西。一位学者曾经说过:如果你拥有荣誉,你就可以获取你想要的财富;相反,一个拥有财富却失去荣誉的人,不仅不可能再获得财富,连已经获得的也会失去。

为荣誉而工作,就是在平凡的工作岗位上做出最出色的成绩。当你将做好自己的工作视作自己的荣耀时,你会发现,你的体内拥有了一股强大的推动力,你不再视工作为一种谋生的手段,你会把它当成自己的一份事业,而工作对你而言,将不再是枯燥无味的劳动,它将不断地带给你乐趣与幸福。

典例阐幽

周公吐哺天下归心

周公姓姬名旦，是周文王第四子，武王的弟弟，曾两次辅佐周武王东伐纣王，并制作礼乐，天下大治。因其采邑在周，爵为上公，故称周公。

在周文王时，他就很仁爱、孝顺，辅佐武王伐纣，封于鲁。周公没有到封国去而是留在王朝，辅佐武王，为周安定社会，建立制度。武王死后，又辅佐年幼的成王治理国家。据《曲阜县志》记载："武王十三年定天下，封公于少昊之墟曲阜，公不就封，留相武王，成王即位，命世子伯禽就封于鲁。"新建立的周王朝面临着严重的困难，商朝旧贵族们准备复辟，而周公辅政，又有违于王位世袭制中父死子继的原则，引起周王室集团内部的矛盾。结果残余势力即与周室内部的反叛势力勾结起来，他们的代表是纣王子武庚与"三监"、管叔、蔡叔等人。结果周公东征平定三叔之乱，灭五十国，奠定东南，归而制礼作乐。

周公唯恐失去天下贤人，洗一次头时，曾多回握着尚未梳理的头发；吃一顿饭时，有很多次吐出口中食物，迫不及待地去接待贤士。这就是成语"握发吐哺"的典故。周公无微不至地关怀年幼的成王，有一次，成王病得严重，周公很着急，就剪了自己的指甲沉到大河里，对河神祈祷说："今成王还不懂事，有什么错都是我的。如果要死，就让我死吧。"成王果然病好了。周公摄政七年后，成王已经长大成人，于是周公归政于成王，自己回到大臣的位子。

后来，有人在成王面前进谗言，周公害怕了，就逃到楚地躲避。不久，成王翻阅收藏的文书时，发现在自己生病时周公的祷辞，为周公忠心为国的品质感动得流下眼泪，立即派人将周公迎回来。周公回朝以后，仍忠心为王朝操劳。周公辅佐武王、成王，为周王朝的建立和巩固作出了重大贡献。特别是他在受成王冤屈以后，仍忠心耿耿，为周王朝的发展呕心沥血，直至去世，终天下大治。周公临终时要求把他葬在成周，以明不离开成王的意思。成王心怀谦让，把他葬在毕邑，在文王墓的旁边，以示对周公的无比尊重。

周公为后世为政者的典范。孔子的儒家学派，把他的人格典范作为最高典范，最高政治理想是周初的仁政，孔子终生倡导的是周公的礼乐制度。

敢于跟上司"对着干"的汪应轸

明武宗时，庶吉士汪应轸因在武宗皇帝南巡之时，率领同为庶吉士的舒芬等人上疏谏止，几乎被杖打至死，随后出任泗州知州。泗州的老百姓不知道农桑之事，汪应轸到任后，便鼓励他们耕田，然后从州里支出钱从湖南买来桑树，教他们种植，又招募一些妇女去采桑，并教给他们养蚕的技术。

一天，驿站的使者驰马来报，说武宗皇帝即将到达泗州。附近的州府听到这个消息都惊慌失措，使劲敲诈勒索民财，以作为迎驾的费用，弄得老百姓甚至堵死门窗，逃往外地躲藏。汪应轸却镇静如常。有人问他为何如此，他说："我和义州的士人、百姓素来都是互相信任的，即使皇上果然到来，一切费用早晚间便可筹措好。现在皇上何时来还没有定期，就匆匆忙忙去筹办，差官吏四处活动。很容易共同作弊，如果到时候费用凑齐皇上却未来，那可怎么办？"

当时别的州府用上千人手执火把在夜间等候迎接皇上，足足有一个月，不少人因此被冻死、饿死。汪应轸命令人站在榆树柳树间，一个人手拿十束火把。等到御驾夜里经过泗州时，持火把的队伍整齐有序，丝毫不乱。

御驾经过别的州府时，一路上宫廷使者络绎不绝，任意敲诈勒索，毫不满足。汪应轸估计这些人实际上内心很虚弱，可以用威力镇服之，于是率领百名壮士，排列在他们的船旁，大声呼喊答应，声音传遍了远远近近的地方。宫廷使者们都感到震惊，不知他们要干什么。汪应轸指挥随从的人众急速拉船前行，顷刻之间，已过百里，很快出离了泗州地界，这样，后面到来的使者，也收敛了自己的行为，不敢私自勒索，而汪应轸一概以礼待之。于是，他们都谴责前面的使者，而十分赞赏汪应轸。

武宗皇帝到了南都后，又传下圣旨，命令泗州进献几十名擅长歌舞的美女，这是因为宫使们怀恨汪应轸而使的报复手段。汪应轸上奏说："泗州的妇女没有才艺姿色，而且最近大都逃亡了，没有办法应诏。只有进献过去所招募的采桑养蚕妇女若干人，如果蒙皇上收纳到宫中，使他们采桑养蚕，实在有补于王化。"武宗皇帝看了汪应轸的奏书，只好下诏泗州暂停进献美女。

明英宗不听谏言遭祸患

明朝中期，明英宗十分宠幸太监王振。但是，王振是个奸佞小人，恃宠专权，朝廷内外，没有人不恐惧他。

当时，北方瓦剌逐渐强大起来了，有觊觎中原的野心。朝中许多大臣也都看清了这一点，纷纷上书要求在瓦剌通往南方的要道上设防，以阻止瓦剌的入侵。可王振事先早已收到瓦剌首领所馈赠的许多好处，为了讨好瓦剌首领也先，王振极力反对这项建议，说瓦剌友好和善，而且兵少力薄，不能也没有必要如此设防。明英宗也听信了他的话，不在北方设防。

随着瓦剌实力的增强，其狼子野心也越来越大。1449年，瓦剌首领也先亲自率领大军攻打大同，进犯明朝。明英宗大怒，决心御驾亲征。朝中许多大臣都极力反对，认为这种举动过于冒险，不利于朝政的稳定。

王振为了讨好明英宗，却说："皇上亲征有什么不好，这样一来可以大大鼓舞士兵的士气，对敌人也有一种威慑力量。而且这表明皇上英明决断，文武全才。况且瓦剌军不过是些乌合之众，一击便退，有什么危险。以前，也并非没有皇帝亲征而取胜的先例。"明英宗一听，非常高兴，更坚定了亲征的决心，别的大臣也就无力阻止了。

明英宗当即命令王振为主帅，率领五十万大军亲征。王振溜须拍马、曲意奉承的本事高，可对行军打仗却是一窍不通。他在粮草还没有准备充分的情况下，就仓促上路了。而一路上，又连降大雨，道路泥泞，行军速度非常缓慢，军队的士气大减。

也先闻报，顿时满心欢喜，认为这是捉拿明英宗，平定中原的大好时机。等明朝大军抵达大同时，也先命令大队人马向后撤退，愚蠢的王振以为这是瓦剌军队害怕明朝的大部队，畏惧而退，于是下令追击瓦剌军，明英宗也沾沾自喜地加入了队伍之中。没想到，这正是也先诱敌深入之计。他见明军追来，便命两队骑兵精锐从两侧包围明军。明军在瓦剌军从侧面的袭击之下，猝不及防，阵脚大乱，毫无斗志。明军先锋朱瑛、朱晃，中了瓦剌军的伏击，全军覆没。明英宗突闻恶讯，顿感无奈，灰心失望，只得下令班师回京。

明军撤退到土木堡时，已是黄昏时分。大臣们建议，部队最好再前行二十里，到储备丰富，便于防守的怀来城，以待援军。而怕苦怕累，不愿再前行的王振却以车辆辎重未到为理由，坚持在土木堡等待援军，没有吃过行军苦头的明英宗也想住下休息放松，便同意了王振的意见。

也先也生怕明军退回到怀来城，拒城固守，不易攻克，所以也下令急追不舍。就在明军抵达土木堡的第二天，也先大军也赶到，趁势包围了土木堡。土木堡是一个高地，极缺乏水源。瓦剌军立即控制了当地的唯一水源——土木堡西侧的一条小河。明军人马断水两天后，军心大乱。

也先接着又施一计，派人送信给王振，建议两军议和，王振以为这正是突围的好时机，急令部队往怀来城方向突围。这一下正中也先诱敌之计。明军离开土木堡不到四里地，瓦剌军从四面包围。明英宗在乱军中，由几名亲兵保护，几番突围不成，终于被也先生擒。王振在仓皇逃命时，被保护将军樊忠一锤打死。明军没了主帅，溃不成军，五十万大军全军覆没。

知茔以礼诗楚王

战国时期，晋楚展开大战，晋军大败，知茔被俘。知茔的父亲荀首为晋军大夫，率兵团战，射死楚大夫连尹襄老，射伤楚公子谷臣，一并带回去，预备以后用他们换回知茔。于是，荀首成了中军统帅。当时晋军虽败，但势力并不虚弱，楚人惧怕荀首的声威，便答应了换回知茔的要求。

楚王见知茔要回晋国，知道他将来一定能立下大业，便由原来把他当作罪犯的脸孔改作朋友的脸孔，在把知茔送出时，他满面和气地问知茔："你会怨恨我吧！"

知茔回答道："两国之间作战，是因我没有才能，才沦为俘虏。大王不把我杀死用血涂在鼓上激励将士，使我回晋受罪，这是大王的恩惠，我哪里还敢怨恨你呢？"

楚王听了这话很为得意，进而问道："既然如此，那么你将会感激我的恩德吗？"

知茔正色回答道："两国都是为国家利益打算，以使百姓安心度生，现在晋楚二国既已和好，各自后悔当初的怨恨，不应互相为战，那么就应互相宽恕为是，现在我们两国都在力求这样做，双方互释战囚以成其好。两国之间这样的政事，与我私人无关，我来感激谁呢？"

楚王又问："你这番话我听得有点不对了，明明是要换你回去，可你却说与你无关，但这也毕竟是两国之间大事。那么，你回去之后如何来报答我的恩情呢？"

知茔说："臣无从受怨，也无从受德，无怨无德，不知所报。"

楚王笑着说："这是哪里的话来。"

知茔说道："……若是我的国君把我杀掉，我就是身死掉，这个大恩是不会腐朽的。假使听从你的好意而免我一死，来赐给我的父亲荀首，若他把我戮于宗庙，我虽死掉，你的恩德也会不朽的。假使轮到我担任国家大事的时候，带领部分军队保卫边疆，如果碰上楚国的将帅，我也是不会避而不打的，我会不惜牺牲地去拼杀，没有二心，以此来尽我的为臣之礼，这就是我对大王的回报。"

楚王从知䓨口中得不到什么千金许诺，但知䓨句句话入情入理，不好反驳，只好送知䓨回去，叹口气说："晋未可与之争。"

知䓨在楚王进行盘问索要报答时，还在他人手中，然而并未故作媚态，强作欢颜，而是以礼相待楚王，这个礼，便是他应尽的臣子之礼，他的言语很有分寸，没有丝毫过度，也无丝毫不周。就这样，他依靠超人的口才，巧妙地保护了自己的利益。

碧血丹心

苌弘，字叔，又称苌叔，资阳市忠义镇高岩山人。他生于距今2500年前的春秋末期，是东周内史大夫。苌弘博学多才，擅长天文，精通音律，著有《大荒东经》等15篇，享有"智多星"之美誉。

苌弘先后辅佐东周3个君王，为巩固王室，作出了显著贡献。公元前525年10月13日，晋侯借卜卦为由，派员到周取得了景王同意，借路祈福。阴谋被苌弘识破，告之周卿刘康公后，有所准备，才避免了晋灭陆浑之举的再现。东周周景王时，苌弘任上大夫。景王死后，王族内乱，苌弘和卿士刘文公联手，借晋国帮助平乱，辅立王子匄即位，史称周敬王。

苌弘忠心耿耿，尽心竭力，又有修齐治平之雄才大略，深得周敬王的信任。君臣同心戮力，想复兴周朝，但是，他们这样做，引起诸侯国中一些政客的嫉恨，卫国大夫彪说："周王朝自从幽王昏乱以来，至今已经历了十四世。苌弘还想复辟，一定不会有好的结果。"

不久，晋国的中行氏、范氏、赵氏、智氏、韩氏、魏氏六卿开始混战，范氏和中行氏被其他四氏剿灭。范氏原为晋国执政正卿，又和周王室的卿士刘文公有姻亲关系。因此，在晋国内乱时，周王室明显地站在范氏和中行氏一边。赵、智、韩、魏四氏灭了范氏和中行氏后，接着又追究周王室中支持范氏和中行氏的人。他们知道刘文公势力大、根基深，无法扳倒，便把矛头指向了苌弘，而周敬王认为苌弘是辅立自己的功臣，一向忠心耿耿，所以不肯惩处他。

于是，晋国的正卿赵鞅便派大夫叔向出使周王室，用阴谋诡计离间周敬王和苌弘之间的关系。他故意频繁地同苌弘接触，有时密谈到深夜才告辞，试图引起周敬王和刘文公的怀疑。最后，叔向去觐见周敬王时煞有介事地说："大王，我们晋国已经查明范氏、中行氏之乱与苌弘无关，你不必再追究苌弘的责任了。我要回国复命去了，特来向你告辞。"叔向临走时，故意将袖中一封伪造的信件遗落在殿阶上。

叔向离开后，周敬王打开信件一看，竟是苌弘写给叔向的密信。信曰"请转告晋君，尽速发兵攻打周国，我将迫使敬王废黜刘氏，以作内应"等等，周敬王把信拿给刘文公看，刘文公看后大怒，不辨真假就要周敬王搜捕苌弘，诛灭九族。周敬王念其辅佐有功，就将苌弘放逐到千里之外的蜀地去了。

苌弘有口难辩，悲愤交加，没想到自己对周王室一片忠心，换来的竟是如此悲惨的结局。他到蜀地后，郁郁寡欢，不久便剖腹自杀了。苌弘的冤死，引起了当地吏民的怜惜同情，他们把苌弘的血用玉匣子盛起来，埋葬立碑纪念。三年后，掘土迁葬，打开玉匣一看，他的血已化成了晶莹剔透的碧玉。

由此，《蜀都赋》便书了"碧出苌弘之血"的名句，"碧血丹心"的典故即源于此。

千百年来，"碧血丹心"已成了为正义事业抛头颅、洒热血，竭忠尽诚的代名词，一向被人们著述吟咏所引用。

"终身成就奖"

在日本，有一项极高的荣誉——"终身成就奖"。有一年，"终身成就奖"在日本千万人的瞩目当中，颁给了一个极为平凡的人物，他的名字叫清水龟之助。

清水龟之助是一名默默无闻的邮差，他每天的工作，就是将各式各样的信件，分送到每一个家庭。这样的工作平淡无奇，比起那些专家学者们，可以说微不足道。

而清水龟之助之所以获得"终身成就奖"，主要的原因就在于他从事邮差工作前后二十五年的这一段时间内，清水龟之助从来没有过请假、迟到、早退等任何的缺勤状况。

在二十五年当中，清水龟之助的工作态度，始终和他第一天上班时一致。不管狂风暴雨、严寒酷暑，甚至连数次日本大地震灾难当中，清水龟之助总是能够准确无误地将信件交到收件人的手上。

清水龟之助表示，只要一想起那种令他感动的神情，即使再恶劣的天气、再危险的状况，也无法阻止他一定要将信件送达收件人手中的强大决心，这正是清水龟之助完成这项工作的真正动力。

是什么样的力量，让清水龟之助能够不辞辛苦、持之以恒地将一件极其平凡的工作，做得如此出色呢？或许我们从清水龟之助的获奖感言中，可以找到答案。

清水龟之助不善于言辞，他的获奖感言，只有极简单的陈述。他木讷地告诉所有的人，他之所以能够二十五年如一日地做好邮差的工作，主要是他喜欢看到人们收到远方亲友捎来的信件时，脸上洋溢出那种无比喜悦的表情。

地狱与天堂的差别

　　一个整天不工作无所事事的人，就如同生活在地狱。工作是上天赋予我们的使命。每个人生来就要各就各位，努力尽责并扮演好自己的角色，把自己喜欢的并且乐在其中的事情当成使命。这样，才能发掘自己的潜力，并顺利完成一份共同的责任。

　　对于每个人来说，上天给了我们一个生命，一个身体，同时也给了我们很多天分，我们要用这些天分去做很多应该做的事情。这就是说，工作是我们的天职。把工作视为天职的人，才能敬业。

　　有一个体格健全的年轻人，他不想工作，甚至有些讨厌工作，但他却想过一种衣食无忧逍遥自在的生活。

　　于是，这个年轻人向上帝跪拜道："我不喜欢工作，但我想过富裕的生活，有好衣服穿，有好饭菜吃，有好房子住，希望主能赐给我这一切。"

　　上帝说："好啊！我带你去一个地方，那里不仅有好吃的，有好衣服穿，有好房子住，而且还不让你工作！"

　　年轻人听后，非常高兴地说："好啊！我非常愿意去，我现在就要去！"

　　上帝说："可怜的孩子，闭上眼睛，你现在就去吧！"

　　一眨眼工夫，这个年轻人来到一个非常华丽的宫殿里，他看到许多和自己一样的年轻人很舒适地躺在各自的床上。这些人对他的到来好像什么也没有看见，他们只是目光呆滞地看了看他。

　　接下来，他就过着自己所期望的那种生活——每天除了吃很多丰盛的饭菜，就是睡觉。这个年轻人对就这样生活非常满意。

　　刚开始几天，这个年轻人非常开心，并沉醉于这样的生活。后来，慢慢地，他厌倦了这种生活。

　　到了第100天的时候，这个年轻人再也无法忍受这种悠闲的生活，他想起了自己以前工作时快乐的情景，他想起了自己以前工作给他带来的满足。他越想过去的那种快乐，对自己目前的生活就越是无法忍受。于是，他很生气地对上帝说："过这种生活，简直还不如下地狱！"

　　上帝很慈祥地说："可怜的孩子，这里就是地狱呀，你还以为是天堂吗？"

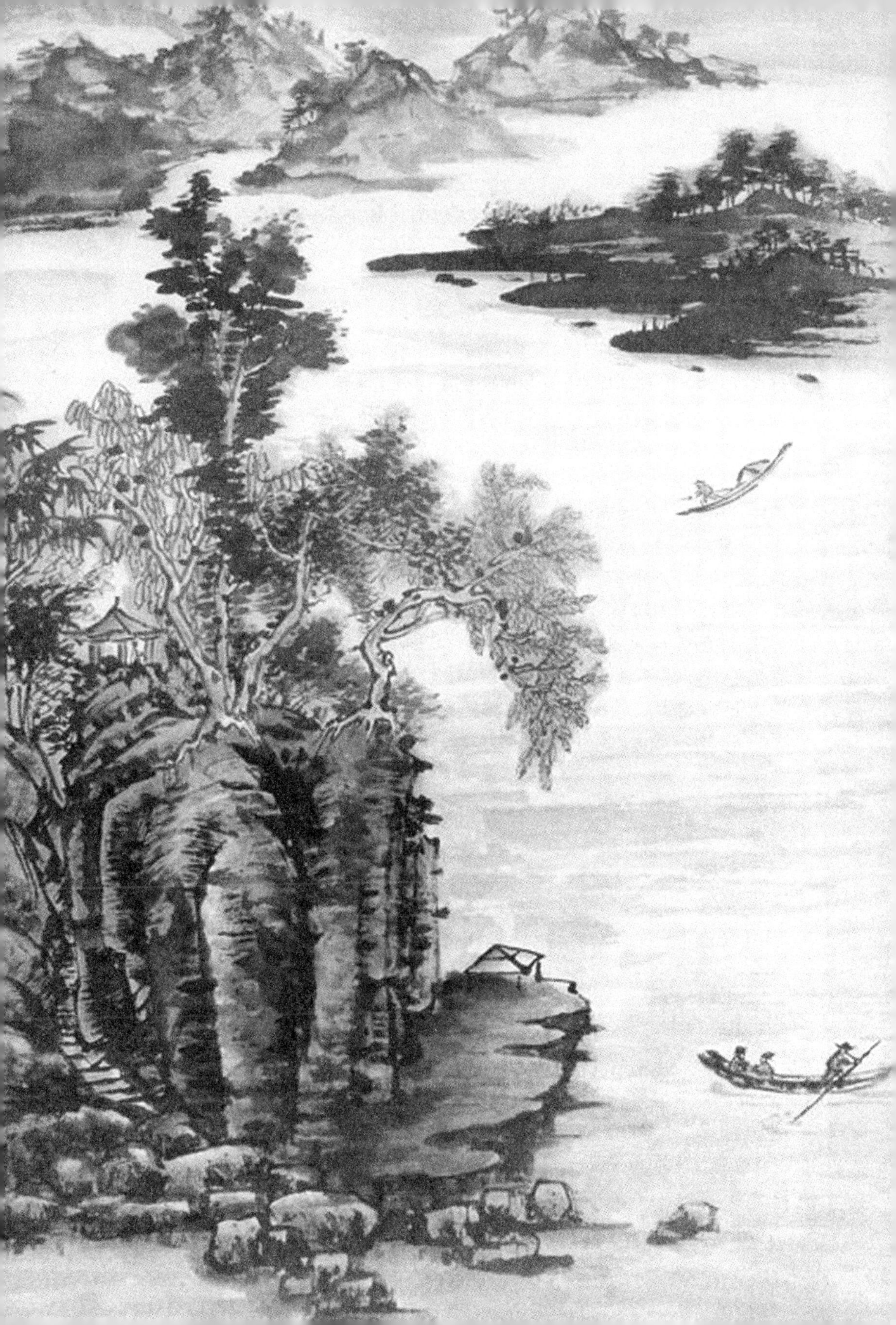

辨忠章第十四

【原文】

大哉！忠之为道也，施之于迩①，则可以保家邦，施之于远，则可以极天地。故明王②为国，必先辨忠。君子之言，忠而不佞；小人之言，佞而似忠，而非闻之者，鲜不惑矣。忠而能仁，则国德彰；忠而能智，则国政举；忠而能勇，则国难清。故曰有其能，必曰忠而成也。仁而不忠，则私其恩；智而不忠，则文其诈；勇而不忠，则易其乱，是虽有其能，以不忠而败也。此三者，不可不辨也。《书》云："旌别淑慝③。"其是谓乎。

【译文】

忠诚的作用是多么的伟大啊！从眼前来看，它可以保家卫国；从长远来看，它可以通天达地。所以圣明君主治理国家，首要的事情是分辨忠奸之人。忠良之人所说的话，忠直而不巧言取宠，并且值得信赖；奸佞小人所说的话，虽貌似忠直但事实上并非如此，都是欺人之谈，然而听到这些话的人还很少没有不被迷惑的。任用那些既忠信又仁义的人，国家的德业就会得到彰显；任用那些恪守忠信而又富有才干的人，国家政令一定会得到实施；任用那些既忠贞而又果断英勇的人，就一定能平定国难。所以说，一个人即使具备了各方面的才能，但一定还要讲求忠道才能真正成就大事。如果他懂仁义而不忠诚，就会因私利去偏袒那些对他有恩的人；如果他有才智却缺乏忠信，就会善于利用自己的才智来掩盖自己的欺诈行为；如果英勇无畏却不讲忠道，那就会轻易作乱。这些都足以说明，再有才干，不讲忠道，就会招致失败。这三个方面，不可不辨别清楚。《尚书》上说："区别好的和坏的吧！"大概就是讲的这个道理。

【注释】

①迩：近。②明王：英明的君王。③旌别淑慝：识别好坏。旌别，识别。淑，好。慝，坏。

【解析】

本篇从"施忠"的重要性导出"辨忠"的重要性。作者认为忠道的作用是很大的，它可以保家卫国，可以通天达地，但圣明君王治理国家，首要的事情是分辨忠奸，使忠道真正发挥作用。

有的人认为，在领导眼里，能力是第一位的。实际上，他们并不知道，仅

仅有能力远远不够，只有忠诚，才是决定你在团队里的真正地位的关键因素。

领导在用人时不仅仅看重个人能力，更看重个人品质，而品质中最关键的就是忠诚度。在当今社会，并不缺乏有能力的人，那种既有能力又忠诚的人才是每一个团队理想的人才。领导宁愿信任一个能力差一些却足够忠诚敬业的人，也不愿重用一个朝三暮四的人，哪怕他能力非常出众。如果你希望得到领导的赏识，得到升迁的机会，最重要一条就是你必须忠诚于你的领导。你忠诚地对待你的领导，你的领导也会真诚对待你；当你的敬业精神增加一分，别人对你的尊敬也会增加一分。不管你的能力如何，只要你真正表现出对团队足够的忠诚，你就能赢得领导的信赖。领导就会放心地把最重要的事情交给你去做，成为领导不可或缺的人才。

成功与在校成绩并没有什么必然的联系，但和踏实的性格密切相关。务实的人，比较能自律，比别人更努力，所以许多机会会落在这种人身上。因此，即使平凡的人如果勤奋刻苦，踏踏实实，成功之门也必将向他敞开。

典例阐幽

招贤纳士筑金台

燕国被齐国打败后不久，国君就死去了，太子继位，是为燕昭王。他在收拾残破燕国的时候，决定用厚礼聘请有才能的人，准备报败齐之仇。

他对谋士郭隗说："齐国趁着我国内乱而打败了我们，现在，我们燕国势单力薄，无力复仇。所以，得到贤明之人与我共商国是，以雪先王的耻辱，那是我最大的心愿。您觉得如何才能招到贤能的人呢？如何才能让燕国繁荣昌盛，打败齐国呢？"

郭隗说："成就帝业的君主以贤者为师，成就王业的君主以贤者为友，成就霸业的君主则以贤者为臣，而亡国的君主就以低贱的小人为臣。"

"您如果能恭敬地对待贤者，那么就能招来超过自己百倍的人才；您如果先于别人劳动，后于别人休息，先去请教别人，然后再深思默想，那么就能招来超过自己十倍的人才；您如果与别人一样辛勤劳动，并且能够平等地对待别人，那么就能招来和自己才能差不多的人才；您如果对人态度蛮横，随便发怒，任意呵斥，那就只能招来奴隶那样的人。这就是自古以来的经验和教训啊！大王如果真想广泛选任贤者，就应该亲自去拜访，让天下人知道大王亲自拜访自己的贤臣，那么天下的贤士，一定都会到燕国来。"

燕昭王听了郭隗的话，问道："我应该首先去拜访谁呢？"

郭隗说："我先给您讲个故事。古代有个国君，想用千金买千里马，三年也没买到。宫中有个侍者对国君说：'请让我去买千里马！'国君就派他去了。三个月后，这个人找到了千里马，但那匹马已经死了。于是他就用五百金买了马骨，回来向国君报告。国君大怒：'我要买的是活马，哪能用五百金买个死马呢？'侍者镇定地回答：'买死马尚且用五百金，何况活马呢？天下的人都以为大王真要买马，千里马很快就会送来。'果然，不到一年，就有三匹千里马送上门来。"

郭隗接着对燕昭王说："如今大王要想招揽人才，就请从我开始。我尚且被任用，更何况比我更有才能的人呢？"

燕昭王听从了郭隗的话，筑起高台，拜郭隗为师，并筑黄金之台以待贤者。一时间，乐毅、邹衍、剧辛这些人才纷纷从自己的国家奔向燕国。

经过许多贤人智者二十多年的努力，燕国终于强大起来，军队的战斗力也大大加强。于是燕昭王派乐毅为上将军，与秦、楚及三晋联合谋划进攻齐国。经过几场大战，齐军大败，齐闵王逃到国外，燕昭王终于报了败齐之仇。

罗伦品德高尚还手镯

明朝期间，有一个名叫罗伦的读书人，品行忠厚，刻苦勤奋。这年，他进京赴试。路过山东时，仆人拣到一只金镯。他乘人不注意，偷偷地把金镯揣入了怀中。过了五六天，罗伦在旅店中盘点行资，不由得双眉紧皱起来。

仆人问他为何不快乐，罗伦说："到达京城，还需要好多天，路费恐怕不够了。"仆人听了，不慌不忙地说："相公不必担心，小人自有办法。"罗伦奇怪地问："你有什么办法呢？""我在山东拾到一只金镯，把它卖掉，足足够了。"仆人得意地回答。

罗伦没想到仆人竟会做出这种事来，顿时愤怒至极，声色俱厉："别人的东西，我们怎么能占为己有呢？快快准备，返回山东，想法找到失主！"仆人为难地说："再回山东，往返多日，岂不误了你的考期？"

罗伦压住心中的怒火，耐心地对仆人说："丢失贵重物品的人，肯定焦急万分，说不定会出人命的。宁肯误考，也要送还。"

仆人自觉惭愧，二话没说，备好马匹，和罗伦急急忙忙返回山东。果然不出罗伦所料，原来一家主妇洗脸时，不留心将金镯落入盆中。侍女不知，连水带镯一起泼掉了。主妇找不到金镯，怀疑被侍女偷去，百般拷打，逼她招认。

主妇的丈夫得知此事，又怀疑妻子有外遇，将金镯送给了情夫，所以整日辱骂不休。侍女和主妇有口难辩，二人各怀冤屈之情，准备悬梁自尽。多亏发现得早，才救下了这两条性命。

正当这家人闹得沸沸扬扬的时候，罗伦主仆二人闻讯赶到了。他们送还了金镯，又好言好语安慰了失主一番。失主全家深受感动，千恩万谢，喜泪横流。罗伦虽然耽误了考期，但一点儿也不后悔。他意味深长地对仆人说："如果找不到金镯的失主，我会一辈子心中不安的。"

敢于直谏的张昭

张昭是吴国名士，为人清廉耿介，直言敢说，颇得吴国人士敬重。

公孙渊被曹操打败后，派人向孙权俯首称臣。孙权大悦，封公孙渊为燕王，并派万名将士乘船循大海绕过中原去向公孙渊庆贺。群臣都反对，张昭说：公孙渊反复无常，本不可信，他现在归降只因为受到曹操攻击而已，如果公孙渊变卦，反投曹操，我们的使臣兵马怎么生还？"

孙权反复责难张昭，张昭执意不让，弄得孙权很没面子，拔刀击案说："东吴人士入宫就拜我，出宫就拜你，我敬重你也够深了。但你经常当着众人的面反对斥责我，我就担心自己什么时候忍不住下令惩罚你了。"

张昭直直盯着孙权说："我虽知谏言不被采纳，但只愿竭尽忠诚，报太后临崩前，呼老臣到床边遗诏老臣顾命之恩。"孙权掷刀于地，与张昭对泣，但终没采用张昭的建议，仍派人到公孙渊处。

一气之下，张昭托病不出，孙权也因此恨他，叫人用土封了张昭家的大门。张昭又叫人从里边把门封上。

后来公孙渊果然杀了孙权使臣，降于曹操。孙权自知失策，多次派人向张昭谢罪，请张昭重持朝政，张昭坚辞不出。孙权又亲自到门前去请张昭，张昭仍称病不出。孙权用火烧张昭的大门，想逼张昭出来，张昭还是不出来。孙权又叫人灭火，守候在大门外良久，张昭的几个儿子才把张昭扶出来。孙权用车载张昭回宫，深自内责，张昭面子上却不过，重上朝会。

张昭治理政事细致周密，直言耿介，秉性忠诚，但在胆略勇气上，却不是一位好将领、好军师。

甘宁投奔孙权后，向孙权献策：汉室渐衰微，曹操盗国家之权，当率兵向西进；刘表占据荆江一带，但昏庸无能，儿子又不争气，不如早图之，否则被曹操先下手；要取刘表，必须攻黄祖，黄祖一破，乘势而上，可以渐渐夺取巴蜀之地，这样就可成霸王之业。

孙权很赞成甘宁的建议，张昭反对说："现在东吴四处都还没安定，如果远征黄祖、刘表，恐怕国内会有叛乱。"甘宁对张昭说：国家把你当萧何一样的信任，你却安守着怕叛乱，何以仰慕古人呢？

当曹操率83万大军攻赤壁之时，东吴将士都惊恐不已。张昭对孙权说：曹操虽是狼子野心，但挟天子以令诸侯，动不动就是朝廷的圣旨，天子的口谕，与他抗争本属不顺；东吴可以抗拒曹操大军的只是长江天险，但曹操现在已占据了荆州，收编了刘表的水军，顺江而下，水陆并进，长江天险已不存在，如何与他争斗呢？不如暂时归降曹操。

后来孙权用鲁肃、周瑜，与刘备合力打败兵力强大的曹操，这就是历史上有名的以少胜多的赤壁之战。

张昭死时81岁。史书评张昭"容貌矜严，有威风，吴王以下，举邦惮之"。

诚信方能立国

晋文公攻打原国，和大夫们约定10天为期限，要攻下原国，因此只携带了可供10天食用的粮食。可是10天过去了仍没有攻下原国，晋文公便下令敲锣退军，准备收兵回晋国。

这时，有战士从原国回来报告说："再有3天就可以攻下原国了。"这是攻下原国千载难逢的好机会，眼看就要取得胜利了。晋文公身边的群臣也劝谏说："原国的粮食已经吃完了,兵力也用尽了,请国君再等待一些时日吧!"

晋文公语重心长地说:"我跟大夫们约定了10天的期限,若不回去,就失去了我的信用啊!为了得到原国而失去信用,我办不到。"于是下令撤兵回晋国去了。

原国的百姓听说这件事都说:"有君王像晋文公这样讲信义的,怎可不归附他呢?"于是原国的百姓纷纷归顺了晋国。

卫国的人也听到这个消息,便说:"有君主像晋文公这样讲信义的,怎可不跟随他呢?"于是也向晋文公投降。

孔子听说了,就把这件事记载下来,并且评价说:"晋文公攻打原国竟获得了卫国,是因为他能守信啊!"

曾子杀猪

曾子,姓曾,名参,字子舆,他是孔子学说的主要继承人和传播者,在儒家文化中具有承上启下的重要地位。曾参以他的建树,终于走进大儒殿堂,与孔子、孟子、颜子(颜回)、子思子比肩共称为五大圣人。

曾子说过:"吾日三省吾身,为人谋而不忠乎,与朋友交而不信乎,传不习乎?"意思是说,我每天都要多次反省自己,检查自己和别人商量的事情是不是忠诚地去办了,和朋友交往是不是守信用了;老师传授的知识是不是认真复习了。曾子不但这样说,而且也是这样做的。曾子杀猪的故事就是他的实践。

一天,曾子的妻子要到集市上去,他的儿子哭着要跟着她。曾子的妻子就骗他说:"你先回去等着,等一会我回来给你杀猪吃。"孩子信以为真,一边欢天喜地地跑回家,一边喊着:"有肉吃了,有肉吃了。"

孩子一整天待在家里等妈妈回来,村子里的小伙伴来找他玩,他都没有去。傍晚,孩子远远地看见妈妈回来了,就急忙跑上前去迎接,并催促道:"娘,娘,快杀猪,快杀猪,我都快要馋死了。"

曾子的妻子听后,不仅批评道:"一头猪顶咱家两三个月的口粮,怎么能说杀就杀呢?"

孩子听后,哇的一声哭了。

曾子知道了事情的真相后,二话没说。转身就回屋里拿了把菜刀出来了,曾子的妻子吓坏了,因为曾子一向对孩子要求十分严厉,以为他要教训孩子,连忙把孩子搂在怀里。哪知曾子却径直奔向了猪圈。

妻子不解地问:"你举着菜刀跑到猪圈里干什么?"

曾子毫不思索地答道:"杀猪"。

妻子听了疑惑地问道："不过年不过节杀什么猪啊？"

曾子严肃地说："你不是答应过孩子了吗？既然答应了就应该做到。"

妻子说："我只不过是骗骗孩子，和小孩子说话何必当真呢？"

曾子说："对孩子就更应该说到做到了，不然，这不是明摆着让孩子学撒谎吗？大人都说话不算话，以后有什么资格教育孩子呢？"

妻子听后惭愧地低下了头，夫妻俩真的杀了猪给孩子吃，并且宴请了乡亲们，告诉乡亲们教育孩子要以身作则。

曾子的做法虽然遭到一些人的嘲笑，但是他却教育出了诚实守信的孩子。曾子杀猪的故事一直流传至今，他的人品一直为后代人所尊敬。

忠诚胜于能力

有一个在企业里兢兢业业工作了十年的老技术员意外地被要求待岗。在最初的日子里，他心情异常烦躁，觉得自己真的好委屈。并且这些天，他一连接到好几个奇怪的电话。电话里的人自称是他原来上班的那家企业的竞争对手，希望他能提供一些原企业的机密，作为回报，可以给他提供一份薪水很高的工作或是给他100万元。

第一次接到电话时，他就断然拒绝了。第二天，那个电话将报酬提高到200万元，他还是拒绝了。

"那家公司已经让你待岗了，下一步很可能就是辞退你，你辛苦工作十年，得到的却是这样的回报，你有必要还为对你忘恩负义的企业死守机密吗？你这样做对自己没有任何好处！"电话里的那个人气愤地说。

"很抱歉，无论如何我都不会那么做！这是我做人的原则，即使我已经离开了这家企业。"他坚定地说。

当第三个电话打来时，他正在为找工作四处奔波，因为一家老小全靠他来养活，他工作没了，家庭开支就成问题了。而这时，电话里的那个人开的价已高达500万元。但他还是毫不犹豫地拒绝了。

第二天，他很意外地被通知去上班，老总把代表企业最高荣誉的奖章——忠诚奖章发给了他，同时，老总还给他一份聘书，聘任他为技术开发部经理。

原来这三个电话不过是一次干部聘任前的考察而已。

为自己的梦想打工

齐勃瓦出生在美国乡下的一个小村子里，只受过很短的学校教育。15岁那年，家中一贫如洗的他就到一个山村做了马夫，然而雄心勃勃的齐瓦勃无时无刻不在寻找着发展的机遇。三年后，齐瓦勃终于来到钢铁大王卡内基所属的一个建筑工地打工。一踏进建筑工地，齐瓦勃就抱定了要做最优秀建筑工的决心。当他的工友们在抱怨工作辛苦、薪水低而怠工的时候，齐瓦勃却默默地积累着工作经验，并自学建筑知识。

　　一天晚上，工友们在闲聊，唯独齐瓦勃躲在角落里看书。那天恰巧公司经理到工地检查工作，经理看了看齐瓦勃手中的书，又翻开了他的笔记本，什么也没说就走了。第二天，公司经理把齐瓦勃叫到办公室，问："你学那些东西干什么？"齐瓦勃说："我想我们公司并不缺少打工者，缺少的是既有工作经验、又有专业知识的技术人员或管理者，对吗？"经理微笑地点了点头。不久，齐瓦勃就被提升为技师。当他被提升为技师后，有些工友当面挖苦讽刺齐瓦勃，而他这样说："我不光是在为老板打工，更不单纯是为了赚钱，我是在为自己的梦想打工，为自己的远大前途打工。我们只能在业绩中提升自己。我要使自己工作所产生的价值，远远超过所得的薪水，只有这样我才能得到老板的重用，也才能获得机遇！"抱着这样的信念，齐瓦勃一步步升到了总工程师的职位上。25岁那年，齐瓦勃又做了这家建筑公司的总经理。

忠谏章第十五

【原文】

忠臣之事君也，莫先于谏，下能言之，上能听之，则王道光矣。谏于未形①者，上也；谏于已彰②者，次也；谏于既行③者，下也。违而不谏，则非忠臣。夫谏，始于顺辞，中于抗义，终于死节，以成君休，以宁社稷。《书》云："木从绳则正，后从谏则圣④。"

【译文】

忠良之臣侍奉君主，最首要的莫过于诤谏。臣子能大胆向君主直言进谏，君王也能积极听取采纳，那么帝王之道就前途光明了。在臣子对帝王诤谏时，最好能在事情或过失尚未发生之前直言进谏，使缺点、错误消失在萌芽状态，这种进谏方式属于上等；事情或过失已经出现、发生了，再向帝王直言进谏，这种进谏方式属于次等；事情或错误已经造成不良后果了，再向帝王直言进谏，这种进谏方式属于下等。至于帝王们已经犯了过失，有悖常理，臣子却不去谏诤，那就不能算作是忠良之臣了。忠臣谏诤最好的方式是用可以让帝王顺心可意之辞去劝说，以便让他能够愉悦地接受。如果这样不能被接受的话，就用据理力争的办法去争取。这样帝王仍然对所言不能听取采纳，最后的办法就是以死相谏了。通过以上方式成就帝王的善举，从而保证国家的安宁祥和。《尚书》上说："木依绳墨砍削就会正直，帝王依从谏言行事就会圣明。"

【注释】

①未形：错误的尚未发生。②已彰：错误的已出现。③既行：错误已经造成。④"木从绳则正"二句：木依绳墨砍削就会正直，帝王依从谏言行事就会圣明。从，依从。后，君王。

【解析】

忠诚不是愚忠，服从不是盲从。忠诚的前提是你所忠诚的对象值得你忠诚。对自己的职业忠诚，是最基本的忠诚，做好工作才是最杰出的"效忠"。同时，忠诚不应该成为掩盖自己无能的借口。如果你忠诚于国家，你就应该努力提高自己的综合素养，为国家作贡献；如果你忠诚于企业，你就应该提高自己服务于企业的技能，为企业创效益；如果你忠诚于你的工作，就要全身心地投入到工作中去。

忠诚并不是盲目的绝对的服从，当领导向你下达命令时，要学会分辨是非，学会冷静思考，不要被领导的威严所吓倒，也不要被领导的甜言蜜语所迷惑，要知道利弊所在，防止糊里糊涂干出一些错误的事情来。

对那些善于溜须拍马、阿谀奉承的人，或许短时间内可能获得好处，但是绝对无法长久。无论伪装出一副多么忠诚的面孔，最终虚伪的真面目还是会被领导揭穿的。一旦伪装的忠诚被拆穿，所有的优点就会烟消云散。只有真诚地袒露自己的心扉，才能真正做到忠诚，赢得别人的信赖和尊重。

典例阐幽

忠直谏臣郑国公

有一年，唐太宗派人征兵。有个大臣建议，不满十八岁的男子，只要身材高大，也可以征。唐太宗同意了。但是诏书却被魏征扣住不发。唐太宗催了几次，魏征还是扣住不发。唐太宗大发雷霆。魏征不慌不忙地说："我听说，把湖水弄干捉鱼，虽能得到鱼，但是到明年湖中就无鱼可捞了；把树林烧光捉野兽，也会捉到野兽，但是到明年就无兽可捉了。如果把那些身强力壮、不到十八岁的男子都征来当兵，以后还从哪里征兵呢？国家的租税杂役，又由谁来负担呢？"良久，唐太宗说道："我的过错很大啊！"于是，又重新下了一道诏书，免征不到十八岁的男子。

一次，唐太宗从长安到洛阳，中途在昭仁宫（现在的河南省寿安县）休息，因为对他的用膳安排不周到而大发脾气。魏征当面批评唐太宗说："隋炀帝就是因为常常责怪百姓不献食物，或者嫌进献的食物不精美，遭到百姓反对，灭亡了。陛下应该从中吸取教训，兢兢业业，小心谨慎。如能知足，今天这样的食物陛下就应该满足了，如果贪得无厌，即使食物好一万倍，也不会满足。"唐太宗听后不觉一惊，说："若不是你，我就听不到这样中肯的话了。"

魏征为人耿直，有才干，是个忠臣，李世民不记前仇，任用他为谏议大夫。魏征不断向李世民提出好的建议，使李世民对他十分佩服，经常将魏征请入居室，询问得失，魏征越来越被重用，先后被李世民提升为秘书监、侍中、宰相，并封他为郑国公。

李世民曾说："我好比山中的一块矿石，矿石在深山是一块废物，但经过匠人的锻炼，就成了宝贝。魏征就是我的匠人！"

魏征去世后，李世民痛哭流涕地说："用铜制成的镜子，可以照见衣帽是否端正；用古史的镜子，可以参照政治的兴衰；用人作镜子可以知道自己的成绩与过错。我经常保持着这三面镜子，现在魏征去世了，我少了一面镜子呀。"

徒夸计策的亚父

范增（前277—前204），秦末著名政治家，居鄡（今安徽巢湖市居巢区亚父乡，又传安徽桐城练潭）人，秦朝（前221—前206）末期农民战争中霸王项羽的主要谋士。秦末农民起义爆发后，秦二世二年（即前208年），范增投靠了项羽的叔叔项梁，劝说他立楚王的后裔为楚怀王，以此号召天下百姓。在项梁阵亡后，他跟随项羽，成为他的重要谋士，后来封位历阳侯，项羽尊称他为"亚父"。

秦朝末年，刘邦先入函谷关，想据守关中称王，项羽破关而入，与刘邦在鸿门（今陕西省临潼县东）相会，开始了历史上著名的"楚汉之争"。在刀光剑影、杀气腾腾的鸿门宴上，好用奇计的范增，定下暗杀之计，要把项羽的敌手刘邦杀掉，以绝后患。在举杯祝酒声中，范增多次向项羽递眼色，并接连三次举起他佩戴的玉珏，暗示项羽，要项羽下决心趁此机会杀掉刘邦。可是项羽讲义气，不忍心下毒手。此刻范增非常着急，连忙抽身离席把项羽的堂弟项庄找来，面授机宜，要他到宴会上去敬酒，以舞剑助乐为名，趁机刺杀刘邦。由于项羽的叔父项伯和刘邦部下的猛将樊哙的阻拦、救护，刘邦才得以脱身逃走，保全性命。鸿门宴暗杀阴谋未遂，范增勃然大怒，拔出所佩宝剑，劈碎刘邦赠给他的一双玉斗（玉制的酒器），明斥项庄暗骂项羽："竖子不足与谋，夺项王天下者，必沛公也。"（《史记·项羽本纪》）

公元前204年初，楚军数次切断汉军粮道，刘邦被困荥阳（今河南省荥阳市），于是向项羽请和。项羽欲同意，范增说："汉易与耳，今释弗取，后必悔之。"（《史记·项羽本纪》）于是项羽与范增急攻荥阳。刘邦手下谋士陈平施离间计，令项羽以为范增勾结汉军，从而削其兵权，范增大怒而告老回乡，项羽同意了。范增："天下事大定矣，君王自为之，愿赐骸骨归卒伍。"未至彭城（今江苏徐州市），就因背疽发作而死在路上。

范增死后两年，项羽的军队被刘邦、韩信、彭越的联军击败，退至垓下（今安徽灵璧县南）。不久，项羽逃到和县乌江，自刎而死。刘邦以"楚汉战争"的胜利者，登上了皇帝宝座，建立了中国历史上强大的汉朝。刘邦总结项羽失败的教训说："项羽有一范增而不能用，此其所以为我擒也。"

后人有诗曰："君王不解据南阳，亚父徒夸计策长。毕竟亡秦安用楚，区区犹劝立怀王。"

吕蒙虚心好学传美名

三国时东吴名将吕蒙自幼丧父，家境贫寒，母亲带着小吕蒙和他的姐姐，省吃俭用，艰难度日。为了改变穷困的境遇，十五六岁的吕蒙就投身军营，开始了戎马生涯。

几年的金戈铁马，出生入死，刚猛骁勇的吕蒙升任横野中郎将，过上了荣华富贵的生活。应该说，到这地步，吕蒙应当如愿以偿，心满意足了。这时发生了一件事，使他猛然惊醒。

吕蒙从小没读过书，大字不识几个，凡禀报军情都要叫人代笔。这天孙权急着催要一份关于吕蒙防区的军务情况报告，恰巧代笔的刘文章回家奔丧去了，一时又找不到会写文章的人，急得吕蒙团团乱转，最后只好亲自骑马，日夜兼程赶到建业，当面去向孙权做口头汇报。孙权一看风尘仆仆的吕蒙，大吃一惊，以为前线出了什么大事，直到问清缘由，不觉又气又好笑，当场就开导他："你现在身居要职，光会指挥打仗是不够的，还应当好好读书，增长学问才是。"

"军务如此繁忙，哪有时间做学问？"吕蒙不以为然，脱口应道。

"军务繁忙？难道说你比我还忙？"孙权转身，面向众将官，"孔子曰：'终日不食，终夜不寝以思，无益，不如学也。'曹孟德不也自称老而好学？汉光武帝刘秀还手不释卷呢。你们年纪轻轻，为什么不能上进？"说着他又转向吕蒙，"就说今天的事吧，如果你会写文章，还用得着丢下防务，大老远从前线跑回来吗？"

孙权的一席话，深深地触动了吕蒙，他在离开建业之时，搜集了《左传》《国语》《史记》《孙子兵法》等许多书，全带回了军营。从此他把战场上的拼命劲又用到读书上，无论是行军打仗还是屯兵驻防，只要得一点空闲工夫，就坐下来读书，连平常骑在马上，也要反复默背章句。几年下来，吕蒙的才干大有长进。

一天，东吴大谋士鲁肃来拜访吕蒙。鲁肃以为吕蒙只不过是一介赳赳武夫，于是便在酒筵上大谈天下事，根本不把他放在眼里。不料吕蒙谈笑风生，居然旁征博引，一口气提出了五条对付蜀汉的计策。听得鲁肃目瞪口呆，不由得竖起大拇指，兴奋地称道："士别三日，当刮目相看，老弟如此才识，已不是当年吴下的小阿蒙了。"

吕蒙为东吴收复荆州、开拓疆土立下赫赫战功，虽居高官显位，仍虚心好学，在将星灿烂的三国时代，也称得上是文佐武功的楷模。

宋代苏轼认为："古之立大事者，不惟有超世之才，亦必有坚忍不拔之志。"意志是一个人确立自己的目的，并支配和调节其行为去实现这一目的的心理过程。吕蒙年近而立之年开始识字读书，其间艰辛可想而知，没有坚强的意志力，就不能在戎马生涯中从识字开始，进而短短数年竟饱读诗史，令人刮目相看。可见意志的坚忍性就体现在，善于久长地坚持业已开始的符合目的的行动，做到锲而不舍，有始有终。

宁死不肯说违心话的高允

北魏的统治者是鲜卑族拓跋部人。在东晋初年，拓跋部还是我国东北的一个游牧部落，后来吸收了中原文化，逐步建立了封建的经济制度。公元386年，鲜卑贵族拓跋珪建立了北魏，就是魏道武帝。魏道武帝建立北魏王朝以后，任用了一批汉族士人当他的谋士，其中最有名望的要数崔浩。

崔浩在北魏统一北方的战争中，立了很大功劳，受到北魏三代皇帝的信任。到魏太武帝即位以后，他担任司徒，掌握了朝政大权，还派了几十名汉族士人，担任各地郡守。这样，他和鲜卑统治者之间就发生了矛盾。

魏太武帝派崔浩带几个文人编写魏国的历史。太武帝叮嘱他们，写国史一定要根据实录。

崔浩和他的同事按照这个要求，采集了魏国上代的资料，编写了一本魏国的国史。当时，皇帝要编国史的目的，本来只是留给皇室后代看的。但是崔浩手下有两个文人，偏偏别出心裁，劝崔浩把国史刻在石碑上，让百官看了，也可以提高崔浩的声望。

崔浩自以为功大官高，没有什么顾虑，真的花了大批人工和费用，把国史刻在石碑上，还把石碑竖在郊外祭天坛前的大路两旁。

国史里记载的倒是史实，但是北魏的上代文化还十分落后，有些事情在当时看来，是不体面的。过路的人看了石碑，就纷纷议论起来。

北魏的鲜卑贵族认为这一来丢了皇族的面子，就向魏太武帝告发，说崔浩一批人写国史，是成心揭朝廷的丑事。

魏太武帝本来已经嫌崔浩太自作主张，一听这件事，就发了火，命令把写国史的人统统抓起来查办。

参加编写的著作郎高允是太子的老师。太子得到这个消息，着急得不得了，把高允找到东宫（太子居住的宫），跟他说："明天我陪你朝见皇上，如果皇上问你，你只能照我的意思答话，别的什么也别说。"

高允不知道是怎么回事。第二天就跟随太子一起上朝。太子先上殿见了太武帝，说："高允这个人向来小心谨慎，而且地位比较低。国史案件全是崔浩的事，请陛下免了高允的罪吧。"

太武帝召高允进去，问他说："国史都是崔浩写的吗？"

高允老老实实地回答说："不，崔浩管的事多，只抓个纲要。具体内容，都是我和别的著作郎写的。"

太武帝转过头对太子说："你看，高允的罪比崔浩还严重，怎么能饶恕呢？"

太子又对魏太武帝说："高允见了陛下，心里害怕，就胡言乱语。我刚刚还问他来，他说是崔浩干的。"

太武帝又问高允："是这样的吗？"

高允说："我犯了罪，怎么还敢欺骗陛下。太子刚才这样说，不过是为了想救我的命。其实太子并没问过我，我也没跟他说起过这些话。"

魏太武帝看到高允这样忠厚直率，心里也有点感动，对太子说："高允死到临头，还不说假话，这确是难能可贵的。我赦免他的罪就是了。"

魏太武帝又派人把崔浩抓来审问。崔浩已经吓得面无人色，什么也答不上来。太武帝大怒，要高允起草一道诏书，把崔浩满门抄斩。

高允回到官署，犹豫了半天，也没有写出半个字来。太武帝派人一再催问，高允说："我要求再向皇上面奏一次。"

高允进宫对太武帝说："我不知道崔浩还犯了什么罪。如果仅仅是为了写国史，触犯朝廷，也不该判死罪。"

魏太武帝认为高允太不识好歹，吆喝一声，叫武士把他捆绑起来。后来太子再三恳求，太武帝气消了，才把他放了。

事后，太子埋怨高允说："一个人应该见机行事。我替你告饶，你怎么反而去触怒皇上？我想起这件事，真有点害怕。"

高允说："崔浩做这件事私心重，是有错误的，但是，编写历史，记载帝王活动和朝政得失，这并没有错。再说，国史是我和崔浩一起编写的，出了事，怎能全推给他呢。殿下能救我，我是十分感激的。但是要我为了活命说违背良心的话，我是不干的。"

魏太武帝到底没有饶过崔浩，把崔浩和他的几家亲戚满门抄斩。但是由于高允的直谏，没有株连到更多的人。据太武帝自己说：要不是高允，他还会杀几千个人呢。

军法如山，大义灭亲

传说明朝嘉靖四十一年（1562）初夏，戚继光率领戚家军来到崇武沿海一带抗倭。这天深夜，戚继光带着两个随从，踏着月光出城巡视，走着走着，忽然听到从海滩那边传来凄惨的哭声。戚继光赶过来一看，只见一个两鬓斑白的老大爷捶胸顿足痛哭着，旁边一个守城士兵好言劝慰。那个士兵一见戚继光，马上站起来行礼，将情况一一禀告。

原来这个老大爷的亲人几乎全被倭寇杀害了，只剩一个孙女。谁知祸不单行，这天半夜，家中突然闯进一个蒙脸人，将他的孙女奸淫了，孙女羞愧难当，跑出家门，跳海自尽了。老大爷和守城士兵赶到海边时，他孙女早已被冲到外海去了。

戚继光劝住老大爷，问他认不认得这个蒙脸人。老大爷说，这人左边眼眉间有一道显眼的伤疤，长得五大三粗，戚继光一听，不由一怔。他搀扶着老大爷，让他先跟他们回营，待调查清楚后再处置。

到了营中，几个当地百姓已将蒙脸人逮住送来了。戚继光一看，果然不出所料，正是亲侄儿戚安顺。他气得面如紫茄，喝令立即推出斩首示众。

戚安顺慌忙跪下，声泪俱下地哭求道："叔父呀，我知错了，就饶我这一次吧！以后我一定痛改前非……当年倭寇奸细要暗杀叔父，我挺身而出，左眼边挨了一刀，面容被毁，以致至今娶亲无望，才去干那……"

"住嘴！即使娶亲无望，你也不能干出这伤天害理的事！"戚继光厉声斥道。

"你对我委实有救命之情，况且你我有叔侄之亲，但这都是私情。现在你奸淫少女，害死人命，这可是触犯众怒的公事呀，是国法军纪家规所不容的！你今日是自作自受。"

戚继光说着，向手下人喊道："来人，端一碗酒过来。"于是，一个士兵送来了一碗酒。

戚继光端着这碗酒，对戚安顺说："侄儿，你的救命之恩叔父是不会忘记的。今日即将永别，就喝下叔父答谢你的这碗酒吧！"

戚安顺深知叔父一向秉公执法，自己今日死罪难逃，便接酒一饮而尽。随后，他就被推出斩首。戚继光命人把他的首级悬挂在城楼上示众三天，以儆效尤。

从此以后，将士们都知道戚继光严于执法，军令如山，公私分明，都不敢做违犯军纪国法的事。

烽火戏诸侯

周宣王死后，他的儿子姬宫涅继位，是为周幽王。周幽王是西周最后一位天子，他同所有的亡国之君一样，残暴，昏庸，淫荡，不顾百姓死活，遍选天下美女充实后宫，重用佞臣虢石父。朝中大臣、褒国国君褒珦的劝谏之言非但不听，还将褒珦下狱治罪。褒国为了营救褒珦，遂进献美女褒姒，以赎其罪。幽王见了褒姒，非常喜爱，马上立她为妃，同时也把褒珦释放了。幽王自得褒姒以后，十分宠幸她，一味过起荒淫奢侈的生活。褒姒虽然生得艳如桃李，却冷若冰霜，自进宫以来从来没有笑过一次，幽王为了博得褒姒的开心一笑，不惜想尽一切办法，可是褒姒终日不笑。为此，幽王竟然悬赏求计，谁能引得褒姒一笑，赏金千两。这时有个佞臣叫虢石父，替周幽王想了一个主意，提议用烽火台一试。

烽火本是古代敌寇侵犯时的紧急军事报警信号。由国都到边镇要塞，沿途都遍设烽火台。西周为了防备犬戎的侵扰，在镐京附近的骊山一带修筑了20多座烽火台，每隔几里地就是一座。一旦犬戎进袭，首先发现的哨兵立刻在台上点燃烽火，邻近烽火台也相继点火，向附近的诸侯报警。诸侯见了烽火，知道京城告急，天子有难，必须起兵，赶来救驾。虢石甫献计令烽火台平白无故点起烽火，招引诸侯前来白跑一趟，以此逗引褒姒发笑。

昏庸的周幽王采纳了虢石父的建议，马上带着褒姒，由虢石父陪同登上了骊山烽火台，命令守兵点燃烽火。一时间，狼烟四起，烽火冲天，各地诸侯一见警报，以为犬戎打过来了，果然带领本部兵马急速赶来救驾。到了骊山脚下，连一个犬戎兵的影儿也没有，只听到山上一阵阵奏乐和唱歌的声音，一看是周幽王和褒姒高坐台上饮酒作乐。周幽王派人告诉他们说，辛苦了大家，这儿没什么事，不过是大王和王妃放火取乐。诸侯们始知被戏弄，怀怨而回。褒姒见千军万马招之即来，挥之即去，如同儿戏一般，觉得十分好玩，禁不住嫣然一笑。周幽王大喜，立刻赏虢石父千金。

公元前771年，犬戎进攻镐京。周幽王听到犬戎进攻的消息，惊慌失措，急忙命令烽火台点燃烽火。烽火倒是烧起来了，可是诸侯们因上次受了愚弄，这次都不再理会。

烽火台上白天冒着浓烟，夜里火光烛天，可就是没有一个救兵到来，使得周幽王叫苦不迭。镐京守兵本就怨恨周幽王昏庸，不满将领经常克扣粮饷，这时也都不愿效命，犬戎兵一到，便勉强招架了一阵以后，一哄而散，犬戎兵马蜂拥入城，周幽王带着褒姒、伯服，仓皇从后门逃出，奔往骊山。途中，他再次命令点燃烽火。烽烟虽直透九霄，还是不见诸侯救兵前来。犬戎兵紧紧追逼，周幽王的左右在一路上也纷纷逃散，只剩下一百余人逃进了骊宫。周幽王采纳臣下的意见，命令放火焚烧前宫门，以迷惑犬戎兵，自己则从后宫门逃走。逃不多远，犬戎兵又追了上来，一阵乱杀，只剩下周幽王、褒姒和伯服三人。他们早已被吓得瘫痪在车中。犬戎兵见周幽王穿戴着天子的服饰，知道就是周天子，就当场将他砍死。又从褒姒手中抢过太子伯服，一刀将他杀死，只留下褒姒一人做了俘虏。至此，西周宣告灭亡。

敢于坚持真理的人

在新泽西州一家大公司里，有一个名叫布恩的男子，他是这家大公司的老板，由于事务繁忙，自己一个人无法应付过来，为此他决定招聘一个助理，但限男性。

经过轮番筛选，一少部分人进入了决赛阶段，布恩称决赛主要是考察应聘者的勇气和忠诚度。进入了决赛阶段的一批人被安排在公司接待室里，由布恩一个接一个叫进他的办公室里面试。

第一个男士被叫进布恩的办公室里，他信心百倍地接受考察。布恩把他带到一个房间里，推开房间一看，屋内地板上到处是碎玻璃碴，尖锐锋利，让人望而却步。"脱下你的鞋，从房间的这边走到那边，把那边桌上的表格填好后交给我！"布恩说。这位男士毫不犹豫地脱了鞋，忍受着疼痛从碎玻璃碴上面踩过去，当他把表格交到布恩先生手中时，他的双脚已满是鲜血。然而，布恩看也没有多看他一眼，只对他说："回去等候通知吧。"

第二个男士被布恩带到了另一间锁着的门前说："里面有一张表格，你去把它拿出来，填好表格后交给我。"

这位男士推了推门，发现门是锁着的，就问布恩有没有门钥匙。布恩说："用你的脑袋把门撞开！"这位男士心想老板要考察的是勇气，绝不能在老板面前表现出自己很软弱的样子，于是，他不用多想就用头撞门，直到撞得头破血流，门才被撞开。然而，他得到的依然只是一句"回去等候我的通知吧"。

就这样，一个接一个的应聘者都接受了布恩的考察，但都没有得到明确的录用答复。

当最后一名应聘者被叫到布恩办公室时，他被带到一个房门前，房间里坐着一个看上去病怏怏的老太太。布恩对他说："去把那个坐在椅子上的老太太打倒在地，然后把她手中的表格拿到，填好后交给我。"

"你疯了吗？为了一张表格，竟让我把老太太打倒在地！"

"我是老板，这是命令！"

"这样的命令毫无道理，我做不到，这份工作我宁可不要了！"

布恩什么也没有说，又先后把这名应聘者带到有碎玻璃的房间前和紧锁着的房门前，让他做其他应聘者之前做过的事，但他的要求都遭到了这名应聘者的严厉拒绝。最后，这名应聘者非常气愤，准备立即离开这里。这时，布恩先生极力挽留他，并向众人宣布，这名应聘者通过了考核，他被公司正式录用了。

那些伤痕累累的应聘者就非常不服气："他身上一点伤也没有，算什么勇士啊！"

布恩先生说："真正的勇士是敢于为正义和真理献身的人，而不是一味地听老板的话。你们所表现出来的，既不是真正的勇气，也不是真正的忠诚，而是愚忠！我要的，不是愚昧地只忠于我的人，我要的是敢于坚持真理的人！"

敬业是员工的基本素养

齐勃瓦出生在美国乡下的一个小村子里，只受过很短的学校教育。15岁那年，家中一贫如洗的他就到一个山村做了马夫。三年后，一个偶然的机会，他来到钢铁大王卡耐基所属的一个建筑工地打工。齐勃瓦下定决心一定要成为一个最出色的建筑工。他一边积极努力地工作，一边学习各种技术知识和管理知识。结果他从一个建筑工一步步升任为技师、部门主管、建筑公司经理、布拉得钢铁厂厂长、钢铁公司董事长。

有一年，当时控制着美国铁路命脉的大财团摩根提出了与卡耐基联合经营钢铁厂的要求，并声称如果卡耐基拒绝，他就找当时美国第二大钢铁公司贝斯列赫姆联合，这样一来，卡耐基肯定就会处于弱势地位了。

卡耐基有些不知所措了，于是就派齐勃瓦按一份清单上的条件去与摩根谈联合的事宜。齐瓦勃看过清单后，对卡耐基说："如果按这些条件去谈，摩根肯定乐于接受，但你将损失一大笔钱。看来你对这件事没我调查得详细。"

经过分析，卡耐基承认自己过高估计了摩根。卡耐基便全权委托齐瓦勃与摩根谈判，并取得了对卡耐基有绝对优势的联合条件。

摩根感到自己吃了亏，就对齐瓦勃说："既然这样，那就请卡耐基明天到我办公室来签字吧。"

然而，最后却是从未到过别人办公室的高傲的摩根去了卡耐基的办公室签署了协议。

证应章第十六

【原文】

惟天鉴人，善恶必应。善莫大于作忠，恶莫大于不忠。忠则福禄至焉，不忠则刑罚加焉。君子守道①，所以长守其休，小人不常②，所以自陷其咎③。休咎之徵也，不亦明哉？《书》云："作善降之百祥，作不善降之百殃④。"

【译文】

上天时时刻刻监督着人们的所作所为，善有善报，恶有恶报，凡世间之人行善作恶都有报应。世上最大的善事莫过于奉行忠道，最大的恶行莫过于不忠。凡是奉行忠道之人，福禄自然就会来到身边；如果做不忠之事，就会有刑罚降到头上。君子能够遵守忠道，所以他能永保美善；奸邪之人由于常行不轨，所以往往陷入自己给自己带来的灾难、祸害之中。善恶吉凶的报应，不是十分明显吗？《尚书》上说："做善事的，就赐给他百福；做坏事的，就赐给他灾祸。"

【注释】

①守道：遵守忠道。②不常：违反常规。③咎：灾害，灾祸。④"作善降之百祥"等句：做善事的，就赐给他百福；做坏事的，就赐给他灾祸。

【解析】

有人说，忠诚就意味着多付出，意味着吃亏；忠诚的人都很敦厚、老实；这种实在人在和一些奸猾、心眼多的人打交道时，肯定是要吃亏的。这种说法仿佛也有道理，但是问题就出在"吃亏"俩字上。那些不计较个人得失的人，在他们主动工作，默默吃亏的时候，不一定能够被领导看到。但他们长期这样主动工作，总有被领导看到的时候。同理，那些偷奸耍滑的人，也不是每次都被领导看到，但总有被看到的时候，只要被看到一次，这些人的前途就会暗淡下去了。

当今社会到处充斥着金钱主义和功利主义，人们大都变得浮躁、敷衍和急功近利，没有人愿意更多地付出，但每个人都想有太多的回报。在这种想法之下，成功仿佛有很多捷径。其实，天下哪有什么轻而易举就能成功的事，每一个人的成功无不是多年来对自己事业的忠诚、对周围人的诚信和自身无比的努力换来的。现实中大家往往习惯看到他人的成功，却看不到他们成功背后的秘密——没有付出，哪来回报！忠诚也是如此，而且只有忠诚地付出，才会有回报。

典例阐幽

三条忠告

一对新婚夫妇生活贫困，要靠亲友的接济才能活下去。一天，丈夫对妻子说："亲爱的，我要离开家了。我要去很远的地方找一份工作，直到我有条件给你一种舒适体面的生活才会回来。我不知道会去多久，我只求你一件事，等着我，我不在的时候要对我忠诚，我也会对你忠诚的。"

很多天后，来到一个正在招工的庄园，他被录用了。他要老板答应他一个请求："请允许我在这里想干多久就多久，当我觉得应该离开的时候，您就要放我走。我平时不想支取报酬，请您将我的工资存在我的账户里，在我离开的那天，您再把我挣的钱给我。"双方达成协议。

年轻人在那里一工作就是20年，中间没有休假。一天，他对老板说："我想拿回我的钱，我要回家了。"老板说："好吧，我们有协议，我会照协议办的。不过我有个建议，要么我给你钱，你走人；要么我给你三条忠告，不给你钱，然后你走人。你回房间好好想想再给我答复。"

他想了两天，然后找到老板说："我想要你那三条忠告。"老板提醒说："如果给你忠告，我就不给你钱了。"年轻人坚持说："我想要忠告。"

于是老板给了他"三条忠告"：

第一，永远不要走捷径，便捷而陌生的道路可能要了你的命。

第二，永远不要对可能是坏事的事情好奇，否则也会要了你的命。

第三，永远不要在仇恨和痛苦的时候做决定，否则你以后一生会后悔的。

老板接着说："这里有三个面包，两个给你路上吃，另一个等你回家后和妻子一起吃吧。"

在远离自己深爱的妻子和家庭20年后，男人踏上了回家的路。一天后，他遇到了一个人，那人问他："你去哪里？"他回答："我要去一个沿着这条路要走20多天的地方。"那人说："这条路太远了，我认识一条捷径，几天就能到。"他高兴极了，正准备走捷径的时候，想起老板的第一条忠告，他回到了原来的路上。后来，他得知那个人让他走的所谓捷径完全是个圈套。几天后，他走累了，发现路边有家旅馆，他打算住一夜，付过房钱后他躺下睡了。睡梦中他被声惨叫惊醒，他跳了起来，正想开门看看发生了什么事，但他想起了第二条忠告，于是回到床上继续睡觉。起床后喝完咖啡，店主问他是否听到了叫声，他说听到了，店主问："您不好奇吗？"他回答说不好奇。店主说："您是第一个活着从这里出去的客人。我的独子有疯病，他经常大声叫着引客人出来，然后将他杀死埋掉。"

他接着赶路，终于在一天的黄昏时分，远远望见了自己的小屋。屋里的烟囱正冒着炊烟，还依稀可以看见妻子的身影，虽然天色昏暗，但他依然看清了妻子不是一个人，还有一个男子伏在她的膝头，她抚摸着他的头发。看到这一幕，他的内心充满仇恨和痛苦，他想跑过去杀了他们。他深吸一口气，快步走了过去，这时他想起了第三条忠告，于是停下来，决定在原地露宿一晚，第二天再做决定。天亮后，已恢复冷静的他对自己说："我不能杀死我的妻子，我要回到老板那里，求他收留我，在这之前，我想告诉我的妻子我始终忠于她。"他走到家门口敲了敲门，妻子打开门，认出了他，扑到他的怀里，紧紧地抱住了他。他想把妻子推开，但没有做到。他眼含泪水对妻子说："我对你是忠诚的，可你背叛了我……"

妻子吃惊地说："什么？我从未背叛过你，我等了你20年。"

他说："那么昨天下午你爱抚的那个男人是谁？"

妻子说："那是我们的儿子。你走的时候我刚刚怀孕，今年他已经20岁了。"

丈夫走进家门，拥抱了自己的儿子。在妻子忙着做晚饭的时候，他给儿子讲述了自己的经历。一家人坐下来一起吃面包，他把老板送的面包掰开，发现里面有一沓钱——那是他20年辛辛苦苦劳动得来的工钱。

公孙弘不辩自明

汉代公孙弘小时候家里很贫穷，过着清苦的日子。所谓穷则思变，他发奋学习，苦读诗书，十年寒窗苦，终于飞黄腾达，做了丞相。尽管他居于庙堂之上，手握重权，但是在生活上依然保持小时候俭朴的优良作风。吃饭只有一个荤菜，睡觉也是普通人家用的棉被。他的仆人们也感叹："我家老爷才是真正的清廉啊！"

这些话很快就传进了朝廷，文武百官为之感动不已，但是大臣汲黯却不这样想。他向汉武帝参了一本，对皇上说："公孙弘现在位列三公，不像当年生活百无聊赖，他有相当可观的俸禄，可是为什么还盖普通的棉被，吃简单的饭菜呢？"

皇上笑着说："现在朝中上下不都称颂他廉洁俭朴吗？公孙弘是不忘旧时之苦，也不忘旧时之德！"

汲黯摇摇头，继续说道："依微臣所见，公孙弘这样做实质上是使诈以沽名钓誉，目的是为了骗取俭朴清廉的美名。"

汉武帝想想，觉得有几分道理。有一次，上早朝的时候，他得了个机会便问公孙弘："汲黯说你沽名钓誉，你的俭朴是故意做样子给大家看的，他说的是否属实？"

公孙弘一听觉得非常委屈，刚想上前辩解一番，但是转念一想，汉武帝现在可

能偏听偏信，先入为主地认为他不是真正的"俭朴"。如果现在自己着急解释，文武百官也会觉得他确实是"沽名钓誉"。再想一想，这个指责也不是关乎性命的，充其量会伤害自己的名誉。清者自清，只要自己坚持自己的作风，以后别人自然会明白的。这样想着，公孙弘把刚才的一股怨气吞下去，决定不作任何辩解，承认自己沽名钓誉。

他回答道："汲黯说得没错。满朝大臣中，他与我交往颇深，来往甚密，交情也很好，他对我家中的生活最为熟悉，也最了解我的为人。他对皇上您说的，正是一针见血，切中了我的要害。"

汉武帝满以为他要为自己辩护，听到这番话颇感意外，问道："哦？是这样吗？"

"我位列三公而只盖棉被，生活水准和小吏一样，确实是假装清廉以沽名钓誉。"公孙弘回答道，"汲黯忠心耿耿，为人正直，如果不是他，陛下也就不会知道这件事，也不会听到对我的这种批评了！"

汉武帝听了公孙弘的这一番话，反倒觉得他为人诚实、谦让，更没有想到他还会对批评自己的对手大加赞扬，真是"宰相肚里能撑船"。从此，对他就更加尊重了。其他同僚和大臣见公孙弘对自己的心理供认不讳，如此诚实，都觉得这种人哪里会沽名钓誉呢？

恃才傲物，终酿祸端

街亭的地理位置很重要，它是通往汉中的咽喉，是西蜀军队后勤供应的必经之地；同时，街亭还是蜀国陇西地区的天然屏障。正因为如此，在三国时候的街亭之战中，蜀、魏双方都在极力争夺。

街亭之战发生在司马懿进攻祁山之后。司马懿奉魏帝曹睿命令率领二十万大军直奔祁山而来。此时，诸葛亮正在祁山驻兵，听到魏军杀来，便召集将领商议战事。

诸葛亮知道司马懿也是工于心计之人，必定要夺占街亭这一要地，便决心挑选良将把守。就在他"谁能引兵担此重任"的话语一出,只见参军马谡从众将中闪露出来,说愿领兵前往。

诸葛亮定睛一看,见是马谡,心中便有些疑虑和犹豫,因为他早就听刘备在生前说过马谡此人骄矜自傲,不可重用。不过,尽管他心中这样想,嘴上还是说:"从表面上看,街亭虽然是个小地方,但它的地理位置很重要,关系到我军的安危利害。且街亭既没有城郭,又没有险要之处,因此不易把守,如一旦丢失,我军处境就困难了。"马谡不以为然地说:"我自小熟读各类兵书,区区一个街亭,我还能守不住吗?如果丞相觉得信不过我,我愿意在此立下军令状,如有什么闪失的话,我以全家的性命作为担保!"

诸葛亮这时渐渐地忘了刘备的叮嘱,见马谡胸有成竹,便让他写下了军令状,拨给他二万五千精兵去把守街亭。为防不测,诸葛亮又派了王平和高翔辅助马谡,并再三交代要他们占领住街亭要道,以免魏军逾越。

来到街亭后,马谡和王平首先察看了地形。五路总口地处街亭要道,把守着街亭大门,王平认为在此驻扎比较好,但马谡一意孤行,执意要在路旁的小山上驻扎。理由是兵书上说居高临下可势如破竹,定会杀得魏军片甲不留。王平劝说不动马谡,无奈,只好到山的西边另择一处驻扎。

当司马懿来到街亭后,看到守护大将竟是马谡,且蜀军兵营驻扎在山上,他便仰天大笑说:"诸葛亮聪明一世,糊涂一时,怎么能用马谡这样的庸才呢,真是老天有眼啊!"他一面派大将张郃挡住王平对马谡的增援,一面又派兵将小山层层包围,断绝了山上的饮水,然后严阵以待。

蜀军将士此时看到满山遍野都是魏军,便开始惊慌起来,不几日,山上饮水全无,士兵更加惶恐。司马懿趁机放火烧山,蜀军一片大乱,马谡拼死杀出一条血路才得以逃脱。

街亭一失,魏军长驱直入,连诸葛亮也来不及后撤,被迫演了一场"空城计"。事后,诸葛亮按照军法,不得不很痛心地斩杀了马谡。

李克不避亲仇荐魏成

魏文侯有一次对李克说:"先生曾经这样说过:'家贫思良妻,国乱思良相。'眼下我要选人任相,看来不是魏成就是翟璜。你看这两个人怎么样?"

李克回答说:"地位低下的人不干预地位尊贵者的事,外人不过问亲属间的事,臣在朝外为官,不敢应命多言。"

魏文侯说:"我遇到这样的事,先生您面对我请不要谦让。"

李克说:"君王您只不过没有仔细观察罢了。看一个人,要观察他卑微时亲近哪种人,富贵时交往哪种人,显达时举荐哪种人,失意时不做哪样的事,贫困时不取用哪种东西。从这五个方面,就可以评判一个人的优劣了。何必要我指明是谁呢?"

魏文侯说:"哦!先生请回府吧。国相人选,我已心中有数了。"

李克辞去,遇见了翟璜。翟璜问:"听说国君今天召您去商量选相的事,究竟选了谁呢?"

李克说:"魏成。"

翟璜变了脸色,愤愤地说:"西河守令吴起,是我举荐的;君王担忧内地的邺县,我举荐了西门豹;君王想征伐中山国,我举荐了乐羊;中山国被攻克以后,没有人去镇守,我举荐了先生您。君王的儿子没有老师,我举荐了屈侯鲋。凭大家有目共睹的这几件事,我哪点儿比魏成差!"

李克说:"你当初把我举荐给君王,难道是为了结党营私做大官吗?君王向我征询选相的意见,我只是说了一番如何识人的话。我之所以断定君王会选魏成为相,是因为魏成把自己俸禄的十分之九用来办理国家事务,只留十分之一给自己;并从东方网罗了像卜子夏、田子方、段干木这样的人才。这三个人,君王都奉他们为老师;而你所举荐的五个人,君王都只用为臣属。你怎么能与魏成相提并论呢!"

翟璜听罢,徘徊沉思了一会儿,向李克拜了两拜,说:"我翟璜真是浅薄无知,说话失礼了,愿终身为先生的弟子!"

为自己闯出一片天地

1999年夏天,20岁的阿明高考落榜后来到上海打工。他一没文凭二没技术,但能吃苦耐劳,所以,很快就进了一家港资五金厂做了一名杂工。

最初的日子真的是又苦又累。阿明每天搬运那些沉甸甸的货物,一干就是十几个小时,完工后浑身像散了架似的疼痛难忍。由于在家没有干过重活,如此高强度的体力劳动让阿明有点吃不消,但再苦再累阿明也咬牙坚持干完,实在累得受不了了,他就偷偷地哭一场,然后继续干活。

这样的日子,阿明坚持了两年,当初和阿明一起来工厂的同事基本都辞职了。

终于，凭着勤劳肯干的性格和诚实的作风，阿明赢得了其他同事的好感和领导的信任，将他由一名杂工升为组长，从组长又升为生产部长。光阴荏苒，一晃阿明来上海已有8年了，在生产车间担任了几年生产部长后，他又凭着自己出色的管理能力当上了生产部经理，月薪由初进厂的几百元升到1万元。

面对面前取得的成就，阿明并没有沾沾自喜，而是不断深入学习管理知识，不断提升自我技能。尤其是当上生产车间经理后，阿明肩上的担子重了，自己也更加勤奋。他大刀阔斧地对生产车间进行了整顿，把车间生产搞得红红火火。

厂里领导得知后，对阿明的能力和忠诚给予了充分的肯定。2009年初，鉴于阿明出色的表现，老板让他出任总经理，全权负责工厂的日常管理工作，他的月薪也由一万元涨到二万多元，年终还有丰厚的奖金。而当年和他一起出门打工的老乡还在这充满机遇与诱惑的都市频繁地跳槽，却难以找到理想的工作。阿明从一名底层员工开始，经过10年拼搏和忠实坚守，终于在激烈的市场竞争中为自己闯出了一片天地。

有付出才有回报

年轻人小王，刚开始在一家汽车公司制造厂上班，因为年轻，对工作三心二意的，工作起来很没有劲头。有一天，他的父亲对他说："你不可能在没有付出的情况下就得到你所想要的一切。"

这时候，小王就开始问自己：你想得到什么？怎么才能得到？经过反思，小王的思想开始慢慢转变。

他细心观察工厂的生产汽车的设备，虚心向一些老技术工人去请教。当他得知一辆汽车由零件到装配出厂，大约要经过13个部门的合作，而每一个部门因职能不同各有各的分工。他当时就想：既然自己要在汽车制造业干出点成绩，就必须要对汽车的全部制造过程，都能有深刻的了解。于是，他主动要求从最基层的杂工做起。由于杂工不属于这家汽车公司正式工，也没有固定的工作场所，是制造厂里最苦最累的工种，哪里有需要就要到哪里工作。

有付出才有回报。小王深深记住这句话。通过干杂工，小王和工厂的各部门都有接触，对各部门的工作性质也有了全方面的了解。不久，他就学会了制作汽车椅垫的手艺。后来又申请调到点焊部、车身部、喷漆部、车床部去工作。不到五年的时间，他几乎把这个厂的所有部门工作都做过了。后来，他因工作成绩十分突出，被老板提升为厂里的副总经理。

报国章第十七

【原文】

为人臣者，官于君，先后光庆①，皆君之德，不思报国，岂忠也哉？君子有无禄，而益君，无有禄，而已者也。报国之道有四：一曰贡贤，二曰献猷②，三曰立功，四曰兴利。贤者国之干③，猷者国之规，功者国之将，利者国之用，是皆报国之道，惟其能而行之。《诗》云："无言不酬，无德不报④。"况忠臣之于国乎。

【译文】

作为臣子为君主做官治理天下，给祖先带来美誉，给后代带来幸福，都是由于受了君主的恩德。臣子如果不想报效国家，这难道还能算得上是忠臣吗？贤明之人有的没有俸禄却还想着为国君做有益的事，还没有受了俸禄不报答君王的。报国之道有四种方法：一是向君主举荐贤才，二是为君主出谋划策，三是建功立业，四是为国家增强收入，为民谋利。贤能之人是国家栋梁；献计献策的人，为国家提供治国方略；建功立业的人，是保卫国家的将帅之才；为国家增强收入，为民谋利的人，是国家的有用之才。这些都是报效国君的方法。只要是尽自己的能力去做，就可以了。《诗经》上说："没有一句话不予以应答，没有一次恩德不予以回报。"何况身为忠臣而对于自己的国家呢？

【注释】

①先后光庆：为祖先带来光荣，为后代带来幸福。②献猷：献计献策。猷，计划，计谋。③干：即栋梁之材。④"无言不酬"二句：没有一句话不予以应答，没有一次恩德不予以回报。酬，应答，应合。

【解析】

我国有句俗语：滴水之恩，当涌泉相报。感恩是一种生活态度，是一种善于发现生活中的感动并能享受这一感动的思想境界。感恩父母，感恩老师，感恩领导，感恩同事，等等。正因为他们，我们才不断成长，不断进步。作为子女懂得感恩，才能孝顺父母；作为学生，懂得感恩，才能更加刻苦学习；作为同事，懂得感恩，才能更好地团结合作；作为员工，懂得感恩，才能忠诚于自己的公司。

懂得感恩是忠诚的基础，一个不忠诚国家的人不会一心一意地建设国家、报效国家，同理，一个不忠诚的员工也不会专心致志地工作、对企业作出任何贡献。作为公民懂得感恩才能热爱和报效国家，才会为建设国家作出贡献；作为企业员工懂得感恩，才能热爱和珍惜工作，才会给企业发展增添动力；作为子女懂得感恩，才能理解和感激父母的操劳，父母才会感到欣慰。

当你心存感恩时，你的心情自然是愉快而积极的，因为你知道自己身上所肩负的责任，并保持生活、工作和学习上的积极态度，并对自己的行为负责。你的人生将与众不同。不懂得感恩谈不上忠诚，没有忠诚更不会懂得感恩，懂得感恩是忠诚的基础。回报父母，回报社会，回报企业，回报老师等等，回报不是只在口头上表示，而是落实在具体行动当中，这才是真正的忠诚。

典例阐幽

明朝忠臣郑成功

郑成功，原名郑森，字明俨，号大木。祖籍福建南安，出生于日本九州平户，母亲为日本田川氏，父亲郑芝龙受明招安前为海盗首领。清顺治三年（南明隆武二年），清克福建，在洪承畴的招抚下，郑父认为明朝气数已尽，不顾反对，只身北上投清。清军却乘机掠劫郑家，郑母为免辱，切腹自尽。"国仇家恨"之下，隆武二年十二月郑成功在烈屿（小金门）起兵，永历三年改奉南明永历年号，永历十一年，人在云南的永历帝封郑成功为延平王。

永历十二年初夏时分，延平王郑成功着手准备军事行动，集粮调兵，并在大洋山一带聚集。八月十日，飓风忽起，水天相连，波涛似山。大风灾下，楼船撞毁，士兵溺毙成千上万，郑成功本人的六个"王妃"与三个尚在孩提的儿子郑浚、郑浴、郑温也被淹死江中。为此，郑成功只得暂搁置行军计划。

清朝历史学者计六奇认为，郑成功听说其父郑芝龙被杀而出兵抵浙，不确切。长江之役于1659年开始，郑芝龙当时还被关押在宁古塔，两年多后顺治帝死后他才被杀掉。所以，郑成功舟师出海，绝不是"为父报仇"而来。

转年四月，郑成功与张煌言一起率千余艘战船，首战告捷，一举攻克定海。然后大军北上，攻瓜洲，随后炮轰镇江，固守镇江的清朝守将高谦与太守戴可立不得不开城投降。郑成功大义待之，仍令二人以原职守城。二十八日，大军舍陆路不走，仍乘舟而进。从镇江至南京，只有百里远，但郑军大船溯江逆风而行，非常吃力，路上整整花了十天，才到南京城下。

及至，郑成功并不立刻进攻，其意无非是围困逼降城内清军。其间，张煌言率领为数不多的鲁监国舟师,在姑苏、常熟一带兜转,传檄各州郡,往来造势。一时间清朝治下的四府、三州、二十四县均派人送款示降。可惜,郑成功十余万大军齐集南京城下,根本不攻,师老兵惰,最终丧失了大好机会。迁延之间,清军梁化凤、蒋国柱以及驻扎在南京上下游的各部清军纷纷来援,自云南回兵的满洲八旗军队马尔赛、葛褚哈等部也疾驰至南京。

最后的南京之役,郑成功手下大将除甘辉、潘庚钟、万礼、张英、林胜、蓝衍、陈魁阵亡外,还有副将魏标、林世用、洪复等人,皆搏斗死于军中,损失不可谓不惨重。

张煌言闻郑军在南京败溃,立刻写信,要郑成功在民心可恃的基础上,坚持一下,派出百艘战舰到上游与自己联兵,巩固上游成果。

心灰意冷的郑成功弃镇江不守,顺流东下而去。八旗兵随后进入镇江,南京的清朝政府张贴告示,夸张"灭贼"功绩,不可一世。

郑成功败归途中,在八月间曾进攻崇明,却久攻不下,悻悻而返。后听闻清军集浙、直、粤数省水军齐来会剿,郑成功忧虑,派人议和,遭拒。

明朝诸将,私心大过公心,尤以郑成功为最。倘使当初孙可望、李定国兵盛时他出兵配合夹击江南清军,南明必胜无疑。西南战事吃紧,他不去营救永历帝,反而自提精兵攻南京以"复明",更显示出他目的不纯。

顺治十七年(1660)三月,清将达素与施琅统领满汉水陆精兵数万人、战船数百艘合攻厦门,被严阵而备的郑成功击败。清廷再征调大军准备进攻,但次年顺治帝病死。

眼见自长江败归后境土日蹙,趁清帝新死的缓冲期,郑成功加紧收复台湾的准备。为此,张煌言写信苦劝。因为,台湾收复后,郑军主力势必远离大陆,这与南明的抗清复明大业相悖。

郑成功不听,率水师进发,终于把荷兰侵略者逐出,收复台湾岛。

1662年4月,积懑成疾的郑成功,吐血而死,时年三十八岁。

明朝亡,天下亡,郑氏能在一隅海岛保全大明衣冠数十年,诚可赞叹,绝非简单"割据一方"四字能定论。连康熙本人都赞叹这位敌手:"郑成功,真乃明朝忠臣,非为朕之乱臣贼子!"

鲍叔牙与管仲

春秋时代,管仲和鲍叔牙两个人因为长期合作,交情深厚,结为知心朋友。

他们一同做生意,到最后结算利润时,两个人分钱的时候,管仲总是多取一倍,鲍叔牙却从来都不认为他是贪财之辈。有人替鲍叔牙打抱不平,他总是说:"管仲并不是贪财的人,他家中还有老人需要赡养,他还要救济那些贫穷的族人,而我现在的家庭状况要比他强很多,也不急着要钱。"

有一次,鲍叔牙遇到了一点麻烦,正在束手无策的时候,管仲帮助他,替他出主意解决问题。可是结果把事情弄得一团糟,管仲惭愧地说:"我真是没有用,把你害苦了!"

旁观者对鲍叔牙说:"管仲真是成事不足,败事有余!这样的蠢人你还要和他交往下去吗?"

鲍叔牙淡然一笑,说:"虽然事情没有办好,但是他也是为我着想啊!再说这件事情确实很棘手,客观条件如此,换了任何人也难于处理,恐怕比他办得还不如。"

管仲在为官时,曾经有三次机会做官,可是每一次都被罢免。鲍叔牙每一次都为他出力,帮他说话,才又得到提升。这时,有人幸灾乐祸于管仲的遭遇,在鲍叔牙面前冷嘲热讽,评价说:"你的那位朋友真是没出息,好不容易做个官,总是得不到信任,每次都被免掉,真是丢人!"

鲍叔牙却为管仲辩护,严肃地说:"管仲是天下奇才,有经天纬地之才,当今之世没有几个能比得上他!他现在仕途不济,只是没有遇到好机缘罢了!"

他们出征打仗的时候,管仲每一次出击都惨遭失败。后来,到了行军打仗的时候,每次列方队,管仲就退居到队伍的后面,不敢在前面冲锋陷阵。等战争结束、凯旋的时候,他就抢在前面。同行的人都讥笑他胆小,鲍叔牙赶紧解释:"管仲是有名的孝子,他家中的老母亲还要他养老送终,他当然要保全性命奉养老人,他这种美德,你们几人能比得上呢?"

公子小白与管仲有"一箭之仇",小白杀了自己的哥哥公子纠后,当上了国君。鲍叔牙竭力推荐管仲当齐国的相国,自己却心甘情愿做管仲的副手。他对小白说:"管仲有济世匡时之略,一定能够帮助您建立霸主地位。我恳请您不计前嫌,能够重用他!"

管仲听说后,深有感触地说:"生我者父母,知我者鲍叔牙也。如果没有他,也许我早就成了贪财奴、怕死鬼和笨蛋,说不定现在已经被定罪,成为刀下之鬼了。"

不为五斗米折腰的陶渊明

公元399年，晋安帝在位的时候，东晋的朝政越来越腐败了，会稽郡一带爆发了孙恩领导的农民起义。过了两年，起义军十几万逼近建康，东晋王朝出动北府兵，才把起义镇压下去。

这时候，东晋的统治集团内部又乱了起来。桓温的儿子桓玄占领了长江上游，带兵攻进建康，废了晋安帝，自立为帝。过了三年四个月，北府兵将领刘裕打败桓玄，迎晋安帝复位，打那以后，东晋王朝已经名存实亡了。

在这个动荡不安的年代里，在柴桑，有一个出名的诗人，名叫陶潜，又叫陶渊明，因为看不惯当时政治腐败，在家乡隐居。陶渊明的曾祖父是东晋名将陶侃，虽然做过大官，但不是士族大地主，到了陶渊明一代，家境已经很贫寒了。陶渊明从小喜欢读书，不想求官，家里穷得常常揭不开锅，但他还是照样读书做诗，自得其乐。他的家门前有五株柳树，他给自己起个别号，叫五柳先生。

后来，陶渊明越来越穷了，靠自己耕种田地，也养不活一家老少。亲戚朋友劝他出去谋一官半职，他没有办法只好答应了。当地官府听说陶渊明是个名将后代，又有文才，就推荐他在刘裕手下做了个参军。但是过不了多少日子，他就看出当时的官员将军互相倾轧，心里很厌烦，又要求出去做个地方官。上司就把他派到彭泽（在今江西省）当县令。

当时做个县令，官俸是不高的。陶渊明一不会搜刮，二不懂贪污，日子过得并不富裕，但是比起他在柴桑家里过的穷日子，当然要好一些。再说，他觉得留在一个小县城里，没有什么官场应酬，也还比较自在。

有一天，郡里派了一名督邮到彭泽视察。县里的小吏听到这个消息，连忙向陶渊明报告。陶渊明正在他的内室里捻着胡子吟诗，一听到来了督邮，十分扫兴，只好勉强放下诗卷，准备跟小吏一起去见督邮。

小吏一看他身上穿的还是便服，吃惊地说："督邮来了，您该换上官服，束上带子去拜见才好，怎么能穿着便服去呢！"

陶渊明向来看不惯那些依官仗势、作威作福的督邮，一听小吏说还要穿起官服行拜见礼，更受不了这种屈辱。他叹了口气说："我可不愿为了这五斗米官俸，去向那号小人打躬作

揖（文言是"不为五斗米折腰"）！"

说着，他也不去见督邮，索性把身上的印绶解下来交给小吏，辞职不干了。

陶渊明回到柴桑老家，觉得这个乱糟糟的局面跟自己的志趣、理想距离得太远了。从那以后，他下决心隐居过日子，空下来就写了许多诗歌文章，来抒发自己的心情。

陶渊明"不为五斗米折腰"的品格成为了千古美谈。

高仁厚执法严明立军威

唐朝末年唐僖宗在位期间，杨师立在东川聚众反叛朝廷，朝廷派高仁厚为正使、杨茂言为副使率军前往平叛。乘官兵初来乍到立足未稳，一天夜里二鼓时分，叛首杨师立派部将郑君雄率兵突然袭击副使杨茂言驻守的军营，杨茂言猝不及防，不知叛军虚实，惊恐之下，仓皇弃营而逃。

驻守在附近军营的官兵见连副使都望风逃走了，也都斗志尽失，跟着一哄而散。叛军如入无人之境，径直向正使高仁厚驻守的中军大营杀来。高仁厚见形势危急，只得铤而走险，命令士兵大开营门，点燃火炬把军营照得如同白昼一般，并亲自率领士兵埋伏在道路两旁，等待叛军靠近时拼死一搏。

叛军见官兵营门洞开，以为有诈，犹豫半晌不敢攻入，最后还是决定撤兵而去。高仁厚乘机指挥伏兵杀出，叛军惊惧交加，大败而退。

按军法，临阵脱逃是杀头的死罪，高仁厚考虑到在叛军杀来时弃营而逃的官兵人数太多，不可能全部予以诛杀，就悄悄把孔目官张记叫到身边来，对他耳提面命一番，然后派他连夜带人去把那些逃跑的官兵追回来。

张记找到逃跑的官兵后，立刻劝说道："正使率中军大营已将叛军杀退，为防叛军乘夜再次来袭，正使目前正在紧闭营门坚守，并没有到其他军营中查看。你们弃营而逃的事正使现在还不知道。你们赶快回来吧，明天早晨像往常一样去参拜正使，就没有人会追究今晚的事了。"张沼是军中闻名的忠厚长者，他的话大家一向都信得过，于是逃跑的官兵都赶在天亮前悄悄回到自己原来的军营。只有副使杨茂言由于逃得最早，跑出去太远，一直到天亮后知道危险解除才赶了回来。

第二天刚拂晓，高仁厚一觉醒来，听到各军营中像往日一样，又响起了敲击更鼓之声，不由欣慰地说："这下好了，昨夜逃跑的官兵又都回来了。"各营将领还以为高仁厚真的不知实情，都怀着侥幸心理，像往常一样鱼贯而入，涌到中军大帐来拜见正使。

谁知高仁厚阴沉着双眼扫视众人半天，突然开口对在旁正襟危坐的副使杨茂言质问道："昨夜叛军袭营，听说副使'身先士卒'，弃营而逃，有这事吗？"杨茂言汗流浃背地狡辩道："末将听说叛军攻进中军大营，正使已经突围而出，就赶紧率兵出营接应，谁知消息竟然有误。末将知道真相后，又赶快回到营中。"

高仁厚斥责道："我与副使同受皇上重托，一起领兵讨伐叛军。军法威严，如果身为正使的我临阵脱逃，你作为副使就应当执行军法，将我斩首示众，然后上奏朝廷。如今却是副使临阵脱逃在先，说谎粉饰在后，按军法该当如何？"

众将脸色发白，齐声答道："应当处死。"高仁厚立即喝令把杨茂言推出去斩首示众，昨晚逃走的将领都吓得跪在地上向高仁厚请罪。高仁厚宽慰大家说："诸将昨晚弃营而逃之事，皆是杨茂言带头扰乱军心所致，你们既已知罪，我就不加责罚了。望众将以杨茂言为戒，戴罪立功，早日剿灭叛军。"众将欢声雷动，轰然答应。

高仁厚又传令把昨晚俘获的叛军俘虏数十人全数释放。郑君雄听这些放归的俘虏报告了高仁厚整肃军纪的事，联想起自己袭营大败而还，不禁深为恐惧："高仁厚军法如此严明，我等岂是他的对手。"为给自己留条后路，郑君雄杀死叛首杨师立后率众向高仁厚投降。

成吉思汗悔杀爱鹰

成吉思汗取得了伟大的成就，与他善于控制自己的感情有关，而他之所以善于控制自己的感情，则与他的一段传奇经历有关。

有一次，成吉思汗带人去打猎。他们一大早便出发，可到了中午仍没有收获，只好返回帐篷。成吉思汗不甘心，就独自一个人走回山上。

烈日当空，他沿着羊肠小道向山上走去。不久，他来到了一个山谷，见到有溪水从上面一滴一滴地流下来。成吉思汗非常高兴，就取出水袋，耐着性子去接。

当水接到七八分满的时候，他高兴地把水袋拿到嘴边，想把水喝下去。就在这时，一股疾风猛然把水袋从他手里吹了下来，将水洒了。成吉思汗又急又怒，抬头一看，原来是自己的爱鹰搞的鬼。他非常生气却又无可奈何，只好拿起水袋继续接水。

当水再次接到七八分的时候，又有一股疾风把水袋弄翻了，原来又是这只鹰。成吉思汗非常愤怒，于是，他一声不吭地拾起水袋，再次从头开始接水。当水再次接到七八分满的时候，他悄悄取出尖刀，拿在手中，然后把水袋慢慢地移近嘴边。老鹰再次向他飞来，成吉思汗迅速拿出尖刀，把鹰杀死了。

由于他在杀掉鹰的时候，注意力过分集中，疏忽了手中的水袋，水袋掉进了山谷里。成吉思汗无法再接水喝了。不过他想到既然有水从山上滴下来，那么上面也许有蓄水的地方，很可能是湖泊或山泉。于是他忍住口渴，用力向上爬，终于攀上了山顶，发现那里果然有一个湖泊。

成吉思汗兴奋极了，立即弯下身子想要喝个饱。忽然，他看见湖边有一条大毒蛇的尸体,这时才恍然大悟:"原来飞鹰救了我,它刚才打翻我的水袋,使我没有喝下被毒蛇污染的水。"成吉思汗知道自己错了,他带着自责的心情,忍着口渴返回了帐篷。从此以后,他就学会不再由于他人的冒犯而做下错事。这使成吉思汗避免了很多错事,给他的宏图大业带来了莫大的帮助。

忠诚的价值

20世纪80年代初,拥有一万五千多名员工的日本十大纺织公司之一的钟纺纺织公司的董事长伊藤先生,是从小职员被武藤董事长一手提拔起来的。

钟纺公司曾经有许多企业,其中有一家分公司曾做得非常不理想,年年亏损。武藤董事长便打算让其停止生产,同时把员工们也一并遣散。

得知这个消息,员工们开始无心工作了,连对董事长的态度也变得十分无礼。这时候,只有伊藤一个人始终在沉寂的办公室里日夜不停地工作,整理及处理公司收尾工作,甚至事情比以前做得更有劲头,更负责任。伊藤这种忠诚无私的为人与气节使武藤先生大为感动,油然对这位年轻人重视起来。

于是,武藤先生请他到钟纺公司当他的秘书,并且对他十分器重。由于他的表现非常突出,3年后就让他当上常务董事。

几年后,武藤就将日本有名的这家大公司交给伊藤一个人来管理了。

在自传中,年轻有为的伊藤董事长深情地回忆道:"自己服务的公司濒临倒闭之时,就是你留下来发挥潜力的最好机会。如果没有关闭那个亏损单位的机会,也许,我一辈子都是个小职员呢?"

人生感悟:每个人最值得别人留恋的,就是对别人的忠诚。你也许什么都没有,但你可以拥有忠诚,这将是你能为这个世界做的最大贡献。忠诚不仅仅是一种美德,更是一种做人的境界。忠诚,让人铭记一份真情,让世界处处充满爱。

把商行的命运当做自己的命运

在美国有个叫布恩斯的青年,他在五金工具店里工作,每周的工资是200美元。他刚走进商店,总经理对他说:"你应该熟悉工作中的所有细节,这样你就能成为有用之才。一旦你能表明自己的能力,我就会马上来承认你的工作成绩。"

年轻的布恩斯总能细心观察。几周之后,他发现总经理总是仔细查看进口商品的清单。这些产品是从德国和法国进口的。他便开始研究货物清单,从而认识了法国和德国的一些商人。有一天,总经理工作非常繁忙,于是便让布恩斯帮助整理货

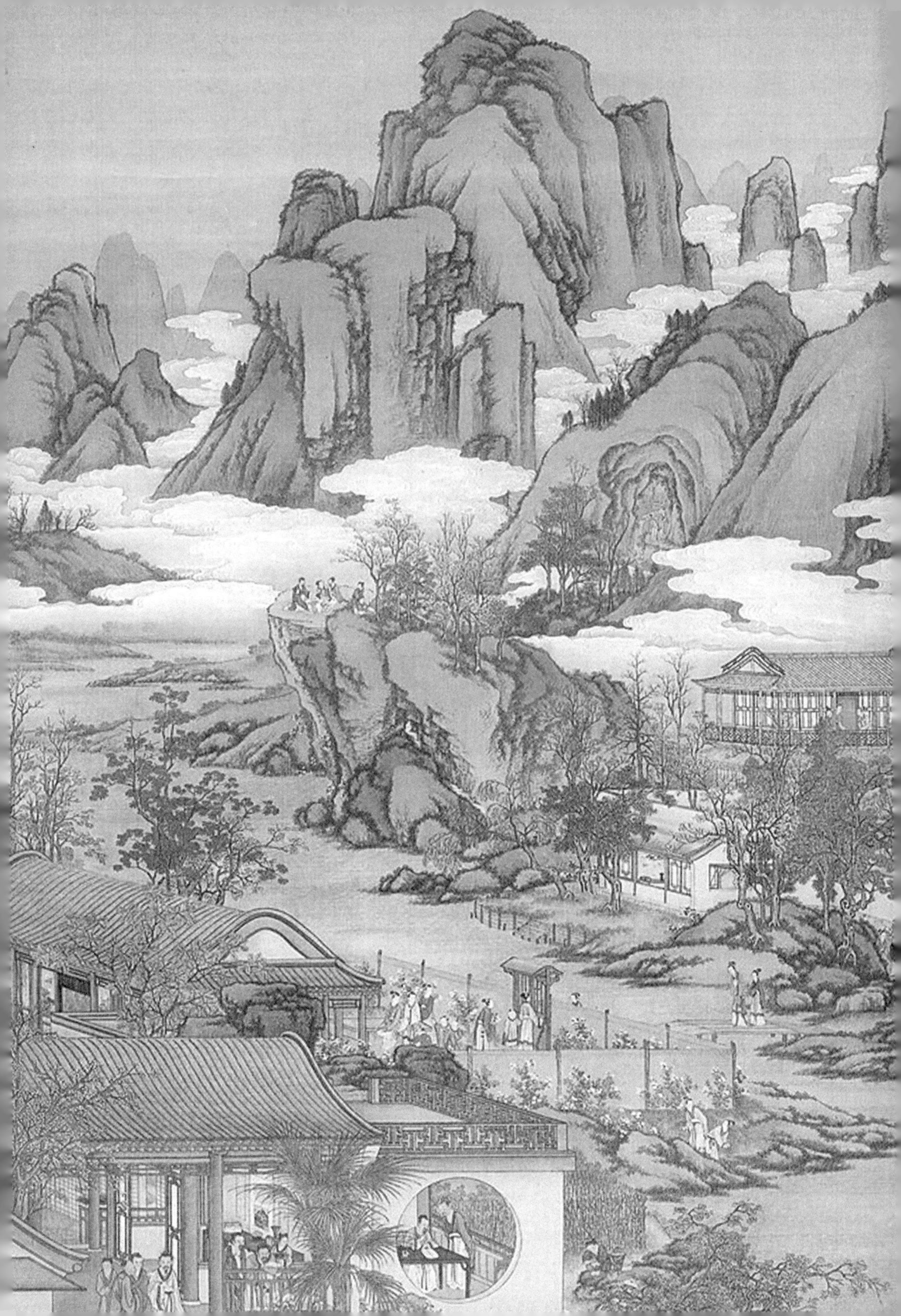

物清单。他完成得非常出色，此后，清单检查工作都要由他来把关。

一个月之后，他被总经理叫进办公室，商行的两位主要人物会见了他，与他进行了长时间的交谈。年纪较大的一位长者说道："我在这一行干了几十年，你是第一个看到这个机会的男孩，并巧妙地把握住了这个机会。在你的总经理到来之前，我一直从事这项工作。而你总经理之所以能成为商行中的一员，就在于他能关注这一方面的工作。我们希望你来主管商品进口的工作。这是一个很重要的职位，也是一项必不可少的工作，我们需要有能力的人来从事这项工作。在我们这20个员工当中，只有你一个人看到这项工作的重要性，并且有能力胜任它。"

布恩斯的工资被提高到每周500美元，在5年之内他的工资收入就会超过10万美元，后来被派往法国和德国。他的老板说："等约翰·布恩斯到30岁的时候，可能会成为商行合伙人中的一员。他是一个把商行的命运当做自己命运的人，并愿意为此付出更多的汗水，使自己能够为商行做得更多。一个愿意为公司付出更多汗水的人，表明他对公司是无比的忠诚，付出自己的忠诚，最终必有回报。"

忠诚的员工

A公司的老板带着自己的谈判人员到B公司进行业务商谈，他们想如果按照公司原先制定好的计划来谈恐怕会有一些问题，但是他们必须取得成功，因为这是一次千载难逢的好机会，更重要的是交易的商业利润非常可观。B公司也有自己的底线，但是他们不能轻易亮出，谈判一直没有多大的进展。

A公司一直摸不清B公司的谈判底线，经过几天的谈判，还是没有弄清楚。A公司的谈判助理说："实在不行，我们就收买他们的谈判人员，给他们一些回扣，这对我们来说，是舍小保大，从长远来看，是值得的。我听说C公司和D公司也已经介入了，如果不采取措施的话可能会错失这次难得的机会。"

负责谈判的主管对此不同意，认为这样做违背公平竞争的原则。

最后，这家公司的老板认为可以试一下，他说："我想证明一个问题。"

A公司的谈判助理不明白。

第二天谈判开始的时候，没有人说话。

这时A公司的老板说话了："我们同意贵公司提出的价钱，就按照你们说的价钱成交。"这是让A、B公司所有谈判人员没有想到的。

接着，A公司的老板继续说："我的助理准备给你们谈判人员回扣的事我是知道的，我当时没有反对，就是想证明一件事。最终证实我的猜想，贵公司的谈判人员不仅有着丰富的谈判经验，而且分工协作非常好，最关键的一点是，他们面对我们开出的丰厚回扣不为所动，对自己的公司非常忠诚，这很令我敬佩。我们是竞争对手，成交的价钱是我们分胜负的标准。但是，一个企业的生存并不仅仅是依靠钱的多少。员工的忠诚和责任对于一个企业而言，这才是最重要的。他们的表现让我们看到贵公司的未来，和贵公司合作，我大可放心。从价钱上来看，我们是多出了一些，但我认为以后我们会赚得更多。"

他的话还没说完，全场就响起了热烈的掌声。忠诚和责任是每个人的义务。作为公司忠诚的员工，即使是竞争对手，也会敬佩对方的责任和忠诚。

尽忠章第十八

【原文】

天下尽忠,淳化行也①。君子尽忠,则尽其心,小人尽忠,则尽其力。尽力者,则止其身,尽心者,则洪于远。故明王之理也,务在任贤,贤臣尽忠,则君德广矣。政教以之而美,礼乐以之而兴,刑罚以之而清,仁惠以之而布。四海之内,有太平音,嘉祥既成,告于上下,是故播于《雅》②《颂》③,传于后世。

【译文】

天下所有的人都能尽行忠道,那么教化淳厚的局面就会盛行。君子行忠道,主要是竭尽其忠心;常人行忠道,主要是竭尽其体力。竭尽体力效忠的人,其绵薄之力一般只限于他自身;竭尽其忠心的人,其巨大的影响则能传到极远极广的地方。所以圣明的君主治理国家,关键之处在于选择、任用贤明的臣子。如果臣子贤明而又恪尽忠道,那么君主的恩德就会被广泛地传播开来,从而达到天下大治。于是,国家政治教化因此而产生美好的效果,礼乐文化也因此而兴起、发达,政府管理也因此而出现清明局面,君主施予民众的仁政、恩泽也因此得以遍布天下。这样的话,整个天下就会呈现出一派太平盛世景象。美好吉祥的局面已经形成,于是就将它敬告上天和地下的神灵。这就是《雅》《颂》传播得很广,并代代相传、没有穷尽的原因所在。

【注释】

①淳化行也:淳厚的教化风行。②《雅》:《诗经》中的一类,分《大雅》《小雅》。③《颂》:《诗经》中的一类,包括《周颂》《鲁颂》《商颂》,是统治者祭祀时配有舞乐的歌词。

【解析】

本篇实际上是对以上各篇的一个总结,作者通过对君子、小人、明王、贤臣等各尽其忠之后即将出现的可喜局面的描述,表明了对忠道理想的追求。

君子行忠道,主要是尽其忠心。小人行忠道,主要是效力尽责。小人尽力效命,一般仅限于他个人方面,而君子尽心效忠者,则能影响作用于极远极大之处。所以明圣的君王治理国家天下的方法,最关键的是在选择、任用贤明的臣属。如果臣属贤明并又恪尽忠道,那么君王之德泽就会被广泛地传播开来,从而达到天下大治。

莎士比亚曾说："忠诚你的所爱，你就会得到忠诚的爱。"凯撒大帝说："我忠诚于我的臣民，因为我的臣民对我忠诚。"忠诚是相互的，做一个有责任感的人必须有一颗忠诚的心，对自己忠诚代表了另外一种可贵的品质，对自己忠诚的人会有负责到底的信念。

典例阐幽

不畏强暴的洛阳令董宣

汉光武帝建立了东汉王朝以后，他知道老百姓对各地豪强争夺地盘的战争早已恨透了，决心采取休养生息的政策。例如减轻一些捐税，释放奴婢，减少官差，还不止一次地大赦天下。因此，东汉初年，经济得到了恢复和发展。

汉光武帝懂得打天下要靠武力，治理天下还得注意法令。不过法令也只能管老百姓，要拿它去约束皇亲国戚，那就难了。比方说，汉光武帝的大姐湖阳公主就依仗兄弟做皇帝，骄横非凡，不但她爱怎么着就怎么着，连她的奴仆也不把朝廷的法令放在眼里。

洛阳令董宣是一个硬汉子。他认为皇亲国戚犯了法，应该同样办罪。

湖阳公主有一个家奴仗势行凶杀了人。凶手躲在公主府里不出来。董宣不能进公主府去搜查，就天天派人在公主府门口守着，只等那个凶手出来。

有一天，湖阳公主坐着车马外出，跟随着她的正是那个杀人凶手。董宣得到了消息，就亲自带衙役赶来，拦住湖阳公主的车。

湖阳公主认为董宣触犯了她的尊严，沉下脸来说："好大胆的洛阳令，竟敢拦阻我的车马？"

董宣可没有被吓倒，他拔出宝剑往地下一划，当面责备湖阳公主不该放纵家奴犯法杀人。他不管公主阻挠，吩咐衙役把凶手逮起来，当场就把他处决了。

这一下，差点儿把湖阳公主气昏过去。她赶到宫里，向汉光武帝哭诉董宣怎样欺负她。

汉光武帝听了，十分恼怒，立刻召董宣进宫，吩咐内侍当着湖阳公主的面，责打董宣，想替公主消气。

董宣说："先别打我，让我说完了话，我情愿死。"

汉光武帝怒气冲冲地说："你还有什么话可说的。"

董宣说："陛下是一个中兴的皇帝，应该注重法令。现在陛下让公主放纵奴仆杀人，还能治理天下吗？用不着打，我自杀就是了。"

说罢，他挺起头就向柱子撞去。

汉光武帝连忙吩咐内侍把他拉住，董宣已经撞得血流满面了。

汉光武帝知道董宣说得有理，也觉得不该责打他。但是为了顾全湖阳公主的面子，要董宣给公主磕个头赔个礼。

董宣宁愿把自己的头砍下来，怎么也不肯磕这个头。内侍把他的脑袋往地下摁，可是董宣用两手使劲撑住地，挺着脖子，不让把他的头摁下去。

内侍知道汉光武帝并不想把董宣治罪，可又得给汉光武帝下个台阶，就大声地说："回陛下的话，董宣的脖子太硬，摁不下去。"

汉光武帝也只好笑了笑，下命令说："把这个硬脖子撵出去！"

湖阳公主见汉光武帝放了董宣，心里很气，对汉光武帝说："陛下从前做平民的时候，还收留过逃亡的和犯死罪的人，官吏不敢上咱家来搜查。现在做了天子，怎么反而对付不了小小的洛阳令？"

汉光武帝说："正因为我做了天子，就不能再像做平民时候那么干了。"

结果，汉光武帝不但没办董宣的罪，还赏给他三十万钱，奖励他执法严明。

苏秦智用妾喻谏燕昭王

纵横家苏秦为燕昭王效力，他凭三寸不烂之舌，说服了齐王归还燕国十个城池。苏秦劝说有功而返，以为将受到燕昭王的礼遇，可是没料到有人在燕王面前诋毁自己。

燕昭王偏听谗言，不但没有以相国之礼相待，反而对他心存成见。苏秦为自己的处境深觉委屈，他忍受着压力，想方设法摆脱他人的控制。

一次在拜见燕昭王的时候，苏秦说："近日我听到一个故事，发人深省，愿意和大王您一起分享。"

燕昭王不知道苏秦什么意思，只好耐着性子说："说来听听无妨。"说完就闭上眼睛，不再理会。

苏秦知道只要自己有讲话的机会，就有改变自己处境的机会，就专心致志地讲故事。

"从前，一个男子世代经商。为了让自己的家人生活得更好，他常年在外面做生意，只剩下原配夫人和一个小妾在家中独守空房。他的夫人耐不住寂寞，和一个游手好闲的男子私通，这一切都被小妾看在眼里，但是她什么也不说。一天，那名男子和原配夫人在房中商量她的丈夫回家后应该怎么办。女的说：'我们真要在一起，他就必须得死。到时我准备一杯毒酒对付他，一切就好办了。'不巧，小妾正路过，隐隐约约地听到了他们的对话，记在心上，日日忧虑不止。"

"不久，丈夫回来，给妻子和小妾带回了许多金银首饰。两个女子忙碌着迎接丈夫，端上来一道道美味的菜肴。一切都准备好，原配夫人吩咐小妾为丈夫倒酒。小妾左右为难。不倒，害怕丈夫和原配夫人说自己不懂规矩和礼法；倒吧，又害怕毒死丈夫，说不定还要把自己牵扯进去；要是直接说明酒里有毒，又担心丈夫赶走原配夫人，自己于心不忍。她灵机一动，假装被脚下的东西绊了一下，打个趔趄，把手中的酒壶摔破了。可不知情的男主人却破口大骂，后来还打了小妾一顿。"

燕昭王听得津津有味。故事讲完后，他沉思片刻，似有所悟地问苏秦："你不会仅仅是要我听个故事吧？你想说什么？"

苏秦见大王已明白几分，便笑着说："我是想说，有许多在大王您身边的人就像小妾，对大王忠心耿耿。而您却还不能像对待原配夫人那样信任他们，更何况想陷害小妾的原配还不止一个！身陷小妾处境的人最终要被大王遗弃啊！"

燕昭王看看苏秦，对他会心一笑，说："你的意思我明白了！"

不几日他便赏赐苏秦，以相国之礼厚待他。苏秦因此才得以逃脱了"小妾"的命运。

陈霁岩心理战术治马贩

明代，为加强军备，朝廷命令各州县定期供奉马匹，以务军用。产马的州县，上缴马匹好办，但不产马的州县，就要去外地购买。这种情形下，产生了一大批马贩子。

每到上缴供奉马前，他们就到各州县去贩卖马匹。往往是，上司对供奉马的上缴期限定得很紧，马贩子们便借此时机抬价敲诈。

朝廷还规定供奉马不能太矮小，那些为了巴结上司的州县官们便千方百计求购高头大马，马贩子们抓住这一心理，拼命在马的个头上做文章，马每高出一寸，往往多要价10—20两银子。这些购马银两，最终都转嫁到老百姓头上。所以，不产马的州县官们对供奉马一事叫苦不迭，而老百姓更是苦不堪言。

开州（今河南淄阳）不产马，知州陈霁岩是个爱民廉政的清官，对供奉马一事早已不满，但自己是小小州官，哪有回天之力？所以他到任之后，只好在压马价、减轻百姓负担上做文章。

上缴供奉马的限期快到了。不少马贩子已赶着马来到开州，单等像往年一样狠狠赚一笔。哪知陈霁岩令购马官不要急于购买，到时候他将亲自去挑马。

来开州的马贩子们，赶着梳洗得油光发亮的高头大马待价而沽，商量着怎样哄抬马价。哪知州衙购马官老不见影儿，离上缴马限期只有三天了，马贩子们慌了，通过内线打听为什么？回信说："今年州官老爷要亲自去挑。"

马贩子们一下雀跃起来。过去，每当知州老爷亲自来挑马，必拣最大个的多买去讨上司欢心。看来，今年要赚大钱了。第二天就是缴马限期了，陈霁岩这才带购马属吏们去了马市。临行前，他告诉属吏："看我的眼色行事。"

来到市上，马贩子们都牵着最高的马来炫耀，准备讲价。陈霁岩一问价，又比去年高出不少。陈霁岩回头对属吏说："我已禀报太仆寺卿，因故我们州的马晚到二天，明天临淄有马市，不行就去那里购买。"他故意声音很高，众马贩子们一听，一下子泄了气。

缴马日期原是死的，越近了马价越高，因为过了这天朝廷就要追查问罪。但一过了限期，各州县买完供奉马，马价马上就下跌一半还多。怎么办呢？众马贩子一嘀咕，只有降价在这里脱手，因为再去别的州也赶不上卖高价的日子了。

于是他们派人去找陈霁岩通融，愿降价出售。哪知陈霁岩又指着那些高大的马对属吏说："我已上奏太仆寺卿，开州的马较矮小。像这些六尺以上的高马，价太高了就不买，否则它们会显得别的马看上去更矮了。"

马贩子一听，像一下掉到水井中——浑身发凉，原指望用高头大马来敲一笔的，哪知却蚀了一把米。不卖吧，赶回去还得喂它一年，更不合算。无奈，只得再次把价格压低。看看价钱合理了，陈霁岩才下令收马。当日收齐，也没误了缴马期限。

臧武仲巧言进谏季武子

臧武仲为人正直，能言善辩，在鲁国担任司寇，负责国家的经济和狱讼事务，鲁国国王季武子对他颇为器重。

邾国有一个名叫庶其的人背叛了自己的国家，带着一批人马前来投奔鲁国。他顺便把漆和与闾丘两座城邑偷窃过来献给鲁国国王。季武子见庶其归顺了自己，还为自己扩大了疆土，因而礼遇庶其。他不但把曾襄公的姑母赏赐给庶其为妻，而且还重重奖赏和他同来的人。一时间，这件事情成了鲁国内外茶余饭后的谈资，人们都在议论纷纷。

臧武仲认为国王这样做影响很不好。窃国者也是偷，季武子非

但不惩处这些盗贼，反而姑息养奸，把他们奉为座上宾，那人们岂不认为偷窃是天经地义的事情？

不久，盗贼果然就在鲁国大行其道。夜半时分上房揭瓦，破门而入，甚至在光天化日之下，也抢钱掠财，十分猖狂，一时间民怨沸腾。臧武仲却睁一只眼闭一只眼，没有采取什么行动。

季武子听说国家现在治安混乱，于是找到臧武仲，质问他："现在盗贼无法无天，我都有所耳闻。难道你这个负责治安的还不知晓吗？你为什么不管不问！"

臧武仲漫不经心地回答说："出现这种情况是不可避免的，我心有余而力不足，我没有办法禁止！"

季武子看到臧武仲心不在焉，十分生气，厉声说："我养着大批的军队，派遣他们驻守在边境，不分昼夜地监探，就是为了抵制强盗和外寇。你反而说盗不能治！那些军队和边境有什么用！你有什么用！你连个盗贼都治不了，还谈什么才能？你还不如回家算了！"

季武子脸都气白了，一口气骂完，瞪着臧武仲，看他如何作答。臧仲武仍然不为所动，不紧不慢地说："养兵是另一回事。我虽然没有才能，但我知道国家仅凭借山河之险是不会昌盛的，最主要的是以德治国！"

季武子冷笑着说："原来你是说我没有德！你自己推说没有能力惩治盗贼、维护治安，还配谈什么'以德治国'？你若没有好的解释，我今天就赐你死！"

臧武仲故意露出惊慌的神色，说："请您息怒。可是如果一边在消灭盗贼，而一边却在引贼入境，您认为我能禁得住吗？"

季武子一听更加生气："谁吃了豹子胆，敢引贼进来？你告诉我，我要严加惩处，把他分尸。"

臧武仲缓缓地摇头说："那庶其就是贼的头目，他率领一群贼啊！您只看到了他们送来的礼物，却忽视了来源，反而还重赏他们。在百姓眼中，你养着一群盗贼。他们看到盗窃不仅可行而且还能得到富贵，自然就改头换面做盗贼了。您说，我是不是无可奈何啊？"

季武子立刻明白了臧武仲话里的意思，原来他用辩论的手段向自己进谏啊！他的怒火被平息了，他没有让臧武仲回家，而是把庶其施以车裂之刑。

晏殊为人诚实受人尊重

晏殊是北宋著名的文学家和政治家。晏殊在十三四岁的时候被地方官作为"神童"推荐给朝廷，让他去面见皇上。

当晏殊到达京城时，正赶上科举会试。参加会试的都是各地选拔上来的精英才子。晏殊是作为"神童"来见皇帝的，本可以不参加考试。但晏殊觉得只有经过考试，才能检验自己有没有真才实学。

所以，他要求参加考试，并得到了皇帝的批准。参加考试的有一千多人。有的是连考多年、两鬓斑白的老学者；有的是风华正茂的青年书生；年龄最小的就是晏殊，他还不满十四岁。

开始，他心里不安，可他马上又想到，自己年纪还小，如果考试成绩不好，说明自己的学问还不够，那就需要自己继续苦读，有什么可怕的呢？当考题发下来之后，晏殊认真一看，简直不相信自己的眼睛。考试题目自己曾经作过，当时写的这篇文章还受到好几位名师的称赞。

这时，晏殊的心里很纠结。按道理讲，那篇文章的确是自己独立写成的，现在把它照抄下来，也能反映自己的水平，不应该算是作弊，再说主考官和考生谁都不知道。然而，他又想，那篇文章是自己在家里写成的，写作的条件比考场上要优越得多。假如在考场上写，就不一定能够写得那么好。晏殊又想起老师曾讲过的话：做学问必须老实，如果对自己放松，那只能害了自己。

想及此，他决定把实话讲出来，要求主考官给自己另出一个题目。但考场上的规矩太严了，晏殊几次想说话，都被监考人制止了。不得已，晏殊只好以那篇文章为基础，又做了些修改加工。写好之后，交了卷。

几日之后，十几位成绩最好的考生被召到皇宫大殿上，将接受皇上的复试。晏殊也是其中之一。在对晏殊复试时，皇上高兴地对他说："你的文章，我亲自看过了，没想到你小小年纪，竟有这样好的学问。"

不料晏殊却跪下来，连忙自称有罪。接着，他把考试的经过讲了一遍，并且要求皇上另出一个题目，当堂重考。

人们被惊呆了，心想：这个少年真是傻到极点了，别人想找这样的好事都找不到，他自己却要求另换题目，再考一次！

皇上听完突然大笑起来，说道："真看不出，你这孩子不仅学问好，还这样诚实。好吧，我就成全你吧。"当下，皇上与大臣们一商议，就出了一个难度更大的题目，让晏殊当堂作文。

晏殊控制着内心的紧张，集中全部精力，很快把文章写好交了上去。大家一看，交口称赞。皇上十分高兴，对晏殊赞不绝口，并当场授予他一个相当于进士的学位，还吩咐人给晏殊安排一个官职，先让他锻炼一下，希望他日后成为国家的栋梁之材。

晏殊做官之后，开始只在翰林院里担任一个小小的秘书职务，官位低，薪俸少，日子过得挺清苦。当时，天下太平，京城里一派歌舞升平的景象。朝廷官员几乎都是三日一宴，五日一游，过着花天酒地的生活。

晏殊也喜欢饮酒赋诗，愿意同天下的文人们交往，可是他没有钱，无法参加这些活动。于是，他每日办完公事，就回到住地读书，或者和他在京城求学的兄弟们一起讨论古书中的问题。过了些日子，朝廷要选拔协助太子处理公务的官员。条件是：学问高、品德好。负责选拔的大臣们非常慎重，反复筛选、考察，一直也定不下来。因为选不好，就要受到皇上的责备。

一天，忽然传来皇上的一道御旨，要选拔官们把晏殊算上一个候选人。不少大臣都不知道晏殊是谁。一打听，才知道是翰林院的一个小秘书。大家都挺奇怪，皇上怎么就看上了他？

原来，皇上听说晏殊闭门读书，从不吃喝玩乐，又想起晏殊在考场上的表现，认为他是一位既有才气，又忠厚勤勉的人。选这样的人到太子身边，真是再合适不过了。所以，就亲自点了晏殊的名。

晏殊上任前，照例到皇上那里去谢恩。皇上勉励他一番之后，又夸他闭门读书，不参加游乐，是个好青年。

晏殊听完皇上的夸奖后却低下了头，向皇上说："臣并非不想和文人们宴饮游乐，只是因为自己家贫无钱而不能去，如果臣有钱，肯定也会去的。我有愧皇上的夸奖。"皇上听后深为感动，一定要重用这样诚实的人！

之后，晏殊的官越做越大，名望也越来越高，但是他一直保持着诚实、勤勉的作风，一直都没有改变。

祖逖塑造自我修身立命

祖逖，字士稚，范阳道人，他的父亲祖武曾经做过上谷太守。祖逖有几个兄长，父亲去世时他还年幼，生活就由兄长们来料理。祖逖生性活泼、开朗，从小就爱动不爱静。十八九岁时，他才开始励志读书，到二十三四岁时，已经博通今古。他还是一个谦虚好学的人，经常到京城洛阳向有学问的人请教。见过他的人，无不对他赞不绝口，大家都认为他一定会成为一个有用的人才。

24岁时，祖逖当上了司州（今洛阳东北一带）主簿。主簿虽然只是主管文书簿籍的小官，但祖逖工作认真负责，还认识了一个叫刘琨的同行。刘琨是汉朝宗室中山靖王刘胜的后代，同祖逖一样，刘琨也是一个有志气的青年。俩人情投意合，很快就成了好朋友。他们无话不谈，经常在一起讨论国家的时局，谈论自己的抱负，希望自己以后可以建功立业，报效祖国。两个人经常谈着谈着就忘记了时间，直到夜深了才睡觉。

一天夜里，祖逖被一声鸡鸣给惊醒了。他向窗户外面一看，天色还有一些暗，一轮残月还挂在天边。祖逖心想该起床练功了，于是叫醒了刘琨。刘琨睡得迷迷糊糊的，就问祖逖怎么了。祖逖对他说："你听，鸡在叫了。它这是在催我们起床呢。我们赶快起来练功吧。"刘琨听了以后，赶紧起床了。他们拿下挂在墙壁上的剑，来到屋外，在熹微的晨光下舞起剑来。从此以后，俩人每天都苦练武艺，还经常探讨兵法。由于他们不懈的努力，俩人后来都成了有名的将军。

晋朝时，匈奴贵族横行北方，烧杀抢掠，无恶不作，北方人民的生活十分不安定，有很多北方人到南方去避难。祖逖的家乡也受到了匈奴人的侵扰，于是，他带了几百名乡亲来到淮河流域一带。在逃难的过程中，祖逖主动把自己的车马让给老弱病残的人，与众人一起分享自己的粮食和衣服。祖逖一路上的表现得到了大家的认可和尊重，人们一致决定由他来做大家的首领。经过长途跋涉，他们来到了泗口（今江苏淮安市北）。这时的祖逖已经拥有一批壮士，他们都来自北方，希望祖逖能够率领他们赶走匈奴人，尽快收复中原。

当时，司马睿还是琅琊王，还没有继位当皇帝。祖逖渡江到建康去见司马睿，并对他说："现在朝廷局势大乱，主要是因为皇室内部纷争不断，大家互相残杀，给胡人留下了可乘之机，才使得他们攻进了中原。匈奴人无比残忍，他们残酷地杀害中原的百姓，百姓们生活在水深火热之中，大家都想将匈奴人赶出中原。只要大王一声令下，派我们去收复失地，北方各地的人民一定会团结起来，同心协力对付敌人。"

司马睿此时并不打算收复中原失地，但是听祖逖分析得十分有理，也不好推辞，他思量再三，最后勉强答应了祖逖的请求，任命祖逖为豫州（在今河南东部和安徽北部）刺史，同时还给了他3000匹布和可供1000个人吃的粮食，但是并没有派给祖逖人马和武器。

虽然只有粮食和布匹，但是祖逖并没有放弃，他将自己带来的几百名乡亲组成一支队伍，横渡长江。当船行驶到江心的时候，祖逖拿起船桨，一边拍打着船舷，一边发誓说："我祖逖发誓一定要将那些占领中原的匈奴人赶走，否则我以后再也不会横渡这条大江。"祖逖的这番话说得慷慨激昂，随行的壮士都被他这种豪迈的气概所感动，个个心中充满了杀敌的勇气和决心。

他们很快来到了淮阴，并在这里暂时住了下来。祖逖和众壮士想尽各种办法制造兵器，并且在这里招兵买马，最后他们聚集了2000多人马，一路向北进发。当地的人们听到祖逖的军队攻来的消息，纷纷给予支持。很快，他们就收复了许多失地。

中原大乱之时，长江以北的很多豪强地主趁机占据堡坞，互相争夺。祖逖说服了他们中的大部分人，使他们停止内争和他一起北伐。而对于那些不听号令甚至是依附敌人的豪强地主，则坚决予以打击。

祖逖的好朋友刘琨在北方听说祖逖的事迹之后,高兴地说:"我每天晚上都枕着自己的兵器睡觉,就是一心要消灭敌人。没想到,祖逖比我快了一步。"

公元319年,陈留地方的豪强地主陈川向后赵国主石勒投降。祖逖听说后,决定发兵进攻陈川。石勒派后赵国的5万军队来援救陈川,也被祖逖打得大败。随后,后赵的将领桃豹和祖逖的部下韩潜争夺蓬陂城(在今河南开封市附近),双方的战斗持续了40天,仍然分不出胜负。由于战争时间过长,双方的军粮基本上都快耗尽了。

祖逖心中十分清楚,再这么相持下去,对自己很不利。于是,他想到了一个计策。他让士兵们将泥土装满布袋,封好袋口,让1000多名士兵,将布袋运送到军营里,装成好像在运粮的样子。最后,他又派几个士兵扛着几袋米,走到半路的时候,装作很累的样子,停下来休息。

桃豹在后赵营内得到消息后,十分眼红,想将晋军的粮食抢过来。现在,看到晋兵在半路上休息,他心中大喜,马上派了大批兵士去抢米。晋兵看到赵军果然上当了,丢下米袋就逃。后赵营里的粮食早已经吃完了,现在虽然抢到了一点米,但也只能勉强维持几天。士兵们看到晋营里运来那么多军粮,军心难免就有些动摇了。桃豹看到这种情况,立刻派人向石勒求救。石勒收到桃豹的消息,马上装运了粮食,派人用1000头驴子给桃豹送去。祖逖早就得到石勒运粮的消息,于是,提前在路上设下埋伏,把后赵的粮食全部抢回了晋营。桃豹无计可施,只得连夜逃跑了。

通过祖逖不懈的努力,率领晋兵收复了黄河以南的全部领土。晋元帝登基成为皇帝以后,鉴于祖逖的功劳,将他封为镇西将军。

战时环境十分艰苦,但是祖逖并没有因为自己是将领就与众不同。相反,他的生活十分节俭,常用自己平时省下的钱去帮助部下。他经常身先士卒,和将士们同甘共苦,并不断地鼓励他们。他还奖励耕作,招纳新归附的人。

祖逖对待身边的人,不管关系疏近、地位高低,态度都很热情。一次,祖逖举行宴会招待当地父老。人们十分高兴,一边唱歌,一边跳舞,场面十分热闹。一些老人流着眼泪说:"以前,我们每天都担惊受怕的,不知道自己什么时候会被杀死。现在,我们的年纪都大了,能看到自己的亲人都健健康康的,死也瞑目了。"

祖逖的种种做法,使他得到了当地人民的拥护。

高度的责任心

当经济不景气或公司经营出现了困难，大量裁员是许多企业首选的做法，但这种被称为"减量经营"的方法并不是每个企业克服困境的唯一出路。松下先生就十分反对采用这种方法。

1926年，日本许多工厂在世界第一次经济大危机中破产了，经济空前混乱，松下公司销售额大幅度下滑，管理人员向松下幸之助提出要求裁掉一半的工人以渡过难关。但松下幸之助坚决反对，他提出，一个工人也不许裁，生产实行半日制，工资按全天支付。松下幸之助说："产量可以减半，但员工一个也不许解雇。工厂工作时间减为半天，但员工的薪金全额给付，不得减薪。不过，所有员工得全力销售库存。用这个方法，先渡过难关，静候时局变化。照这种方法行事，我们也可获得一些资金，免于破产。至于半天工资的损失，是个小问题。如何使员工们有'以工厂为家'的观念，才是最重要的。所以任何员工都必须照旧雇用，员工一个也不得解雇。"

松下幸之助的这个想法和作风，使全体员工们十分感激，认为老板虽在工作上严厉，关键时刻，富有人情味的一面却完全地显现出来了。"众人拾柴火焰高"，集体的力量是无穷的，在全体员工的共同努力下，松下电器公司摆脱了困境。松下幸之助富有人情味的做法，更多体现了他对员工的关爱，对员工的一份信任，还有对员工的一份忠诚。正因为他关爱员工、信任员工，忠诚于员工，也赢得员工对他的忠诚。

日本本田公司有一个叫林子文的汽车销售员。这个31岁没有任何汽车产业背景的人进入本田公司，却创造了惊人的成就。

首先第一点，林子文一点也不懂得汽车行业，为了攻破这个难题，林子文从头开始学习，在业余时间里，她购买了大量的如砖头般厚重的专业书籍，夜以继日地恶补理论知识。以前没有接触过销售，更谈不上有任何销售经验了，当其他同事向顾客解释汽车方面的问题时，她甚至比顾客听得还要投入，之后，她会在心里默默地将同事的话一遍又一遍地复述。为了做好这份工作，林子文做出了比其他人多出好几倍的努力，有很多个夜晚，丈夫在卧室里看着表等她，一直等到实在熬不住就独自一人睡去，而林文子则依然津津有味地在书房里啃读着书本。

这种对工作十分热情的她终于得到了回报，她迅速跃升为店里业绩最好的业务员，让很多做汽车销售的同事大加称赞。林子文的勤奋是出了名的，她的敬业精神也是令人佩服的。

有一次，林文子的一个小侄女好奇地问她："姑姑，那个老头儿说是来买汽车，却对你唠唠叨叨了一个上午。我听得都要睡着了，你怎么一点也不烦啊？"她回答说："对于顾客来说，买车是人生的一件大事，销售员因售车在茫茫人海与顾客相遇，听到他们为了买车而努力工作的奋斗精神并在事业上取得成功的故事,作为销售员的我,真为他们的成功感到高兴。姑姑生来就是为他们做汽车销售的,为什么要烦他们呢?"

林子文在日记中曾经这些写道:"在工作中,以一种什么样的心态去工作是非常重要的。带着强烈的爱去敬业,就是对工作能力的最有益补充,由于经验的不足,许多工作就更应该扎扎实实做好!如果不认真、不细腻地对待每一个细节,一方面是自己放弃了一个学习的机会,另一方面也增加了犯错的机会。敬业可以让一个人易于发现工作或事业中存在的问题,如果能积极地去学习、去请教,自然而然就可以学习到新的知识和技能,而通过解决问题的过程,又可以提高自己解决问题的能力,积累处理问题的经验。工作的过程是最好的学习和提高的过程。如果没有像爱家人一样爱工作的良好心态,就没有扎实的工作作风和高度的责任心,这实际上就是自己在浪费自己的时间和生命,在浪费最好的学习机会。"

高度的责任心,就是林子文最大的资本。《华尔街时报》曾这样评价林子文:"林文子一心一意奋斗在销售行业,她的敬业精神和工作业绩在男本位的日本商界显得尤为可贵。"正是缘于她的这种尽职尽责的敬业精神,她才能始终保持着每年100辆的最佳销售业绩,并借此开始了她青云直上的晋升。

勇于承担责任的人是值得信任的

小齐和小史差不多同时间进入一个快递公司工作。平日工作中,他们俩是搭档,工作一直都很认真,也很卖力,深得上司的喜欢。然而不长时间后,小齐留下,小史却被辞退。这仅仅源于一件小事。

这天,小齐和小史接了一笔大单,需要把一件贵重的邮件送上飞机。临走时,上司反复叮嘱他们要小心,因为里面装有一个价值不菲的"翡翠香炉"。两人都小心翼翼,害怕出一点差错。谁知道,快到飞机场的时候,货车突然熄火了。

他们两个人马上跳下车检查问题,这时离飞机起飞的时间也快到了。小史是一个急性子的人,看看表,又看看车,埋怨起来:"怎么搞的,你为什么出门前不把车检查好,现在迟了,飞机快起航了。如果不按规定时间送到,我们要被扣奖金的。"

小齐温和地笑笑:"不好意思,是我大意了。这样吧,我的力气大,我来背吧,距离目的地也不远了。"小齐就背起了邮件,一路小跑,终于按照规定的时间赶到了目的地,而且也看到了等待的客户。

这时候,小史心里打起了小算盘,他对小齐说:"你先歇歇,我来背吧,你去招呼货主。"其实他是希望客户看到是他这么辛苦把邮件背过来的,再把这件事告诉老板，说不定自己就有了升迁的机会了。但他只顾想，当小齐把邮件递给他的时候，他却没接住，邮包掉在了地上，"哗啦"一声，"翡翠香炉"碎了。

"啊？……你……你怎么搞的，我没接你就放手。"小史大喊。

"对不起，你明明伸出手了，是你没接住。"小齐只好这样说。

弄坏了贵重邮件，不但会丢了工作，可能还要偿还沉重的债务。回到公司，面对怒不可遏的老板，小史先跑到老板办公室给老板说："老板，这真不是我的错，是小齐弄坏的。"老板平静下来，并没有责备小史。

然后，老板找了小齐。让小齐把事件的经过详细说了一遍。说完之后，小齐又说："这件事情是我们的失职，我愿意承担责任，一定会弥补上我们造成的损失的。"

之后，老板把两个人同时叫到了办公室："公司一直对你们两个人很器重，想从你们当中选择一个人担任客户部经理，没想到却出了这样一件事情，不过也好，这会让我更清楚哪一个人是合适的人选。我们决定请小齐担任公司的客户部经理，因为，一个能够勇于承担责任的人是值得信任的。小齐，你不用偿还客户的损失。小史，你自己想办法偿还客户的损失，对了，你明天不用来上班了。"

附录 二十四忠

一 龙逢极谏

"龙逢谏君,深谋远虑,冀其少悛,立而不去。"

夏朝末代国君叫癸,因为他暴虐无道,所以又称他为"夏桀"。他凭着自己的权利作威作福,为非作歹,丧尽了天良,对上天不敬,说出种种的妄言妄语来;对老百姓特别狠毒,对忠臣劝谏不听,倘若有人劝阻,必定处死,真是为所欲为,专横跋扈。

有一天,大臣龙逢就直接给夏桀讲以前的帝王是怎样治理天下的。龙逢劝谏说,古时的君主,非常懂得爱民,懂得节俭,对国家的财产绝对不敢随便浪费,因此能保国家之长久,而且帝王的寿命也是很长的。例如:尧帝活到一百一十六岁,在位九十八年,他的仁德可比上天,他的智慧可比神灵,接近他就能感到像太阳般的温暖,仰望他就好像是高洁的白云。他富有而不骄奢,尊贵而不放纵。有一天,尧帝下乡去巡视,刚好看到两个人犯罪正被押送。尧帝马上就跑过去问:"你们两个犯了什么错?为什么犯错?"这两个人就说:"因为上天久旱不雨,我们已经没有东西吃了,家里的父母也都没有东西吃,所以我们只好去偷人家的东西。"尧帝一听完,马上就跟士兵说:"你们把他们两个放了,把我关起来。"士兵一听都愣住了,怎么可以把君王关起来呢?尧帝就说:"我犯了两大过失,他们并没有罪。一是我没有把子民教好,所以他们会偷人家的东西;二是我没有德行,所以上天久旱不雨,这两件事都是我的过失。"尧帝内心发出至诚的反省,马上感动天地,当场雨就下起来了。尧帝将帝位传给了舜王,舜王也非常长寿,六十一岁接替尧,登上帝位三十九年,也活到一百多岁。帝王的寿命长,就会国泰民安。尧帝过世时,天下百姓三年守丧,四方音乐不举,百姓没有饮酒作乐的。

龙逢接着又说,你今天用财太浪费,杀人不眨眼,人心已经散乱,这样下去,国家很容易灭亡,希望你能好

好地改一改。

但是夏桀不肯听，还非常生气，龙逢劝谏后仍然站在朝堂上不动，夏桀大怒："为什么要听你的话呢？"龙逢劝谏无效，反被暴君夏桀斩首。

夏桀把天下所有的男人抓来当劳力，凿山穿道，花费很多时间和人力，他筑了九巢，大的可以放船，无度奢侈，无论谁劝谏他都被他杀害，龙逢是最后一个劝谏希望他能回头的人，但事与愿违，没有挽救夏桀，结果第二年夏桀被商军活捉，流放到南巢亭山后，忧愤而死。从此以后，中国历史进入了商朝的统治时期。

二　比干死争

"比干强谏，尽其忠诚，纣王淫泆，遂以死争。"

当殷商灭了夏桀之后，商的开国之君为汤王。汤是一个贤明的国君，以"仁道"治理天下，他曾说："万方有罪，罪在朕躬。"所以，商朝开始非常兴盛，历经二十九个国君，立国五百余年，最后毁于纣王。

据《史记》记载，帝纣天资聪颖，反应灵敏，能说会道，臂力过人，能徒手跟猛兽搏斗。他的智慧足以拒绝他人的劝谏，口才足以粉饰自己的过错。在大臣面前炫耀才能，在整个天下吹嘘名声。

纣王的叔父叫比干，在纣王身边做少师官，看见纣王这样的荒淫游侠，叹着气说："国君暴虐得这个样子不去劝谏，那就是不忠；为了怕死不敢说话，那就是不勇敢。国君有过失就应该去劝谏，做臣子的不用死去力争，那么就对不起天下的百姓。"于是比干就到纣王那里去强谏。纣王生气地说："听说圣人的心上有七个窍。"就剖开比干的胸膛，挖出心脏来观看。贤臣箕子大为恐惧，于是假装疯癫去做奴隶，纣王又把他囚禁起来。太师、少师便携带着祭器、乐器逃奔周国。周武王于是率领诸侯讨伐纣王。纣王兵败，逃回城里，登上鹿台，穿上他那饰有珍珠宝玉的衣服，跳到火中自焚而死。周武王于是斩下纣王的头颅，悬挂在大白旗杆上，又杀死妲己，把箕子从监狱里释放出来，给比干建了坟墓，为后人做榜样。周武王把首都迁到镐京，建立了周朝。

忠臣为什么不怕死，因为心中有一个"仁"字，所以能牺牲自己的生命来挽救天下人的生命。比干因为劝谏而死，因此孔子就把微子、箕子、比干同称为"三仁"。为什么把这三个人称为殷朝的"三仁"呢？因为：

微子看到纣王无道，就第一个劝谏，劝谏无效就隐身而退，逃出殷朝这个国家不再回来。孔子说他是人、身、名并全成名。

箕子也劝谏纣王，纣王把他关了起来，箕子为了保存自己的生命，假装疯癫，受尽了屈辱，受尽了折磨，最后能保得自己的性命。孔子说他是人、身成名。

比干所选择的是强谏，非常激烈，最后是剖心而死。孔子说他是杀身成名。

孔子称他们为仁人志士，因为他们的心中只想解救天下百姓。尽管结果不同，但忠诚是一样的。

三　张良复仇

"张良狙击，为韩复仇，灭秦假手，从汉依刘。"

战国时候，有齐、楚、燕、韩、赵、魏、秦七个国家，史称"战国七雄"，这七个国家势力相当，但是最后秦国统一了天下，而六国中最早被消灭的是韩国。张良非常忠于韩国，一心想要复仇。

张良出生在韩国，他家族上面的五代人都是韩国的宰相。秦国灭韩国的时候，他当时二十岁，家里的仆人有二三百人，家境也相当富有。可是国家被秦所灭，国破家亡，张良为了报答深厚的国恩，弟弟死了也不肯多花钱安葬，在匆忙之中把所有家产全部卖掉，来收买刺客刺杀秦始皇，一心想要复仇。他到处去收买打听有没有大力士，可以把秦始皇击毙的。后来得到了一个大力士，暗暗地调查知道秦始皇行程要经过"博浪沙"，于是在这个地方埋伏，希望能击毙秦始皇，但是没有成功，只击中了副车。秦始皇大怒，查找谁是凶手，谁是主谋，于是张良便隐姓埋名在下邳（今江苏宿迁）隐蔽了很久。

后来张良遇到了汉高祖刘邦，就一心辅佐他，直到灭了秦国，张良就离开了刘邦，回到了韩国，立韩成为王，他当宰相。后来国王韩成被项羽所杀，张良又归于刘邦麾下，最后刘邦消灭了项羽，一统天下。汉朝建立，张良被封为留侯。但是张良是一个懂得进退之人，知道刘邦对贤士是"鸟尽弓藏，兔死狗烹"的人，于是就离开了他。在汉朝统一天下后，韩王已经去世，张良就辞官学仙道去了。张良多次为刘邦谋略策划如何统一天下，其实他暗中还是忠于韩国，他假借刘邦来消灭秦始皇和项羽，无非是为韩国复仇。

四　纪信代死

"纪信诳楚，假作汉王，易服代死，救主荥阳。"

汉朝的将军纪信与汉王刘邦共守在荥阳城里。楚霸王项羽，即将攻破荥阳城，楚汉相争到了危急时刻，汉王无法突击重围。纪信看到这种情景，就请求和汉王换衣服。于是汉王就扮了一个普通的人从西城门逃走了。纪信穿着汉王的衣服，坐着汉王的车子，插着汉王的旗子从东门大声喊叫："我就是刘邦！"围在旁的楚兵听了非常高兴，认为汉王出来投降，结果被楚人识破，用火烧死了纪信。后来汉王打下天下，做了汉高祖皇帝之后，就在顺庆（今四川南充）为纪信造了一座庙，叫"忠佑庙"。汉高祖诰词里面说："以忠殉国，代君任患，实开汉业。"

纪信是以忠为国捐躯，代替刘邦来承受杀身之祸的，如果没有他当时的勇敢殉烈，汉朝就没那么容易建立。可谓忠、仁之至矣！

五 苏武牧羊

"苏武持节，啮雪餐毡，牧羝海上，一十九年。"

两千多年以前的西汉，其版图十分辽阔，活跃在北方草原的匈奴不时地侵犯边疆，汉朝也经常出兵反击他们。

后来匈奴的单于派使节向汉朝朝贡，希望能借此拉拢彼此之间的邦国友谊。于是汉武帝决定派苏武向匈奴回礼，并护送他们的使节回去。

出使的那一天，苏武手中持着长长的"汉节"，那是邦国之间互相往来的信物，他带领着一百多人组成的和平使团，随一声威武的号令，庄严而肃穆地启程。他们带着丰厚的礼物，放眼望去，那浩荡的队伍展现出无比的威德，要传达给远方匈奴的是大汉民族对于战争永远不再发生的殷切期望。

但不幸的是，他们遇到了匈奴内部的一场叛乱。叛变的人和苏武的副使张胜曾经有过密切往来，结果不但张胜被连坐，连苏武也无辜地受到了牵连，被扣押在了匈奴，和平的任务尚未完成，即遭此劫难，让苏武非常痛心。

单于知道苏武为人忠贞爱国，于是想要借机劝他投降，就派遣卫律等人去游说，苏武义正辞严地说："如果我忘恩负义，背叛朝廷，就算是活着，也没有颜面再回到汉朝！"说罢，抽出配刀，往自己身上刺进去。顿时，鲜血喷洒而出，他倒在了血泊之中。卫律大惊失色，赶紧冲上前去救他，医治了半天之久他才苏醒过来。

单于看到苏武的志节这样高迈，内心对他产生了敬佩之情，就想用高官厚禄来收买他，请他为匈奴效力，但是均被苏武断然回绝了。后来，恼羞成怒的单于把他幽禁到了地牢里，想把他活活地饿死，逼他投降。

在寒气逼人的地洞中，身心交瘁的苏武躺在刺骨的寒冰上，疲惫地昏了过去。

不久，难以忍受的饥饿使他苏醒过来，他爬到雪堆旁，将一把雪塞进嘴里又抓起汉节上的一撮毡毛，艰难地咽了下去。奇迹出现了，几天以后，苏武竟然没有死。单于被他惊吓坏了，以为他一定是个神人，若是普通人，不早就死了好几回了吗？

后来，单于把苏武流放到了荒无人烟的北海，只送给他几只公羊，目的是要他像无法繁殖的公羊那样衰老、绝后、自生自灭，要他等到公羊能够哺乳才可以回来。

苏武拄着汉节，在风雪交加的北海上牧羊，他常常抚摸着它，就像是见到汉王一样。汉节从来没有离开过他的手，节上的毛早就已经脱落了，完成出使匈奴任务的使命感和忠于汉朝的气节，始终在支持着他一定要活着回去。

苏武就凭着这股坚忍不拔的毅力，吃着野鼠、啃着野草，艰难地活下去，希望还有那么一天，能重见曙光，返回大汉的国土。

六年过去了，有一次，单于的弟弟到北海去打猎，惊奇地发现苏武居然还活着。在这种严酷恶劣的环境中，人怎么可能活得下去呢？他被深深地感动了，默默地送来了一些食物和牲畜，希望能改善他的生活。

但是好景不长，三年之后单于的弟弟去世，而苏武赖以生存的这些财物却全部被偷走了，又恢复到从前那种艰苦不堪的日子。

艰辛的日子又过了五年，单于派李陵来劝苏武投降。李陵是汉朝将军李广的孙子，也是一位骁勇善战的武将，他被俘投降匈奴之后，一直都不敢去拜见苏武，苏武高尚的人格，始终令他感到自责和羞愧。而这次受命于单于，他只好硬着头皮去。

李陵恳切地劝他说："在这种没有人烟的不毛之地，哪里有信义可言？有谁见得你的信和义，忠与贞呢？回到汉朝的希望太遥远、太渺茫了，人生那么短暂，就像朝露一样，你究竟是何苦呢？"苏武长叹了一口气说道："做臣子的忠于他的君王，就如同做儿子的孝顺他的父母一样，是天经地义的事情，儿子为了报答父母，就算是死了都在所不惜，更不要说这样的一点折磨了。我和父亲受封于朝廷，国家曾经给予我们非常优厚的恩宠，朝廷的深恩大德是我报答不尽的。今天就算是为国家牺牲，赴汤蹈火我都心甘情愿，请你不要再劝我了。"

李陵听了之后百感交集，一时悲从中来，痛哭流涕，他赞美苏武是一位真正的义士，并对自己的苟且偷生悔恨不已。回去之后，他送来了几十头牛羊，希望能改善苏武的生活。

不久之后，汉武帝驾崩了，当李陵把这个消息告诉他的时候，苏武沧桑的脸上乍现出深切的痛苦。他面向南方，扑倒跪地，放声痛哭，鲜血顺着嘴角流在了地上。从那以后，他终日悲恸哭泣，谁都劝不了他。

数年之后，汉朝跟匈奴开始和亲了，苏武终于能够回到故乡，李陵流着泪，目送他消失在万里黄沙中。十九年前由一百多人组成的声势浩大的使团，现在只剩凄冷的九个人，怀着无尽的伤感，踏上返乡的道路。

　　他回到长安，奉上太牢，泪流满面地拜谒了汉武帝的陵墓。朝廷有感于他的志节，给了他非常优厚的待遇，后来宣帝奉他为"关内侯"。苏武把财产全部分送给亲朋、故旧，自己什么都没有留下。他的妻子已经改嫁，儿子因被连坐而死，而他自己也已经白发苍苍了。

　　苏武八十多岁才去世。天下人对他敬仰不已，不但是在汉朝，在匈奴这样的国家，他也赢得了匈奴人的尊敬。

　　许止净先生说，苏武的忠义精神真的是空前绝后、光耀千古。想想看，在冰天雪地的北海中，生活所需要的"衣食住"是一无所有，他怎么可能活得下去呢？可是他不但安然无恙，而且一住就是十九年，这不就是他的忠诚和节义感动了天地，而得到鬼神冥冥当中的呵护吗？或者说，这种绵延不绝的力量，正是源于他心中生生不息的浩然正气。

　　孔子曰："志士仁人，有杀身以成仁，无求生以害仁。"又曰："使于四方，不辱君命。"这正是苏武最最真实的写照。

六　日䃅笃慎

　　"日䃅杀子，恶其淫乱，愿副霍光，不使轻汉。"

　　汉朝金日䃅，是匈奴休屠王的太子，被汉朝俘虏后，专门为汉武帝养驾车的副马。他的长子是供宫里人玩弄的弄儿。有一天，其长子偶然和宫里的人玩得太过火了，日䃅见了非常生气，一怒之下，就把儿子杀死了。皇上为他流了泪，但是心里很敬重金日䃅。

　　后来汉武帝想把金日䃅的女儿娶到宫里，可是金日䃅不肯。皇上晚年时生了病，嘱咐大臣霍光辅助太子。但是霍光非常看好金日䃅，他说："金日䃅是一个行事谨慎之人，一定可以好好辅助太子。"霍光就把这个重大的责任让给金日䃅，金日䃅说："我是一个外国人，假使我担当了这个责任，那么就会使匈奴国看轻了汉人，以为汉朝里没有人了。"最后，金日䃅做了霍光的副手。

　　金日䃅身为匈奴的太子，把汉朝作为他所忠贞的国家，实在很难得。

七　丙吉护储

　　"丙吉护储，闭门拒使，宣帝登基，不道前事。"

　　汉武帝时期，有个大臣叫丙吉，查办当时用邪术来诅咒人的案子。汉武帝相信用祈求平安的一些方法，比如用木头刻成小人埋在宫里，借以祈福来保护宫里人的安全，并且祈祷天下太平。

有一次武帝生病了，有人算出宫里有巫术诅咒皇上，于是江冲立刻请命搜查此事。其实在算出有巫术之前，江冲已受别人暗中指使，在太子卫据的住处地下埋了很多木头刻成的小人来诅咒帝王及宫里面所有的人，借这个机会来诬陷太子（宣帝的父亲，他是个非常慈悲之人）。这时候太子生怕事情闹大，自己和相关的人有生命危险，于是，就起兵从外攻打到皇宫里想捕斩江冲，可是没有成功。在这一次战役当中，死伤数万人之多。这件事被传开以后，凡是有牵连的人都要被诛杀。当时也很流行观天象。武帝在生病的时候，就有人跟他讲，在京城里头的牢狱当中发出了紫气，这个紫气就是指天子之气，可能在牢狱当中有人将来可以做帝王。因为太子的孙子刘询当时只有几个月，也被牵连关在狱里。而丙吉主办此案，他看到连这么小的孩子都要被杀掉灭口，太可怜了，所以他不顾自己的性命，护送刘询出宫，抚养他。他对追杀的人说："有许多人是无辜的，无辜而死就已经很悲惨了，何况是皇帝的亲曾孙。"被派来追杀刘询的人回去报告皇帝，皇帝才觉悟过来，幸亏丙吉全力地保护刘询，否则他就要亲手杀掉自己的曾孙了。这个时候，皇帝宣布赦免所有的人，不要再追杀。

13年后，刘询登基，成为汉宣帝。而丙吉从不提当年保护他的事。尽管在当时这是一件相当艰难的事情，他却施恩不求报，很值得我们后人学习。

八　朱云折槛

"朱云借剑，请斩佞臣，攀折殿槛，忠直无伦。"

西汉时，有一个人姓朱名云，原来居住在鲁地，后来移居到平陵。他人如其名，年少的时候就像侠客一样，云游四方，经常有路见不平、拔刀相助之举。由于他身材高大，有八尺之高，非常雄壮魁梧，且好勇善斗，因此以武力著名于当时。

当他潇洒地走过四十个春秋之际，一天，突然心血来潮，揽镜自照，才发现脸上刻满了风霜，猛然感到过去的日子就像一场梦，浑浑噩噩，碌碌无为。如果再这样下去，一生不就空过了吗？人生重新开始，应该不算太迟吧！于是，他洗心易行，四处访求名师，期望能在后半生做有修有学的明白人。他师承白了友先生学习《易经》，通晓宇宙万物的自然道理。又追随萧望之将军学习《论语》，明白了修身治国的道德精髓。他非常珍惜这来之不易的学习机会，发奋图强、废寝忘食，后来他两种学问都学得颇有成就。经过几年的薰习，朱云的德行已为世人所称颂，又兼有义薄云天的侠义之气，更是人们心中真正的高士。

汉元帝时，朱云被推荐为御史大夫，却因权臣的阻挠未能就位。朱云从未把职位放在心上，他坚守的信念是"国家兴亡，匹夫有责"。他曾在权贵之家谈论《易经》，以深厚的学识令众人叹服；又因屡次上书直陈时弊，受到迫害而四处奔走。但这一切对他犹如浮云，他的气宇和志节吸引了与他有相同抱负的义士，即使身处逆境，亦能同舟共济。到了汉成帝时，他仍然只在槐里（今陕西兴平县东南）当县令，虽然官职很低，但他素来嫉恶如仇，忠心耿耿，勤政爱民，深受百姓爱戴与赞许。

　　当时，朝廷有一个奸臣叫张禹，身居高位，但贪得无厌，又善于谄媚。朱云做侠士的时候，对于一般平民的疾苦，尚能仗义执言，现在见到张禹这样欺上瞒下、为非作歹的佞臣，更燃起一股为国除害的决心。于是他郑重地上书朝廷，希望能面见皇上，陈述社稷安危的重大事情。汉成帝颇感意外，但也接见了这个地方小官，朝廷重臣位列两旁。朱云气度优雅，从容不迫地走进殿堂，他慷慨激昂地对汉成帝说："今天朝廷内有一位大臣，上不能辅佐主上，下不能利益民众，身居高位，心心念念只想着多拿俸禄，孔子说：'鄙夫不可与事君'，微臣愿借陛下的尚方宝剑，将此佞臣斩首示众，以激励其他的官员。"成帝惊讶地问："此人到底是谁？"朱云斩钉截铁地说："安昌侯张禹！"此语一出，满庭皆惊！众位大臣面面相觑，有人暗中叫好，有人替朱云捏了一把汗，汉成帝更是异常震惊。张禹则是露出冷笑，直视朱云的动静。

　　汉成帝龙颜大怒，喝道："位卑小臣居然毁谤上官，辱骂帝师，罪死不赦！"即命左右把他推出去斩了。御史奉命强推朱云下殿，朱云非常激愤，众人交口称赞的英明皇上，却原来是非不分。他奋力向前，但被强行推到了金銮殿外，他死死抓住御殿栏槛不放，把殿外的栏槛都折断了。他大义凛然地高呼："我能跟龙逄、比干在地下相见，我很满足了！只是不知道陛下和朝廷的前途会如何？"

　　汉成帝侧身跌坐在龙椅上，依旧怒火满胸，什么话也听不进去。这时，左将军辛庆忌见到朱云如此英烈，深为感动。他卸下自己的衣袍、冠冕和印绶，在地上连连叩头，恳求皇上收回成命，只见他叩头的地上留下了一片殷红的血迹。他不顾一切地大声说："皇上，朱云性情狂直，早已天下闻名。他如果说得对，不能杀他；说得不对，也应该宽恕他。臣愿以死相保，请求陛下免他一死。假如您今天把朱县令杀了，您不就成为暴君了吗？不就同商纣一样了吗？"辛庆忌的这一声怒喊，震醒了汉成帝，假如自己因为一时之怒而杀害了敢于直谏的忠臣，那岂不是要与商纣为伍，而成为恶名昭著的无道昏君吗？亏得这一声提醒！汉成帝转怒为喜，连忙命左右将朱云放了。

　　后来，随从准备修复被朱云折断的栏槛，却被汉成帝制止。因为这个被攀折断的栏槛，可以时时提醒自己不要受奸佞之臣的迷惑，同时也嘉勉像朱云这样忠直的谏臣。

朱云是一个地方县令,人微言轻,但他忠心耿耿,忧国忧民,看到当世竟然有张禹这样祸国殃民的佞臣,激发了他义薄云天的豪气,因而置生死于不顾,要求借尚方宝剑为民除害。他视死如归,内心无比敬佩龙逢、比干这样敢于死谏的忠臣,希望自己也能与他们一样,正义凛然,浩气长存。

汉成帝能在大臣的劝谏之下猛然醒悟,他非但不治朱云之罪,而且连被折断的栏槛也不再修复,以表彰这位忠直的大臣,这是很难能可贵的。《弟子规》讲到"过能改,归于无",上自帝王将相,下至普通平民,无不如此。

朱云经过这件事之后,心生退隐之意。于是他告老还乡,每天乘着牛车到田里工作,空闲之时就教起了学生,生活悠然自得。人们经常看到一位鹤发童颜的老者,教学于田野之中,那就是远近闻名的朱云。而他一生的忠贞事迹与侠义精神,更是流芳千古,为后人所赞颂!

九　李善乳主

"李善乳主,哺养辛勤,虽在孩抱,如奉长君。"

东汉时期,有一位叫李善的人,当过李家的老管家。他忠实老成、勤勉厚道,多年来,一直忠心耿耿侍奉主人。

在光武帝年间,瘟疫横扫湾阳县(今河南省南阳县),李府全家上下不幸都染上了瘟疫。短时间里,一家人大都接二连三地去世了,只留下了万贯的家财和出生几十天的婴儿——李续。空旷的房舍,只剩下孤儿凄凉的啼哭声,李家堆积如山的金银财宝,刹那间成为了婢女和仆人争夺的对象,"利"字当头,他们铤而走险,随时都想杀害李家这个唯一的命脉和忠心耿耿的老仆李善,然后夺取所有的财产。李善望着这个孤苦伶仃的小生命,多少恍如昨日的往事,一幕幕地浮现在眼前,眼泪不禁潸潸而下,想起多年来,李元夫妇一直都把他当成是李家的一分子,无尽的关怀和照顾令李善感动不已,而这种恩情,哪里是"感恩"两个字所能诉尽的!如今物是人非,受过李家深恩的李善,怎么能够在主人家里最艰难的时候,就这样离去呢?万般无奈之下,只有逃走,放弃一切家产,才能保护小主人。他带着熟睡的李续,连夜逃到了山阳瑕丘的深山中,开始了艰难的隐居

生活。可是维持生计用的一切从哪里来啊？尤其这么小的李续怎么喂乳呢？李善不由自主地仰天长叹。

意志坚强的李善有着男子汉的坚定气魄，他吃苦耐劳，不畏艰辛，喝着山间的露水，啃着树上的野果，饥一顿饱一顿地活下去。可是婴儿还那么小、还那么脆弱，面对这个娇弱的小生命，到底要怎么抚养他、怎么照顾他呢？他开始感到无助和忧虑。李善跪在地上，哀伤不已，不断地磕头祈求说："苍天啊！孩子生下来才几十天，如果没有办法活下去，我怎能对得起主人在天之灵呢……"说着说着，他伏在了地上放声痛哭，悲怆凄凉的哭声在深山中久久地回荡着。没有办法，李善就用自己的乳头给李续含着，想不到两乳竟能生出乳汁，李善看到这一幕，感激地流下泪来。一想到自己终于见到了希望，再想到自己终于得以告慰主人在天之灵，他忍不住跪倒在地，磕头礼拜，感恩老天眷顾他们这样孤苦无依的人（至诚感通，使自己身体的结构都改变了）。所以李续在李善细心哺乳照顾下长大成人。

山居生活的艰难，是常人无法想象的。一个男人，不但要耕种采集、煮饭洗衣，而且还要养育年幼的李续，那更是难上加难了。李善就像慈母一样，细心照顾小主人，尽管倍尝艰辛，但在他的呵护与照顾下，李续渐渐地长大了。每天，李善都会讲故事给他听，教给他做人的道理，在李善的言传身教下，年少的李续也秉承了他淳厚善良的品格。

当李续还在襁褓中的时候，不管大小事情，李善都会在小主人面前，恭敬地向他禀报，因为他把李家唯一的命脉，看作是主人的化身一样地尊敬。所以特别地教导他，希望李续能成为德才兼备的人，将来能重振李家门风。

光阴如梭，转眼间，李续已经十岁了。李善决心为李家恢复家业，于是就来到官府击鼓申冤，希望能讨回公道。县令钟离意了解了李善忠义的节操之后，被深深地感动了，他为李家平反了冤情，收回了财产，谋害李续的佣人都受到了惩治，李善带着小主人终于回到了久别的故乡。

县令在感佩之余，决定把李善感动天地的事迹呈禀皇上，他相信李善忠义的节操不仅能够移风易俗，而且能够教化后人。光武帝刘秀非常感动，于是就礼请李善来担任太子舍人这个要职。

在古时候，培育太子是帝王特别用心的一件事。司马光曾经感叹地说，为什么历史上会出现那么多昏君？这多半是由于他们当太子的时候，就没有受到很好的教育。所以贤明的父王总是会精挑细选，把太子托付给真正贤德之人，让他跟老师生活在一起，凡出入、应对、日常礼仪点点滴滴的言行举止，都得到严格的调教和指正。老师会夜以继日地看顾太子，培养他的德行，进而奠定成为贤明仁君的基础，承担治理天下的重责。

后来，李善官拜日南（今越南广治）太守，途经清阳，阔别了李家这么多年，回忆过去，历历如前，此时的李善百感交集，在一里之外，他仿佛已经见到了李元的坟墓，一时悲从中来，就命人停下了轿子，他卸下官服，换上粗布衣裳，缓缓地走向墓园。荒芜的小径，杂草丛生，李善提起一把老旧的锄头，开始卖力地清理杂草。他一步步地来到主人的墓旁，抚摸着残损不堪的墓碑，禁不住心中的悲恸，跪地放声大哭，哭声哀凄，闻者莫不为之动容泣泪。

李善开始整理周围的环境，他把墓园打扫得干干净净，筑起了炉灶，准备了丰富的祭品来祭祀主人。他跪在主人的灵位前，非常伤感地说："老爷、夫人，我是李善，我今天回来探望、祭拜你们，愿你们在天之灵都能够得到安慰……"几天来，他都徘徊不忍离开墓园，时时刻刻地追思恩主，有人不时见到李善抚着墓碑暗自抽泣。纵使今天他已经不再是卑微的佣人，而是令人尊敬的朝廷命官，但是他依然不忘本，依然感念李元当年关心照顾他的恩德情义，就好像自己仍然是往昔的李善一样，随侍在主人的身旁。

饱经沧桑的李善，深深了解百姓的疾苦，所以能够用"仁民爱物"的心来照顾大众，把地方治理得很好，得到了人们对他的爱戴。后来小主人李续也很有成就，官至河间相。

孔子云："君使臣以礼，臣事君以忠"，君臣之义是水乳交融、相生互通的。李善的美德之所以能流芳千古，在于卑微之时，不但能忍辱负重，尽忠职守，显达之后，仍然对主人感恩戴德。千百年来，他的忠义精神始终鼓舞着我们见贤思齐，不论身处任何环境地位，都能够做一个尽职尽责之人。这个感人至深的故事，不仅结合了恩义、情义与道义，更为后人留下了一个知恩报恩的不朽典范。

十　嵇绍卫帝

"嵇绍卫帝，独力依依，飞箭雨集，血溅御衣。"

晋朝的嵇绍，字延祖，谥号忠穆，是嵇康的儿子。嵇康是晋朝的名士，著名的"竹林七贤"之一，他所写的《养生篇》等佳作，流传于后世，影响深远。嵇康才华横溢，以丝竹音乐闻名于世，像著名的《广陵散》就是他的代表作。当时他和六位朋友经常聚集在竹林吟诗、畅谈，非常的悠闲。他们都是四方的贤达之人，对时局有清醒的认识，对人生有着不同流俗的志节与追求，被后人尊称为"竹林七贤"。

嵇康在很年轻的时候，由于遭受陷害，被司马昭杀害。他在临行前，十分从容，将年幼的儿子嵇绍，托付给了好友山涛，希望他能够用心培养这个孩子，"有山涛在，你就不会孤苦无依，就好像父亲还在你的身边一样。"这是嵇康临别前留给儿子的话，当时的嵇绍才十岁。嵇康临行的时候，抚着手中的琴，沉痛而又感慨地说："《广陵散》在世间就要从此绝响了。"在场的人们都感到十分悲恸。

　　嵇康被杀害之后，"竹林七贤"中的山涛和王戎，对嵇绍一直特别的照顾。他们尽到了朋友应尽的道义和责任，使得这个孤弱的孩子，即使失去了父亲，却还拥有他们慈父般的关怀与教导，不再那么无依无靠，这就是成语"嵇绍不孤"的由来。朋友之间感人至深的信义与友情，也成为千古传扬的佳话。

　　嵇绍非常孝顺，他在父亲去世之后，小小的年纪，就担负起持家的重任，他细致体贴地关怀照顾自己的母亲，用倍于常人的孝行，抚平母亲内心至深的悲伤和痛苦。嵇绍自幼饱读诗书，而且跟他的父亲一样富有音乐家的禀赋。父亲嵇康通晓五经，擅长书画，深具非凡的艺术气质，这些特质也都能够在嵇绍的身上见到。嵇康的从容就义，在他幼小的心灵当中，留下了永生难忘的记忆。秉承着父亲的风范，嵇绍最后也是为了保卫国家，而牺牲了自己的生命。

　　当时，河间王与成都王起兵叛变，京城告急，晋惠帝与成都王交战于荡阴一带。不料晋兵打了败仗，眼见兵败如山倒，随驾惠帝的官员们仓皇逃遁，各自保命，卫兵们跑的跑，逃的逃，连个影子都找不到。兵荒马乱之际，举目茫茫，就在最为紧要的关头，只留下了侍中嵇绍一人，独自护在皇上的身边，保护着他的安全。这时，无数的飞箭从四面八方射了过来，嵇绍护在惠帝的身上，用身体挡住了雨一般的流箭，一时间，鲜红的血液，喷洒在惠帝的御衣上，留下了一片片殷红的血迹，嵇绍倒在了血泊中。他用最为壮烈的牺牲，呈现着对父亲精神的延续，如此地从容而又忠烈！

　　动乱平定之后，左右侍从看到皇上的衣服，溅满了无数的血迹，就准备拿去洗，但是被惠帝拒绝了。他无限感伤地说："这是嵇侍中的血，不要洗掉……"语不成声，至为悲切。战场上的那一幕还恍若昨日，而节烈的忠臣，却永远不会再回来了。惠帝要永远保存这件血衣，作为对嵇绍永志不忘的追思。

　　自古，求忠臣必于孝子之门，嵇绍不惜生命，坦然就义，独自保驾护卫，如此忠烈的壮举，其深厚的根源，正是源于内心至诚的孝顺之心，所谓"移孝作忠"，这正是最为真实的写照。

　　南宋的文天祥，曾经在《正气歌》中赞美了"嵇侍中血"。多少年之后，就如同嵇康给儿子伴随一生的影响那样，嵇绍忠烈的精神，也曾深深激励过同是国之才俊柱石的文天祥，激励着他在国家为难的时候挺身而出，壮怀激烈，保卫国家，留下了"人生自古谁无死，留取丹心照汗青"的千古绝唱。

十一　敬德瘝痍

"敬德忠主，赠金固辞，人言其反，解衣示衣。"

开唐名将尉迟恭，字敬德，朔州善阳（今山西朔县）人。青年时以勇武闻名乡里，隋朝末年参加了刘武周起义军，大败唐高祖李渊军队，俘虏了永安王李孝基及五名唐将。后被秦王李世民战败，经劝降，他和另一将领寻相归附了唐朝。李世民让他当右一府统军。时隔不久，寻相等又相继反叛李世民，一些部将对尉迟恭也产生了怀疑，就把他囚禁起来，并对李世民说："敬德骁勇绝伦，今既囚之，心必怨恨，留之恐为后患，不如遂杀之。"李世民笑着说："如果尉迟恭真要叛变，他哪能在寻相之后呢？"于是令人释放了他，引入室内，赏赐了不少金银财物，并说："大丈夫处世以意气相投，小小误会你不必介意，我怎能听信那些谗言加害于你呢！请多原谅。如果你真的想走，这些东西就算我送给你的，也不枉我们交往了一场。"

尉迟恭善于避矛，又能夺敌矛返刺。齐王李元吉知道后，请去掉矛头与之较量。李元吉多次突刺都不能中，反而被敬德夺走三次，内心感到莫大耻辱，但也发现尉迟恭确实是员猛将。齐王李元吉为了和太子李建成共同对付李世民，就用重金收买尉迟恭，尉迟恭很坚决地辞谢了。他们看这种办法不成，决计铲除李世民的这个羽翼，派人多次行刺。尉迟恭知道后，索性大开门户，安然而卧，刺客数次入室，始终不敢下手。继而元吉又在其父李渊面前诬陷尉迟恭，使他被下狱问罪。经世民多方面周旋，才免于被害。

贞观十三年（639）二月的一天，唐太宗李世民问尉迟恭："有人常说你要造反，这是什么原因？"尉迟恭说："我能反吗？我跟从皇上征讨四方，身经百战，能够幸存，实在是锋镝余生。今天决心已定，还怀疑我反叛吗？"说罢脱衣扔地，露出身上枪箭伤疤。唐太宗是一个性情中人，也是懂得知恩图报的，他看到敬德身上的伤疤，想到他受尽了许多苦头，竟流下了眼泪，抚摸着他的伤痕，安慰他说："请你赶快穿上衣服，正是由于我不怀疑，才对你说这番话。"不久李世民又想把女儿嫁给他，尉迟恭叩首："臣妻虽丑陋，相与共贫贱久矣。臣虽不学，闻古人富不易妻，此非臣所愿也。"

尉迟恭晚年闲居，学延年术，修饰池台，谢绝宾客。唐高宗显庆三年（公元658年）二月去世，享年七十四岁，唐高宗李治亲自为他举哀，在京五品以上官员前去哀悼。敬德忠臣之至，没有能超过他的。

十二　元方举知

"元方免官，荐书复上，举其所知，不问仇党。"

唐朝陆元方，当时任监察御史，他经常到地方巡视。所到之处，定要明察暗访，挑选能效忠国家的栋梁志士来辅佐朝政。他在任天官侍郎时，也屡屡推荐贤士。这时候，唐高宗李治的皇后武则天正做着女皇帝，有人向武则天说："陆元方推荐的人才都是他的亲戚或好友。"武则天耳根软听信了谣言，非常愤怒，想把陆元方免去官职，又怕别人说闲话，就令他穿白色的衣服（白衣是当时庶民的服色）继续做官。陆元方仍然忠心耿耿，继续推荐贤人。武则天发现陆元方没有因此而怠慢他的职责，就当面问他，陆元方对答道："我所举荐的人，都是我了解的人，所以我不分仇人或亲人，不拘一格降人才。"

他穿白衣时推荐了一个叫崔玄业的人，认为他有宰相之才。武则天对崔玄业有所了解后，承认陆元方是大公无私的，就又封他为鸾台侍郎。他在临终时取出曾经向皇上举谏的草稿，一概用火烧掉，说："我在人间积下了阴德，我的后代也一定有像我这样推荐人才的人出现。"后来他的三个儿子都继承父亲的遗志，为朝廷效忠，毫不为己，无私举荐人才。

在过去，一个良相贤臣，必须为国家举荐人才来辅佐朝政，国家才能安定、发展、壮大。虽然武则天那样残忍，也被陆元方感动了。

十三　金藏剖心

"金藏工籍，赤胆忠诚，皇嗣不反，剖心以明。"

唐朝安金藏，是太常寺乐工籍里管礼乐的小官。唐高宗的儿子李旦，也就是后来的睿宗皇帝，被人诬告有谋反的计划。当时安金藏出入于皇宫，武后下诏让来俊臣（他是当时有名的酷吏，有千余人被他陷害）审问这件事时，金藏大喊着说："我可以剖开心来，表明皇子绝对没有谋反的意思。"于是拿起身上的刺刀刺向自己的肚子，肠子流出来，身子倒在地上。武后知道后，立刻驾车来解救金藏，找御医进行治疗。经历一个晚上苏醒了，武后见安金藏虽是个太常工人，官卑职小，尚知太子之冤，以死直谏，就叹着气说："我有子不能自明，累汝至此，汝真是一

个忠臣了。"

《后唐书·安金藏传》里记载，金藏母亲去世，他不分昼夜居住在坟的旁边，亲自用石头建造坟和塔。原来周围的土质坚硬，由于他的孝心，土质变得松软，涌泉自动出现。当时是深冬，他种的李子树都开了花，也感动狗和鹿来陪伴他。

当时郡都卢怀慎上书，朝廷派人送旗到地方表扬他。真是"忠臣出自孝门"！

十四　真卿劲节

"真卿讨贼，倡义誓师，惟知守节，希烈谢之。"

颜真卿，字清臣，谥号文忠，是唐玄宗时代的一位忠臣，他是北齐颜之推的第五代子孙。颜之推所写的《颜氏家训》，成为后人教育子女、立身处世的著名箴规。

由于父亲很早就过世了，颜真卿照顾母亲格外孝顺。他非常喜欢读书，从小的志节与追求就不同凡俗，可谓深明大义、志节凛然，是一位非常爱国的忠贞之士，被封为鲁郡开国公，史称"颜鲁公"。他的楷书遒劲有力、圆润厚重，表现了大义凛然的志节，更表现着大唐独有的风骨和气韵。

颜真卿曾经在五原做官，由于先前官吏不清廉，造成了许多冤狱，使得当地持续干旱，很久都没有下雨。他到任之后，就开始审理这些冤案，为许多无辜的人平反，终于感动上天降下了甘霖，这被当地人称之为"御史雨"。

当时，正值开元盛世的末年，唐玄宗晚年宠爱杨贵妃，疏忽了国政。他听信胡人安禄山的谗言，把许多兵权都交给了他，后来造成安禄山在边疆的势力日益壮大，并有了谋反的意图。

颜真卿在平原郡当太守的时候，看出了安禄山有叛变的迹象，所以暗地里就招兵买马、修筑城墙、囤积粮食，以防止突然的变故。不出所料，早就蠢蠢欲动的安禄山开始起兵谋反，一把火烧遍了中原，河北各郡相继沦陷。而只有城墙坚固的平原城，在颜真卿率兵顽强的抵抗之下，守护得非常成功，河朔各郡都把平原县看成像长城那样重要。

当兵书传到河北的时候，除了颜真卿兄弟等人之外，居然没有人起兵抵抗叛贼，唐玄宗感到十分痛心，他叹息道："河北二十四个郡，难道连一个忠臣都没有吗？"等到得知颜真卿的义行之后，唐玄宗非常地感慨，后悔当时因为一时失察，听信了杨国忠的谗言，而将他贬官到平原。唐玄宗说："朕没有眼力看清颜真卿是怎样的人，想不到他是这样一位忠心耿耿的义士！"

安禄山之乱，唐朝一个泱泱大国却无力抵抗，唐玄宗不得已之下逃离了京城。"多行不义必自毙"，安禄山最后虽然攻进京城，圆了他称王的梦，可是不久还是惨死在自己的儿子手中。

后来，节度使李希烈造反，颜真卿由于得罪了权臣，而被派去执行一项非常危险的任务——劝李希烈投降。希望能感化他早日回头，避免军事上的冲突。当时颜真卿已经七十多岁了，他毅然接受了这一任命，朝廷中所有的人都大惊失色，替他担心不已。

到了叛军那里，颜真卿正准备宣读诏书，就遭受到李希烈手下之人的谩骂与恐吓。颜真卿气宇轩昂，毫无惧色，那镇定而又勇敢的气度，反而让李希烈对他敬畏不已。后来有人劝李希烈说："颜真卿是唐朝德高望重的太师，相公您想要自立为王，而太师他自己就来了，这难道不是天意吗？宰相的人选，除了颜真卿，还有谁会比他更合适？"

颜真卿听到这番话之后，威怒不已，大声呵斥他们不知廉耻，他说："你知道我的兄长颜杲卿吗？难道你们不晓得，我们颜家都是如此地忠烈吗？颜家的子弟只知道要守节，就是牺牲生命也决不变节，我怎么可能接受你们的利诱！"

原来，当年安禄山带兵横扫中原，气焰十分嚣张。颜家兄弟号召天下的志士仁人，一起出兵讨伐。颜杲卿率领义兵奋勇抵抗，在常山郡（今河北正定）进行了悲壮的最后一战，最终还是寡不敌众，被叛军将领史思明俘虏了。暴跳如雷的安禄山，厚颜无耻地质问颜杲卿说："当年就是因为我的提拔，你才当上了常山太守，而今你凭什么背叛我？"

颜杲卿生性刚直，正气浩然，他义正词严地说："我们颜家是大唐的臣子，世世代代都忠于国家。难道受过你的提拔，就要跟你一样忘恩负义、背叛君国吗？而今你受尽国家的恩宠，皇上哪一点对不起你？你凭什么要背叛朝廷？凭什么要拥军自立，起兵叛乱？天底下最没有天良的事，都被你这种人干尽了。真是一只不知羞耻的'营州牧羊奴'！"

安禄山被气得上蹿下跳，却又无言以对。他恼羞成怒，暴跳如雷，于是派人把颜杲卿绑起来，将其舌割掉，又用刀将他的身体一节一节地割掉，最后颜杲卿壮烈成仁。

李希烈听了颜真卿的表白之后，内心非常惭愧，就向颜真卿谢罪，手下的这些叛贼看到这番情景，都低下头来，谁也不敢再说话了。后来李希烈以死相威胁，而颜真卿不为所动，他事先写好了遗书，作了必死的准备。最后叛贼痛下毒手，杀害了他。在生命的最后一刻，颜真卿仍在大骂他们是"逆贼"，当时，他已经七十七岁了。

噩耗传到朝廷，德宗悔恨交加，非常伤心，五天都没有办法上朝。所有的将士都痛哭流涕，深切悼念这位壮烈成仁的大唐柱石与忠臣——颜鲁公。

仁爱的人，正是最勇敢的人，这在危难的关头表现得尤其明显。曾子曾经说过："仁以为己任，不亦重乎。死而后已，不亦远乎。"这就是说，把仁爱当做自己义不容辞的责任，这是多么的重大。把这个责任坚守到生命的最后一刻，这是多么的深远。所谓"一门双忠，流芳千古"，颜家兄弟沿承了以"忠孝"传家的庭训，以凛然的气节，让后世的子孙永远地缅怀与追念。

十五　李绛善谏

"李绛直谏，以尽忠忱，屡触帝怒，卒启君心。"

唐朝李绛，善于劝谏，皇帝常常很感动，曾几度对他提拔，甚至说："李绛所言，朕应该把它记下来绑在腰带上，天天来作为警诫省查。"

白居易一生为官，不好名利，有一次，劝谏皇上要容纳群言，皇上要治他的罪。李绛劝皇上说："白居易一片忠贞，如果皇上治他的罪，天下人都必须把嘴闭上。"皇上听到李绛说此话，很难看的脸色转变过来了，可见李绛是多么善谏。

有一次，皇上曾经责怪李绛太过分地指责他的不是，令他很难堪。李绛这时非常难过，哭啼着说："我因为怕您左右的人每一个人都爱着自己，而不敢说真话，这是辜负了殿下，对不起天下人，更对不起皇上啊！如果臣子跟你说的话你不爱听，皇上就辜负了臣子的一片忠心。"皇上理解了李绛。

李绛是宰相，他能直谏皇上，一生不同小人为伍。古人讲，站在哪个位子，就应该做自己应做的，行自己应行的，不能怕丢自己的位子和身子，否则就是不忠不义。李绛虽然多次劝谏触犯皇上，但最后他都能善巧方便，使皇上解误。他有一颗忠贞不渝、爱国、爱天下百姓的忠诚之心。

十六　李沆不阿

"李沆不阿，直奏殿陛，公事公言，深恶密启。"

北宋李沆，当宰相时，经常把天下所发生的水灾、旱灾和盗贼向皇上禀报。而当时的大臣说："这些小事不要向皇上说。"他则认为："如果皇上不知道老百姓的疾苦，怎么能治理天下呢？"皇上问李沆："治理天下之道，首要在哪里？"李沆说："不用浮薄、新进、喜事之人，此最为先。心浮气躁之人，心不定，对判断是非有偏颇；而新进的人也不能重用，因为他没有历事，没经验，很容易出现偏失；好事之人，喜欢搞活动的人，他不务实。所以这三种人应该要禁忌使用。要尽用贤达之人，在地方上有办法教化百姓。"

宋真宗曾经告诉李沆说："别人都有秘密信件给朕，唯独你没有，为什么？"李沆说："我是待罪（表示谦虚）宰相，有公事就直接向你禀告，何必用秘密信件向你启奏呢？更何况密启者非谗即佞耳，像这种事，我绝对不会做的。"他的一生表里如一，品性修持缜密，当官时非常严谨，而且不好权利、不求名声，尊重朝纲，识大体，高瞻远瞩，别人没有办法干涉他、左右他。他在公事如此，退朝后也是如此，闲暇之余在家行仪都无偏差，"终日危坐，未尝跛倚"，就是站的姿势都非常注意自己的行仪。他看到别人给皇上的奏语和他所深恶痛绝的密语，他告诉皇上说"佞言似忠，奸语似信"，皇上就问他："这样的言词不是很难辨别吗？"他说："对于佞言和奸语加以斟酌，很快就能看得出来。"

他一生非常清廉，在去世之前，宋真宗看他家非常清贫，就给他五千两黄金，而他却送返给皇上，隔天就去世了。皇上非常伤心痛失了良臣，当时皇上跟左右的人说："李沆是国家难得的大臣，他忠厚纯良，始终如一。"

十七　王旦荐贤

"王旦为相，荐举至公，寇准数短，反称其忠。"

王旦，字子明，是北宋一位著名的宰相。他的曾祖父、祖父都曾是当朝重臣。父亲王祐，为宋太祖、太宗两朝名臣，官至兵部侍郎，道德隆重，学识渊博，为天下百姓效命，曾经解救因冤狱被连坐的人多达近千人，人们都说他为后代子孙积了许多阴德。王祐曾亲手在他家亭前种植了三株槐荫树，并说道："我们家后世为官者，必定有可以当到三公位置之人，此树可以作为见证。"

王旦出生在这样一个德范规范的仕宦之家，从小自然受到父亲的严格教导，古圣先贤的德行令他敬慕，长辈的风范潜移默化地影响了他，幼年时他就显得沉稳静默、气宇非凡。他勤奋好学，并具博大深远的胸襟。因此，王祐十分器重这个儿子，说道："此儿定当位至公相。"人们见到少年王旦气度不凡，称他颇有其父之风。

宋真宗时期，王旦担任朝廷宰相之职，位高权重，但他朝夕惕厉，处理任何一件事都十分谨慎小心、细致周到。皇上十分器重这样一位尽职尽责的大臣，因此长期让他担任宰相，国家大小事情都特别放心交给他办理。有一次王旦奏事完毕退下，皇上目送他离去，情不自禁地说："能为朕致太平者，必是此人。"

当时朝廷还有一位大臣——寇准，刚直忠正，也是皇帝身边的左右手。但寇准见王旦官职在自己之上，心里有点不服气，隐隐约约感到自己屈才。所以他在见到皇上的时候，言语之间不知不觉就会提到王旦，而且不由自主地对王旦的言行有所诋毁。在朝廷之上，寇准也曾公开指责王旦的缺点，当然这缺点可能只是寇

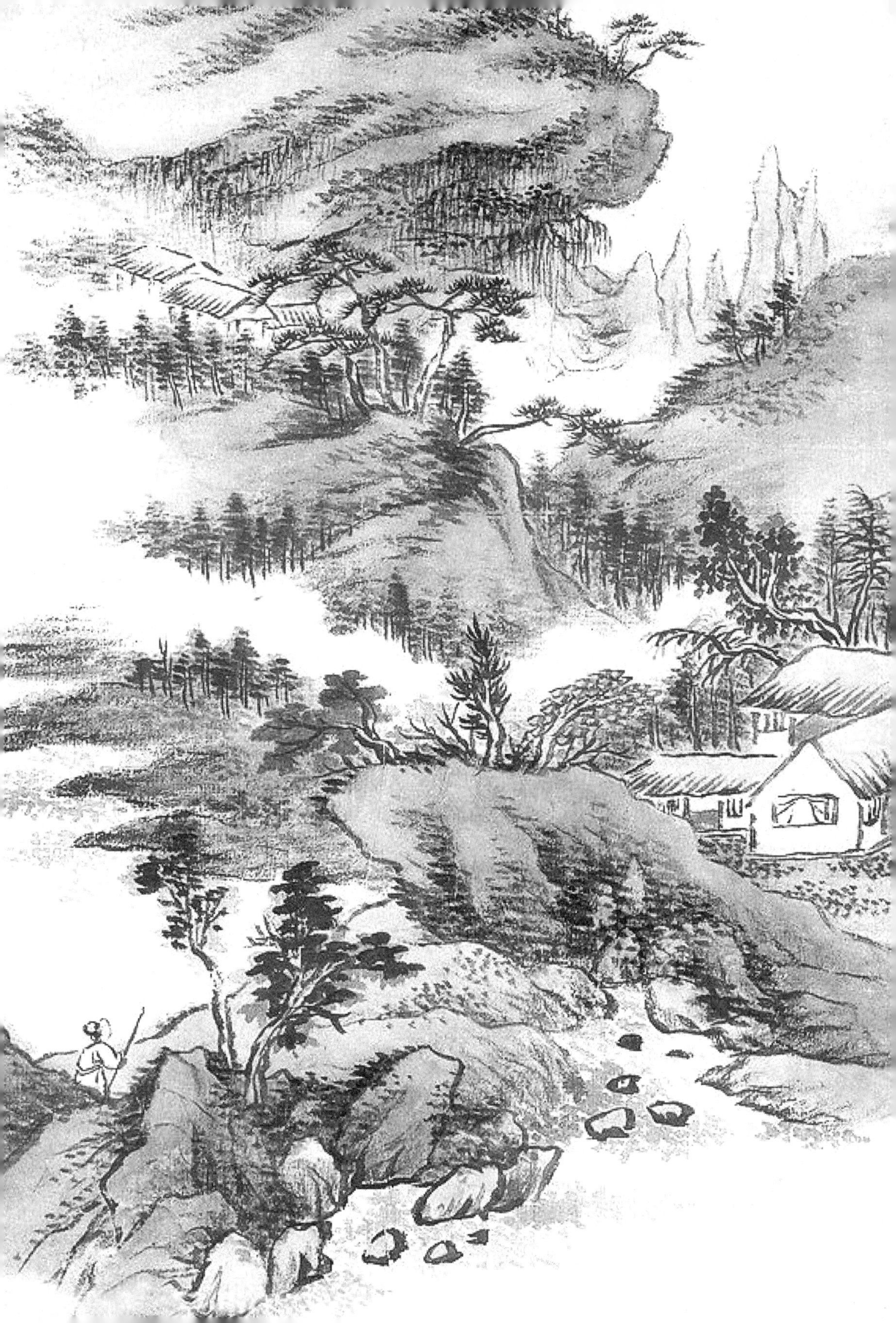

准自己认为的，但王旦全都虚心领纳，可谓从善如流。

反过来，因为寇准作为国家重臣，兢兢业业，努力做好自己的本职工作，王旦认为寇准忠心耿耿，足以堪当重责大任。因此，每次在皇上面前，王旦都专门称赞寇准的优点，认为他是一个值得学习的榜样，宋真宗觉得非常惊讶。有一次，他和王旦私人交谈的时候，就问："你经常称赞寇准，寇准他却数次说你的短处，你为什么能这样做呢？"王旦听了，微微一笑，说："我在相位上已经这么久了，缺失一定很多，但因职位较高，一般大臣都不敢指出我的缺点，而寇准能够直陈我的不足，可见他是如何的忠贞直率，这也是臣下看重他的原因。有这样的大臣，既是国家之福，也是我的良师益友啊！"

做宰相的，说话分量比较重，因此有很多人转辗拜托王旦荐举人才或提拔新秀，王旦从来不接受任何形式的求情。有一次，寇准私下来找王旦，希望他能向皇上推荐自己当宰相。王旦很是震惊，义正词严地对他说："将军和宰相这样的职位，怎么可以去求得来？"寇准听到王旦这样回答，感到非常惭愧，遗憾地告退了，同时也担心自己或许再也无法当上宰相了。后来寇准被朝廷委任为武胜军节度使、同中书门下平章事（即宰相），寇准万分感激皇上的知遇之恩，他入朝拜谢皇上，眼眶涌出泪水激动地说："如果不是陛下了解微臣，怎会有臣下的今天？"皇上特意把事实真相告诉寇准，他说："你能当节度使，又能当同平章事，都是王旦为你推荐的。"寇准听了这样的内情，不禁非常羞愧，对王旦的正直和宽宏大量自叹不如。

王旦就是这样一位称职的大臣，虽然表面上不说什么，但是私底下发现了真正的良才，就绝对不放过，一定会推荐给皇上，而且他施恩从不求回报，总是默默地做。后来朝廷整理宋真宗的遗稿与修订史料时，他们无意发觉原来朝廷当中，有许多大臣及众多建功立业的栋梁之材都是出自王旦的推荐。

后来，王旦病重之际，宋真宗忧心忡忡地问他："将来朕该把天下大事托付给谁啊？"王旦勉强举起奏事的笏板，一字一句地说："以微臣的愚见，莫若寇准最为合适。"（当时寇准已被贬为陕州知州）王旦病逝之后不久，宋真宗果然再度启用寇准为相。

　　王旦一生忠正清廉，而且度量之大，实在少见。在他的传记中有这样的记载：平常在家，家人从来没有见过他发怒。有一次家人要来考验他是不是真正有涵养，就在他的肉羹汤里撒了一些脏东西，王旦看了也不生气，他就只吃饭不讲一句话。旁人问他为什么不喝汤，他说："我偶然有点不喜欢吃肉。"后来家人又在他饭里头弄了一些脏东西，王旦就说："我今天不喜欢吃饭，是不是可以另外做点粥？"家里人无不为他的修行、涵养包容而佩服得五体投地。

　　后人评价说："魏国公（王旦封号）德量恢弘，从容大度，为国家举荐贤才，真诚地为国为民，是一个真正的忠臣。但他却经常称赞别人忠正，而且自己却不露痕迹地做，让对方没有感觉，也不会跟对方邀功，他的心胸、度量何其宽广！"

　　王旦同时也是一个非常廉洁之人，在他晚年的时候，有人问他："你为什么不置田宅家产？为什么不留给你的儿孙？"王旦当时就讲道："儿孙当要自立自强，如果父母留下这些田宅家产，无非就是要让他们造成不义之争而已。"

　　"孝、悌、忠、信、礼、义、廉、耻"这是"八德"，事实上，如果其中一德真正做到了，"八德"也做到了。王旦是一个忠臣，也是一个"八德"具足非常完美之人。的确，古圣先贤的点点滴滴，无不垂范于后世，值得我们认真学习、努力仿效啊！

十八　岳飞报国

　　"岳飞兵寡，善破众军，尽忠报国，盖世功勋。"

　　宋朝名将岳飞，最擅长以少胜多的战术。岳飞很小的时候就有很大的力气，他拉的弓有三百斤，并且左右手都能开弓，人们都称他为神力。他在出生当天，天空有许多大鸟在他家的屋顶上，因此父亲给他起名岳飞，字鹏举。

　　在他未满月时，黄河决堤，母亲抱着他坐着家里的瓮顺流而下，得以平安活下来。在十几岁时就读《左氏春秋传》，对于忠贞报国的事情了如指掌。在十几岁时就跟名师周侗学习武艺，学得非常好。后来老师不幸去世了，每逢初一、十五他都要在家祭祀老师。他的父母亲又谆谆告诫他，一定要凭借这些武艺好好地报效国家。

　　岳飞出生的时候，金国入侵中原，所以当时的国仇家恨铭记在他心里，一心要报效国家。因为他精通武艺，又懂得兵法，作战时比别人精明，每每以少胜多。在朱仙镇战役中，岳飞以五百人的军队就破了金兀术所率领的十余万金军，可见岳飞非常善战，是一个文武双全之人。但每次朝廷下来褒奖，他总是说："这些都是将士们浴血奋战的结果，我自己哪里有什么功绩？"所以手下的人非常效忠岳飞，在战场上英勇奋战，杀得金兵闻风丧胆，立下了赫赫战功。

岳飞曾率军一直打到距离原北宋首都汴京附近的朱仙镇，很快就要收复汴京（今河南开封市）。然而，以奸臣秦桧为首的投降派掌握了朝中的大权，秦桧平时在朝廷里跟岳飞有磨擦，处处跟岳飞过不去，想尽办法陷害他。秦桧与金兀术私通说服宋高宗，一天之内，朝廷连发12道金牌，让岳飞从前线回到杭州。他又设计把岳飞父子打入大牢，让大臣何铸来审判。当时何铸是一位忠臣，他举证了一些资料证明岳飞是清白的。岳飞被审问时，把自己的衣服撕毁给何铸看，原来在他入伍前，母亲在他后背刺上"精忠报国"四个字。何铸看到很惊讶，他也知道岳飞的忠心，就跟秦桧讲了这件事情，秦桧当时无话可说。可秦桧一心一意要害死岳飞，他看到何铸跟自己不是一路人，就改用万俟卨继续审判岳飞，最后实在找不到罪名，就用"莫须有"这三个字来定罪，一代名将就这样被害死了。

岳飞昭雪平反后，皇上封他谥号"武穆"。他虽然被秦桧陷害，但他的精神永远活在后人的心中，成为名扬千古的抗金英雄。

从这个故事中，让我们联想到民国初年书法家林闪之很有哲理的四句话：有德有才（他会）爱才；无德有才（他会）妒才；有德无才（他会）用才；无德无才（他会）毁才，这是用人的方法。有德有才会让更多的人贡献社会；无德有才祸国殃民，嫉妒置人于死地，我们看到秦桧杀害民族英雄岳飞，但是他也没有好下场，夫妇二人的铸像至今还跪在杭州岳飞庙里，天天受到万人唾骂，真是弄权一时凄凉万古。当一个人有地位的时候，绝对不是用这个地位去弄权去享受，而是代表自己有责任和义务为老百姓服好务，造福于人民。

十九　孟容制强

"孟容执昱，贷债令偿，不奉诏旨，抑制豪强。"

唐朝许孟容，在当京兆尹的时候，遇到了保护皇宫的神策军军官李昱。这些军吏，自己凭借特权，仗势欺人，欺压百姓借钱不还。这个李昱跟当地的富人借了八百万铜钱，三年来从来不提还钱的事，富人就到衙门告状。

过去许孟容还没有到任时，这些神策军我行我素，没有章纪，为非作歹。许孟容到任时，不怕权势把李昱抓了起来，收押在狱中，没收身上的武器，并立下契约，让李昱在规定的时间内偿还欠债，否则要处死刑。当时军队里的同僚非常害怕，从来没有一个官吏敢查办他们，只有这位许孟容不怕权势。同僚向朝廷反映这件事，皇上派一位使者，让许孟容将李昱送回军队里，孟容说："我不能接受这个诏令，因为臣管辖的区域是陛下的相邻，如果不能抑制他们，如何能治理这个乡镇、这个都市，使这些地区得到安宁呢？李昱借的钱一日不还，就不可能送他到军中。"于是皇上体贴到许孟容的一片苦心,就赞叹许孟容,也肯定了他的做法。

富有的人经常放高利贷,固然危害社会很大,而借债不还会失去诚信,社会风气将会大乱。如果你袒护富有的人,是不对的;如果你矫枉过正,袒护贫民,也是不对的,如佃户抗租、欠钱赖债,使信用丧失,风俗败坏,这种现象跟掠夺没有什么区别。许孟容刚直不阿,心地无私,皇上奖赏了他。

二十　洪皓就鼎

"洪皓不降,愿就镬鼎,此真忠臣,光明磊落。"

南宋的洪皓,奉了宋高宗的使命,出使金国。走到云中(今山西大同),金国的人强迫他到刘豫部下去做事(刘豫原本是宋朝人,后降金人)。洪皓说:"奉了皇上的使命,走了万里的远路,哪里能侍奉两个主人?这是不可能的,我恨不得能把叛逆刘豫给杀了,哪里能忍受这种屈辱来侍奉刘豫而苟且偷安呢?如果让我投降,宁愿下油锅都在所不惜。"当时金将粘没喝大怒,要一剑将洪皓杀了,这时金兵里面有一个小校说:"这个人是真正的忠臣,不要杀他。"就替洪皓跪着请求。后来粘没喝接受了军官的请求,就把洪皓流放到冷山这个地方。一直到了绍兴十三年(1143)时,他才回到杭州。

洪皓在回来时,秦桧还当权,因为以前与秦桧有仇,秦桧在他回来时屡屡向皇上说他的坏话,将他流放到南方,后死在广东南雄。当洪皓年轻时做秀州司录这样的小官时,碰上大水来临,许多食物不能及时发放给老百姓,他就向郡守建议,发官库里的谷粮,直接给受灾的百姓。而在当时秀州是粮食的转运站,米到此处要转送到一般小的城市,所以洪皓向郡守建议不转运,而卖给老百姓。当时郡守不敢担当,说:"不可议。"洪皓又说:"我愿意用自己的生命来换十万人生命,希望郡守将粮发放给岌岌可危的百姓。"后来太守也深受感动,这样就解救了十万人的性命。人们感之入骨,大家把他比喻跟佛一样救苦救难,悲天悯人,称他为"洪佛子"。在发水灾后不久,又遇到了盗贼,盗贼抢到洪家的时候,知道他就是洪皓洪佛子,盗贼说:"洪佛子不能抢。"可见当时百姓是多么的尊重他,皇上在他过世后封他为"忠宣"的谥号。

历史记载,洪皓饱读经书,他的长子洪适记忆力很强,次子洪遵、三子洪迈也都很会读书,都有过目成诵的能力,并同时考中进士,品性、文笔兼备。高宗说:"洪皓能效忠宋朝,所以他的后人有这样的果报,闻名满天下。"

二十一　孝孺斩衰

"孝孺斩衰，草诏四字，振笔直书，燕贼篡位。"

方孝孺，字希直，又字希古，浙江宁海县北乡溪下村人。他是明初著名理学家、文学家，从学于大学者宋濂，尽得其所学。方孝孺通经史，擅诗文，博学多才，但生性耿直，人称"正学先生"。

建文四年（1402），燕王朱棣起兵攻陷南京，推翻惠帝，夺取了皇位。因久闻方孝孺大名，逼其为他起草登基诏书。方孝孺自惠帝被害后，日夜恸哭。听到朱棣召见，就身穿麻衣，殿见朱棣。"麻衣"在古代称为孝服，方孝孺穿麻衣，一方面表示对惠帝遇难的哀悼；一方面是对朱棣篡夺皇位的仇恨。朱棣见方孝孺身穿麻衣，就走下台阶扶起方孝孺说："你何苦呢？今天环境已经不同往日，哭也没用。我是效法周公辅佐帝王的。"方孝孺冷笑道："成王安在？"方孝孺义正词严地反击燕王，弄得朱棣十分狼狈。

在西周时，武王过世早，而成王年少，如果当时辅佐他的这个人没有德行，不能大公无私，将无法治理周朝。周公将周朝的礼、乐制度全部建立下来，辅佐成王六年，等到第七年成王长大了，周公就把所有的权力交给了成王。他没有因为他哥哥去世，而要篡夺国家大权，他只想治理好国家。所以周公在当时所作所为除了辅佐成王之外，还不遗余力地教他进退、应对等方面的礼仪和规范。因此周公辅佐成王在历史上传为美谈，被后来许多人效仿。当时朱棣假借效法周公辅佐成王，软硬兼施，逼方孝孺为他草诏。方孝孺走到案前，从容提笔，写了大大的几个字"燕贼篡位"投笔于地。朱棣本待发作，忽然记起起兵时，谋士姚广孝人曾对他说："殿下至京，希望保全方孝孺。若杀此人，则天下读书种子绝矣。"因而仍耐着性子对他说："这是我家族中的事，先生何必这样自苦呢？"方孝孺听后，便声色俱厉，骂不绝口。朱棣见此，再也按捺不住怒喝道："你不怕灭九族吗？"方孝孺从容答道："即使灭十族，又敢奈我何？"朱棣恼羞成怒，便下令拘捕方孝孺亲属，每捕到一个便当着方孝孺的面，捆缚杀戮。方孝孺仍面不改色，骂声不绝，但当他看到弟弟方孝友被捆缚带到时，便流下泪来。方孝友见哥哥流泪，便随口咏诗一首安慰道："吾兄何必泪潸潸，取义成仁当此间，华表柱头千载鹤，旅魂依旧到家山。"

方孝孺宁死不屈，连他的弟弟也那样视死如归。他的门生卢原质、郑公智等都是宁海人，因都是方孝孺的学生而被杀，凑足十族之数。

史料记载，方孝孺一案有近千人被杀，有一千五百人被流放到边疆，朱棣手段毒辣，方孝孺是国家的栋梁大臣，他推出被斩时，写了绝别书，让人看到声泪俱下，被害时年仅四十六岁。

方孝孺被害后，朱棣余怒未消，派人挖了方家的祖坟，并下旨"藏方孝孺文者皆死"。但是，方孝孺门客仍冒着生命危险，大力收藏了方孝孺遗稿，后来编成《逊志斋集》及《方正学先生集》等。

宁海城内有一座造型别致的木结构牌坊，就是表彰方孝孺的。乡民说木枋易朽，常修常新，以志永彰忠骨。忠烈之气，至今闻之，犹凛凛在目也。

二十二　铁铉背立

"铁铉背立，不朝燕王，死生如一，寸磔何妨。"

明朝铁铉，任山东参政，燕王朱棣靖难兵起，铁铉屡次把燕王打败，后来燕王当了皇帝，就派人把铁铉捉到了京城，送到殿上。在见皇帝的时候，铁铉就背身站立在朝廷里，正色地讲着话，不肯屈服。燕王看到这情景非常生气，叫人把他两只耳朵和鼻子割去，铁铉终究还是不肯回头来看，燕王又把他身上的肉割下来，放在火里煮熟了，又放到铁铉的口里叫他吃，问他甜不甜呢？铁铉大声回答道："忠臣、孝子的肉，有什么不甜的！"燕王竟把铁铉身上的肉，一寸一寸地割下来。铁铉到临死的时候，口里还不绝声地骂着。

二十三　于谦劝王

"于谦忠烈，日月争光，驾陷土木，调将勤王。"

于谦是明朝著名的民族英雄，浙江钱塘（今杭州）人，他自小有远大的志向。小时候，他的祖父收藏了一幅文天祥的画像。于谦十分钦佩文天祥，把那幅画像挂在书桌边，并且题上词，表示一定要向文天祥学习。长大以后，他考中进士，做了几任地方官，严格执法，廉洁奉公。

他后来担任河南巡抚，奖励生产，救济灾荒，关心人民疾苦。宦官王振专权的时候，贪污成风，地方官进京办事，总要先送白银贿赂上司，只有于谦从来不送礼品。有人劝他说："您不肯送金银财宝，难道不能带点土产去？"于谦甩动他的两只袖子,笑着说:"只有清风。"他还写了一首诗,表明自己的态度,诗的后两句是:"清风两袖朝天去,免得闾阎话短长。"

因为于谦刚正不阿,得罪了王振,王振就指使同党诬告于谦,把于谦打进监牢,还判了死刑。河南、山西的地方官员和百姓听到于谦被诬陷的消息,成千上万的人联名向明英宗请愿,要求释放于谦。王振一伙见众怒难犯,又抓不住于谦什么把柄,只好释放了于谦,恢复了他的官职。后来,于谦又被调到京城担任兵部侍郎,他劝谏英宗皇帝,不要亲自去征伐瓦剌。英宗不肯听,后来英宗在土木堡(今河北省怀来县附近)败了下来,被瓦剌俘虏。京城里引起了极大的恐慌,不知道怎么样做才好。为了安定人心,皇太后宣布由郕王朱祁钰监国(就是代理皇帝的职权),并且召集大臣,商量怎么对付瓦剌。大臣们七嘴八舌,不知怎么办才好。大臣徐有贞说:"瓦剌兵强,怎么也抵挡不住。我考察天象,京城将遭到大难,不如逃到南方去,暂时避一下,再作打算。"兵部侍郎于谦神情严肃地向皇太后和郕王说:"谁主张逃跑应该砍头。京城是国家的根本,如果朝廷一撤出,大势就完了。大家难道忘掉了南宋的教训吗?"于谦的主张得到许多大臣的支持,太后决定叫于谦负责指挥军民守城。

在京城面临危急的时刻,于谦毅然担负起守城的重任。他一面加紧调兵遣将,加强京城和附近关口的防御兵力;一面整顿内部,逮捕了一批瓦剌的奸细,人心渐渐安定下来。瓦剌首领也先俘虏了明英宗,并没把他杀死,而把他当人质,不断骚乱边境。看来,京城里没有皇帝不好办。于谦等大臣请太后正式宣布让朱祁钰做皇帝,被俘虏的明英宗改称太上皇。朱祁钰这才即位称帝,就是明代宗景泰皇帝。也先知道明朝决心抵抗瓦剌,就以送明英宗回朝为借口,大举进犯京城。这一年十月,瓦剌军很快打到京城城下,在西直门外扎下营寨。于谦立刻召集将领商量对策。大将石亨认为明军兵力弱,主张把军队撤进城里,然后把各道城门关闭起来防守,日子一久,也许瓦剌会自动退兵。于谦说:"敌人这样嚣张,如果我们向他们示弱,只会助长他们的气焰,我们一定要主动出兵,给他们一个迎头痛击。"接着,他分派将领带兵出城,在京城九门外摆开阵势。于谦在城外把各路人马布置好后,他亲自率领一支人马驻守在德胜门外,叫城里的守将把城门关闭起来,表示有进无退的决心。并且下了一道军令:"将领上阵,丢了队伍带头后退的,就斩将领;兵士不听将领指挥,临阵脱逃的,由后队将士督斩。"将士们被于谦的勇敢坚定的精神感动了,士气振奋,斗志昂扬,下决心跟瓦剌军拼死战斗,保卫北京。

这时候,各地的明军接到朝廷的命令,也陆续开到京城支援。城外的明军增加到二十二万人。明军声势浩大,戒备森严,也先发动几次进攻,都遭到明军奋勇阻击。城外的百姓也配合明军,跳上屋顶墙头,用砖瓦投掷敌人。经过五天的激战,瓦剌军死伤惨重，也先怕退路被明军截断，不敢再战，就带着明英宗和残兵败将撤退。于谦等明英宗去远了，就用火炮轰击，又杀伤了一批瓦剌兵。京城保卫战，取得了辉煌的胜利。于谦立了大功，受到了京城军民的爱戴。明代宗十分敬重他，于谦家的房屋简陋，只能遮蔽风雨，明代宗要给他造一座府第，于谦推辞了。他说："现在正是国难当头的时候，怎么能贪图享受呢？"

也先失败后，知道扣住明英宗也没有用处，就把明英宗放回京城。于谦一心保卫国家，但是那个主张逃跑的徐有贞和被于谦责备过的大将石亨，都对他怀恨在心，在暗地里想法报复。英宗回京后，明代宗生了一场大病，徐有贞、石亨跟宦官勾结起来，带兵闯进皇宫，迎明英宗朱祁镇复位，历史上把这件事称作"夺门之变"。没多久，明代宗就死了。明英宗复位后，对于谦在他被俘流亡的时候，帮他弟弟即位称帝，心里本来有气，再加上徐有贞、石亨一伙在他面前说了不少诬陷的话，竟下了狠心，给于谦加上个"谋反"的罪名，把于谦杀害。

百姓听到于谦受冤被害，不论男女老少，个个伤心痛哭。人们传诵着于谦写的《咏石灰》"千锤万凿出深山，烈火焚烧若等闲。粉骨碎身浑不怕，要留清白在人间！"人们认为，这正是于谦一生的写照。他"惩恶扬善"——就任都察院江西监察御史时，他不畏强权，不徇私情，平反冤假错案达数百起；"为民办实事"——1430年山西、河南两省各奏饥荒，巡抚于谦在自己院前立木牌两块，一曰"求通民情"；一曰"愿闻利弊"。他开官仓赈灾民，主张"轻税养民"，注重兴修水利；"清正廉洁"——每次进京他不带任何礼品，只"带有两袖清风"而已。直到被杀抄家时，人们仍发现"于谦家无余资，萧然仅书籍耳"。

二十四　守仁求心

"阳明学问，自求诸心，宸濠犯上，束手受擒。"

王守仁（1472—1528），字伯安，浙江余姚人，明代著名的哲学家，曾经筑室于绍兴的阳明洞，世人称他为"阳明先生"。王阳明出身于官僚家庭，父亲王华曾任礼部左侍郎。王阳明中了进士后，先后任刑部、兵部主事，最后做到了右副都御史。晚年聚众讲学，在世时著作就被弟子们刊刻印行。

王阳明的思想强调的是知行合一，即在刚开始意念活动时就依照"善"的原则去做，将不善和恶消灭在刚刚萌发的时候，他主张：第一，立志、勤学、改过、责善。"志不立，天下无可成之事"，立志可以促使勤学；"凡学之不勤，必其志之尚未笃也"；"改过"是指自己；"责善"是劝别人改过，这里面还包括了"谏师之道"，这就是说，向老师进谏，指出错误。第二，独立的治学精神和能力。第三，循序渐进与因材施教。第四，强调身体力行。这些教育思想对今天的青年人学习有很好的借鉴意义。同时，他又是一位威震天下的一流军事指挥家，他镇压赣南闽西的农民起义，平定正德十四年（1519）宁王朱宸濠的叛乱，晚年镇压广西的少数民族起义，都表现出非常高超的军事能力。一个钻研心性之理的文弱书生，能同时建立这样卓越的功勋，几乎是一个奇迹。

　　王阳明几次作战，智、信、仁、勇、严兼备，堪为军事指挥艺术的典范，但其中给人印象最为深刻的是他的极富哲学智慧的心理战术。王阳明有一句名言"破山中贼易，破心中贼难"。他的几次军事行动，都很好地运用了心理战术，通过先破对手"心中贼"来瓦解对手，也就是《孙子兵法》中"上兵伐谋"。在镇压赣南农民起义时，他的一篇《告谕浰头巢贼》推心置腹，循循善诱，顺利地使对手分化为两派，其中一派前来归降，为最后的完胜打下了基础。《告谕浰头巢贼》体现了王阳明哲学的核心"人人皆有良知，天理明觉，真诚恻怛，盗贼也不例外"，王阳明接着分析造反者走上这条绝路的原因"或是为官府所迫，或为大户所侵，一时错起念头，误入其中"，然后言辞恳切地体恤他们做盗贼的难处："担惊受怕，出则畏官避仇，入则防诛惧剿，潜行遁迹，忧苦终身，卒之身灭家破，妻子戮辱，亦有何好？"最后恩威并用，表示只要归降，既往不咎，若一意孤行，不要怪我不仁。"呜呼！民同同胞，尔等皆吾赤子，吾终不能抚恤尔等而至于杀尔，痛哉，痛哉，兴言至此，不觉泪下。"如此宏文，难怪连盗贼读了都要动心。

　　王阳明平定宁王朱宸濠叛乱是他一生军功的顶点，这里我们可以看王阳明攻心的奇谋。朱宸濠在南昌起兵时，王阳明首先利用反间计，散布假情报，迷惑、离间对手，使得朱宸濠犹豫不决，没有立即出兵，给各地争取了准备的时间。等朱宸濠终于出鄱阳，下九江，直趋安庆，窥伺留都南京时，王阳明抓住朱宸濠后方空虚之机，率领士卒直取南昌。待朱宸濠仓促回援时，王阳明驱兵痛击朱宸濠于鄱阳湖樵舍。王阳明战前让人用竹木准备了免死牌，上书一行小字"宸濠叛逆，罪不容诛；协从人等，有手持此板，弃暗投明者，既往不咎。"关键时刻，王阳明下令连夜将几十万块免死牌扔入鄱阳湖中。第二天天亮，叛军人手一块免死牌，军心大哗。朱宸濠见大势已去，只有哀叹："好个王守仁，以我家事，何劳费心如此！"